高等院校"十三五"规划教材——经济管理系列

工程项目管理

黄 琨 张 坚 编著

清华大学出版社
北 京

内 容 简 介

本书内容分为两篇共十四章,第一篇为理论篇,主要包括项目、项目管理、项目的生命周期和企业项目管理等内容;第二篇为实践篇,按照项目概念阶段、项目规划与实施阶段和项目收尾阶段对项目管理的九大知识领域及项目后评价展开全面论述。本书侧重项目管理的实际运作,具有很强的实用性和可操作性。

本书结构合理、通俗易懂、详略得当,可作为高等院校工程管理专业、工商管理专业等高年级本科生或硕士研究生的教材,也可供高职高专相关专业教学使用,还可作为从事工程咨询和工程技术类工作人员进行项目管理的参考书。

图书在版编目(CIP)数据

工程项目管理/黄琨,张坚编著. —北京:清华大学出版社,2019(2024.9重印)

(高等院校"十三五"规划教材 经济管理系列)

ISBN 978-7-302-51821-1

Ⅰ. ①工… Ⅱ. ①黄… ②张… Ⅲ. ①工程项目管理—高等学校—教材 Ⅳ. ①F284

中国版本图书馆 CIP 数据核字(2018)第 283136 号

责任编辑:刘秀青
装帧设计:刘孝琼
责任校对:吴春华
责任印制:沈 露

出版发行:清华大学出版社

    网 址:https://www.tup.com.cn, https://www.wqxuetang.com

    地 址:北京清华大学学研大厦 A 座 邮 编:100084

    社 总 机:010-83470000 邮 购:010-62786544

    投稿与读者服务:010-62776969, c-service@tup.tsinghua.edu.cn

    质量反馈:010-62772015, zhiliang@tup.tsinghua.edu.cn

    课件下载:https://www.tup.com.cn, 010-62791865

印 装 者:三河市龙大印装有限公司

经 销:全国新华书店

开 本:185mm×260mm 印 张:18.5 字 数:449 千字

版 次:2019 年 4 月第 1 版 印 次:2024 年 9 月第 7 次印刷

定 价:49.00 元

产品编号:076355-01

前　言

20世纪80年代初开始，项目管理在我国各个建设领域被逐步推行。经过三十余年的不懈努力，在项目管理的制度化、程序化和规范化建设方面卓有成效，形成了一系列先进的项目管理理论、工具、模型和方法，为企业的可持续发展提供了保障。

本书分为两篇共十四章。第一篇为理论篇，包括项目、项目管理、项目的生命周期和企业项目管理；第二篇为实践篇，包括项目集成管理、项目范围管理、项目时间管理、项目成本管理、项目质量与安全管理、项目资源管理、项目沟通与利益相关方管理、项目风险管理、项目采购与合同管理和项目后评价。

本书具有以下特点。

(1) 内容新颖，信息量大。国内外项目管理的最新研究动态被有机地穿插在各章中，对每一章节的介绍都是理论紧密联系实际，以理论为基础，重在实际应用。

(2) 体系合理，逻辑清晰。本书将项目管理丰富的理论和实践内容按项目管理概论、企业层次项目管理和项目层次管理的视角组织起来，并结合项目生命周期分析项目九大知识领域的内容，体系合理、逻辑性强。

(3) 项目管理工具和方法实用。本书侧重项目管理方法的实际运作，具有很强的现实性和可操作性。

本书由黄琨和张坚共同编写，张坚负责拟定写作大纲、组织编写，总纂和审阅定稿。本书是作者结合长期的工程项目管理课程教学和项目管理领域的咨询课题实践经验编写而成的。在编写过程中，参阅和吸收了国内外许多相关文献，在此对这些相关资料和论著的作者表示衷心的感谢！

由于作者的视野和水平有限，书中难免存在疏漏和不妥之处，敬请读者批评和指正。

编　者

目　　录

第一篇　理　论　篇

第一篇

理 论 篇

第一章 项 目

【学习要点及目标】

- 了解项目与项目参与方的定义与范畴
- 掌握项目的特性、基本要素和类型
- 掌握和认知项目与日常经营的联系与异同点

【核心概念】

项目 项目参与方 项目特性 项目基本要素 项目类型

国产大飞机 C919 项目

在我们的社会中可以发现有各种各样的项目，埃及的金字塔和中国的古长城可以说是最早的"项目"，而真正把项目作为一个系统来进行管理却是由曼哈顿原子弹计划开始的。

第一节 项目与项目参与方

一、项目的概念

"项目"一词由来已久，作为一个专业术语，许多组织及学者都从不同的角度和侧面给项目下过定义，其中比较权威的有以下几种。

美国项目管理协会(PMI)所发布的项目管理知识体系(PMBOK，2017)中，项目是指"为创造独特的产品、服务或成果而进行的临时性工作"。[①]

哈罗德·科兹纳(Harold Kerzner)(2006)认为，项目是具有以下条件的任何活动和任务的序列：有一个将根据某种技术规格完成的特定的目标；有确定的开始和结束日期；有经费限制；消耗资源(如资金、人员、设备)。[②]

R.J.格雷厄姆(1988)认为，项目是为了达到特定目标而调集到一起的资源组合，它与常规任务之间关键的区别是，项目通常只做一次；项目是一项独特的工作努力，即按某种规范及应用标准导入或生产某种新产品或某项新服务。这种工作努力应当在限定的时间、成本费用、人力资源及资财等项目参数内完成。[③]

---

① 项目管理协会. 项目管理知识体系指南：PMBOK 指南[M]. 5 版. 许江林，等译. 北京：电子工业出版社，2013.

② 哈罗德·科兹纳. 项目管理：计划、进度和控制的系统方法[M]. 9 版. 杨爱华，杨敏，王丽珍，等译. 电子工业出版社，2006.

③ R. J. 格雷厄姆. 项目管理与组织行为[M]. 王亚禧，罗东坤译. 东营：石油大学出版社，1988.

从不同的角度出发，对项目下的定义有所不同，但是所有的定义都有其共性：即项目是在一定条件约束下的具有特定目标的一项一次性任务。当目标实现或者权利方决定结束时，项目就结束了。

项目是为创造独特的产品、服务或成果而进行的临时性工作。它是在一定时间内，满足一系列特定目标的多项相关工作的总称。

此定义实际包含三层含义。

(1) 项目是一项有待完成的任务，有特定的环境与要求。这一点明确了项目自身的动态概念，即项目是指一个过程，而不是指过程终结后所形成的成果。例如，我们把一个区块的勘探开发建设过程称为一个项目，而不把一个新的区块本身称为一个项目。

(2) 在一定的组织机构内，利用有限资源(如人力、物力、财力等)，在规定的时间内完成任务。任何项目的实施都会受到一定的条件约束，这些条件是来自多方面的，环境、资源、理念等。这些约束条件成为项目管理者必须努力促其实现的项目管理的具体目标。在众多的约束条件中，质量(工作标准)、进度、费用是项目普遍存在的三个主要的约束条件。

(3) 任务要满足一定性能、质量、数量、技术指标等要求。项目是否能实现，能否交付用户，必须达到事先规定的目标要求。功能的实现、质量的可靠、数量的饱满、技术指标的稳定，是任何可交付项目必须满足的要求，项目合同对于这些均有严格的要求。

可见，项目是一个有待完成的一次性任务，有特定的环境和目标；在一定的组织、有限的资源和规定的时间内完成；满足一定的性能、质量、数量、技术经济指标等要求。

由项目的定义可以看出，项目可以是建造一栋大楼、一座工厂或一座大水坝，也可以是解决某个研究课题，举办各种类型的活动等。项目是为完成某一独特的产品或服务而实施的彼此相互关联的一次性任务或活动过程。通过项目的实施，最终要达到预计的目的。项目可以在组织的所有层次上进行，它可能仅涉及一个人，也可能涉及成千上万人，如参加阿波罗登月计划的有四十多万人。完成一个项目所需要的时间可能只有几十分钟，也可能长达十几年。项目费用少则不足百元，多则可达数千亿元。总之，项目普遍存在于人们的生产和生活之中，遍布各行各业的每一个企事业单位、政府机构和社会团体。这些都是一次性的，都要求在一定的期限内完成，不得超过一定的费用，并有一定的性能要求等。所以，有人说项目是建立一个新企业、新产品、新工程，或规划实施一项新活动、新系统的总称。

二、项目参与方的范畴

项目参与方，又称为利益相关方(stakeholder)。利益相关方理论真正作为一个理论产生是在 20 世纪 60 年代，1963 年斯坦福研究所指出，利益相关方即那些支撑企业存在的人群[①]。

1. 利益相关方的定义

从广义角度，以弗里蔓(Freeman)的定义为代表，1984 年弗里蔓给予广义利益相关方以

---

① 贾生华，陈宏辉. 利益相关方的界定方法述评[J]. 外国经济与管理，2002(5).

经典定义是："企业利益相关方是指那些能影响企业目标的实现或被企业目标的实现所影响的个人或群体"。[①]股东、债权人、雇员、供应商、消费者、政府部门、相关的社会组织和社会团体、周边的社会成员等，全部归入此范畴。广义的概念强调利益相关方与企业的关系，能为企业管理者提供一个全面的利益相关方分析框架。

从狭义角度，以克拉克森(Clarkson)的表述最具代表性，他认为"利益相关方在企业中投入了一些实物资本、人力资本、财务资本或一些有价值的东西，并由此而承担风险，或者说，他们因企业活动而承受风险"。[②]该定义排除了政府部门、社会组织和社会团体、社会成员等。狭义的概念强调专用性投资，指出了哪些利益相关方对企业具有直接影响从而必须加以考虑。

2. 利益相关方的分类

利益相关方可能是客户内部的(如雇员)，也可能是客户外部的(如供应商或压力群体)。大多数情况下，利益相关方可分类如下。

(1) 所有者和股东、银行和其他债权人。

(2) 供应商、购买者和顾客。

(3) 广告商、管理人员。

(4) 雇员、工会。

(5) 竞争对手、地方及国家政府。

(6) 管制者、媒体。

(7) 公众利益群体、政党和宗教群体以及军队。

3. 利益相关方的层次

在项目管理体系中，项目利益相关方是指项目的参与各方及其受影响的个人或组织。利益相关方群体大致包括以下四个层次。

(1) 项目所有者。所有者一般又分为两个层次：战略管理层和项目管理层(业主)。投资者和其委托的项目管理主持人(业主)就是项目的所有者。

(2) 项目管理者。项目管理者通常是一个由项目经理领导的项目经理部。项目管理者由业主选定，为他提供有效的独立的管理服务，负责项目实施中具体的事务性管理工作。他的主要任务是自始至终对一个项目负责，这可能包括项目任务书的编制、预算控制、法律与行政障碍的排除、土地资金的筹集等，同时使设计者、工料测量师和承包商的工作正确地分阶段进行，在适当的时候引入指定分包商的合同和任何专业建造商的单独合同，以使业主委托的活动顺利进行。

(3) 具体项目任务的承担者，即项目操作层。包括承担项目工作的专业设计单位、施工单位、供应商、技术咨询工程师和项目监理等，他们构成项目的实施层。

---

① Freeman R E & Evan W M. Corporate Governance：A Stakeholder Interpretation[J]. Journal of Behavioral Economics, 1990(19)：337-359.

② Clarkson, M. A Stakeholder Framework for Analyzing and Evaluating Corporate Social erformance[J]. Academy of Management Review, 1995，20(1)：92-117.

(4) 项目的投资者(贷款人)和政府机构。项目的投资者，一般是银行等金融机构，它们主要是从资本保全和经济收益的角度对项目进行全面的评估和支持；政府机构，主要是从全社会的角度对经济可行性、环境可行性和社会资源的最佳配置等进行评估和管理。

一般地，项目利益相关方的数量与项目的大小和复杂程度有关。简单小型的项目利益相关方较少，而大型复杂的项目利益相关方众多。一个大型投资工程项目可能包含客户、投资方、贷款方、设计方、承建方、分包方、项目组、供应商、咨询顾问方等利益相关方，也包括受到项目间接影响的项目用户、政府部门、社会公众、新闻媒体、竞争对手、合作伙伴等。

由于各方关系较为复杂，项目的直接利益相关方一般是通过合同或协议的形式联系在一起。因此，项目的利益相关方可以被定义为：在项目中有既定利益的任何人员，包括客户、供应商、贡献者、项目投资方、经理以及在项目所在地的居民。

4. 项目主要的利益相关方

一个项目会涉及许多组织、群体或个人的利益，这些组织、群体或个人都构成了这一项目的相关利益主体。这些项目的相关利益主体可能与项目直接相关，也可能与项目间接相关，结果造成了项目相关利益主体识别的困难。例如，石油勘探开发中新技术的应用和推广项目可能会影响某些被替代的技术服务人员未来的生活，甚至会间接影响到很多人未来的利益和福利。

项目主要的利益相关方具体包括以下内容。

1) 项目的客户或项目最终用户

项目的客户或项目最终用户也是项目的主要相关利益主体。

项目的最终用户是项目成果的使用者，任何项目都是为项目最终用户服务的。

但是项目的客户，也叫委托人。它可能是一个人、一个组织，也可能是由两个或更多的人组成的一个团体，或是对同一项目结果具有相同需求的许多组织。对其有两种理解：其一是从项目承包商的角度，项目客户可能就是项目业主或项目发起人；其二是从项目业主的角度，项目客户可能是项目成果的使用者。每个项目都有特定的客户。在一些情况下，客户是订购并支付的人，例如建设建筑物、住宅或公路时；在其他情况下，客户是购买由项目开发出来，以及后来由公司生产出来的产品的人。

质量改进运动强调把满足项目的客户或者最终用户的需要作为业务成功的一个条件，所以在项目组织管理中必须认真识别和分析项目的客户或最终用户的需要、期望和要求。所以人们需要识别和确认项目的客户或最终用户，以确保项目的成功和符合项目的客户与最终用户的要求和期望。

2) 项目的业主或项目发起人

项目的业主是项目投资人和所有者(owner)，同时也是项目的最终决策者。他们拥有对于项目工期、成本、质量和集成管理等方面的最终决策权，因为整个项目属于他们所有。项目发起人(sponsor)是指项目出资者，它可能并不是项目最终的所有者(如房地产开发商多数时候并不是房地产项目的业主)。项目业主或项目发起人也可以是项目直接用户甚至项目实施者，当然也可能这三者是各自不同的组织。例如，对住宅建设项目而言，房地产开发商并不是项目的业主(多数开发的房子是为了销售)，也不是项目的用户(他不使用房屋)和项目的实施者(承包商盖房子)，但是企业自行技术攻关项目则是项目业主、用户和实施者集于一身。对于任何一个项目的组织管理者，首先要确认谁是项目的业主或发起人。

3) 项目经理

项目经理是对保证按时、按照预算、按照工作范围以及按所要求的性能水平完成项目全面负责的人。项目经理的作用对于项目的成功非常重要。他既是一个项目的领导者、组织者、管理者和项目管理决策的制定者，也是项目重大决策的执行者。

项目经理多数时间居于项目全体相关利益主体的核心地位，他要领导项目团队去完成项目实施组织承担的义务和责任。项目经理对一个项目的成败是至关重要的，所以项目经理必须具有很高的管理技能和较高的素质，他还必须能够积极与他人合作并能够激励和影响他人的行为，为实现项目的目标与要求服务。所以项目经理多数是在项目之初首先确定的项目管理人员，是根据项目的发展变化和实际需要选定的。

4) 被委托人或承约商

被委托人，即承接项目满足客户需求的项目承建方，又叫承约商。被委托人承接项目以后，根据客户的需求和要求，开始启动项目。从项目启动、规划到项目的实施和结尾的整个管理过程中，被委托人始终处于主导地位。因此，被委托人素质和能力的高低直接关系着项目质量的高低，选择一个好的项目承接方，是创造高质量项目的关键。

目前，在国际上，客户大多用招标、投标的方式来挑选最佳的承约商。

项目承约商可能是项目业主委托的独立的专业组织或企业，也可能是项目业主自己内部的单位或部门。一个项目可能会有很多个项目承约商，也可能只有一个项目承约商。项目承约商与项目业主在利益上是不同的。实际上，项目是由项目承约商中的项目团队完成的，但是项目实施的法律义务和责任由项目承约商来承担。

5) 供应商

供应商，即为项目的承约商提供原材料、设备、工具等物资设备的商人。为了确保项目的实施进度和质量，每个承约商一般都有自己相对固定的供应商。长期的协作关系使得承约商和供应商之间有良好的信誉，这使承约商能有效地配置资源，供应商也能获得自己所期望的利润。

6) 分包商

由于现代项目技术复杂、工程量较大、客户要求较高，一般承约商在承接项目之后，都要将总项目中的一些子项目再转包给不同的分包商。分包商的参与，将能有效地发挥各自的特长，使得项目能高质量地完成；但这同时也增加了项目管理的复杂性，使得分包商与承约商之间，各分包商之间，有时很难得到有效的沟通和协调。

5. 项目的其他利益相关方

除了上述项目的直接利益相关方之外，还有一类个人和组织与项目之间有或多或少的利益关系。比如，项目的贷款银行、政府主管部门、项目所涉及的社区公众、项目用户、新闻媒体、市场中潜在的竞争对手、合作伙伴、公共社团等，也应视为项目次要的相关利益主体。

项目不同的利益相关方对项目有不同的期望和需求，他们关注的目标和重点常常相去甚远。例如，业主也许十分在意时间进度，设计师往往更注重技术一流，政府部门可能关心税收,附近社区的公众则希望尽量减少不利的环境影响等。弄清楚哪些是项目利益相关方,他们各自的需求和期望是什么,这一点对项目管理者来说非常重要。只有这样,才能对项目利益相关方的需求和期望进行管理并施加影响,调动其积极因素,化解其消极的影响,以确保项目获得成功。

6. 项目利益相关方之间的关系

项目相关利益主体之间的关系既有利益相互一致的一面,也有利益相互冲突的一面,所以项目相关利益主体的要求和期望有时是不统一的。实际上项目相关利益主体各自都有不同的利益和目标,而且有时这些利益和目标本身就是相互冲突的。项目中利益相关方之间的关系如图 1-1 所示。

项目会涉及很多人的相关利益,所有这些人都属于项目相关利益主体的范畴,项目相关利益主体的全体构成了项目的全团队。通常在一个项目的组织管理中,主要是做好项目直接的和主要的相关利益主体管理,即项目全团队组织管理,也是对项目所涉及的各个相关利益主体所构成的虚拟项目团队的管理。项目组织管理者首先需要识别出项目的相关利益主体,然后管理好这些项目相关利益主体的要求和期望,从而保证项目能获得成功。

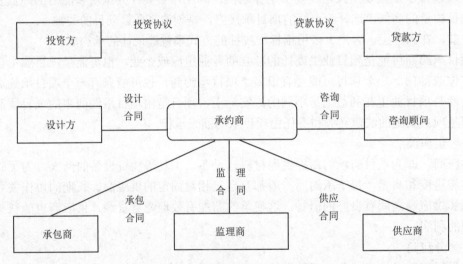

图 1-1 项目利益相关方之间的关系

第二节 项目的特性

在各种不同的项目中,项目内容可以说是千差万别的。但项目本身有其共同的特点,这些特点可以概括如下。

(1) 项目由多个部分组成,跨越多个组织,因此需要多方合作才能完成。

(2) 通常是为了追求一种新产物才组织项目。

(3) 可利用资源预先要有明确的预算。

(4) 可利用资源一经约定,不再接受其他支援。

(5) 有严格的时间界限，并公布于众。

(6) 项目的构成人员来自不同专业的不同职能组织，项目结束后原则上仍回原职能组织中。

(7) 项目产物的保全或扩展通常由项目参加者以外的人员来进行。

与其他组织活动相比较，项目具有以下特点。

一、独特性

这一属性使"项目"得以从人类有组织的活动中分化出来。每个项目都是独特的，或者其提供的成果具有自身的特点，或者其提供的时间、环境、外部条件有别于其他项目。建设项目通常比开发项目更程序化些，但不同程度的用户化是所有项目的特点。项目的这种特征意味着项目不能完全用常规方法完成。这就要求项目经理创造性地解决项目所遇到的问题。

二、一次性

由于项目的独特性，项目作为一种任务，一旦任务完成，项目即告结束，不会有完全相同的任务重复出现，即项目不会重复，这就是项目的"一次性"。但项目的一次性属性是对项目整体而言的，并不排斥在项目中存在着重复性的工作。项目的一次性也体现在如下几个方面。

(1) 项目：一次性的成本中心。

(2) 项目经理：一次性的授权管理者。

(3) 项目经理部：一次性的施工生产临时组织机构。

(4) 作业层：一次性的项目劳务构成。

三、目的性

任何项目都具有特定的目的性，并通过明确的项目目标表现出来。项目目标一般由成果性目标与约束性目标组成。其中，成果性目标是项目的来源，也是项目的最终目标，在项目实施过程中，成果性目标被分解成项目的功能性要求或过程要求，是项目全过程的主导目标；约束性目标通常又称限制条件，是实现成果性目标的客观条件和人为约束的统称，是项目实施过程中必须遵循的条件，从而成为项目实施过程中管理的主要目标。可见，项目的目标正是两者的统一，没有明确的目标，行动就没有方向，也就不称其为一项任务，也就不会有项目的存在。

在项目过程中，成果性目标都是由一系列技术指标来定义的，同时都受到多种条件的约束，其约束性目标往往是多重的。例如，把资金、时间、质量称为项目的"三大目标"，用以提出对项目的特定的管理要求。因而，项目具有多目标属性。如图 1-2 所示，项目的总目标是多维空间的一个点。

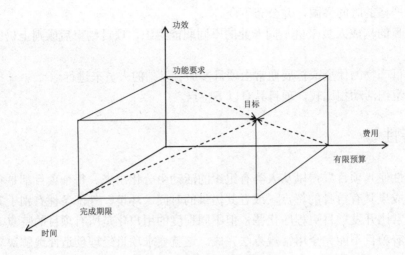

图 1-2 项目的多目标属性

四、整体性

项目是由共同发挥作用的各个部分组成的，包括各硬件成分和软件成分的组合。任何一个成分的或缺和削弱都会影响项目的整体效果。项目是为实现目标而开展的任务的集合，它不是一项项孤立的活动，而是一系列活动的有机组合，从而形成一个完整的过程。强调项目的整体性，也就是强调项目的过程性和系统性，对项目进行整体化的管理，对互相冲突、矛盾的需求和目标加以权衡，寻求各方面都可能接受、感到满意的结果。

五、生命周期性

项目是一次性的任务，各个项目经历的时间可能是不同的，但各个项目都必须在某个时间完成，因而它是有起点也有终点的，一般都要经历启动、开发、实施和结束四个阶段，这样一个过程称为项目的"生命周期"。每个项目都有自己的生命周期，可以分为若干个阶段。每个阶段又可分为若干个子阶段或称作过程。这些过程既有区分又紧密联系，互为前提和后果。项目生命周期的不同阶段表现出明显的规律性，如项目在启动阶段发展比较缓慢，资源投入较少；在开发、实施阶段进展较快，资源投入较多；在结束阶段又趋于缓慢等。

六、相互依赖性

项目的相互依赖性主要表现在两个方面：一是目标的关联性，即项目的主要目标如功效、费用和时间之间，存在着紧密的联系；二是实施活动的相互依赖性，即项目实施内部活动之间，以及项目活动和组织其他活动之间存在着相互作用，必须统筹安排、相互协作，才能高质、高效地完成项目任务。

七、冲突性

在项目的生命周期中总是充满冲突。在项目的设计阶段，常常需要在性能、经费和时间等方面权衡；在项目的实施阶段，常常面临各种变更与资源竞争；在项目的结束阶段，常会产生对项目评价的异议。此外，项目组成员之间、项目利益相关方之间的冲突贯穿项目始终。因此，与其他经理人相比，项目经理需要更加高超的解决冲突的技巧。

八、项目组织的临时性和开放性

项目团队在项目进展过程中，其人数、成员、职责都在不断地变化。项目终结时团队要解散，人员也要转移。

九、不确定性

因为每一个项目都是唯一的，有时我们很难确切地定义项目的目标，或准确估计完成项目所需的时间和成本支出。这种不确定性是项目管理具有挑战性的主要原因之一，这种情况在新技术项目中更为突出。

第三节 项目的基本要素和类型

一、项目的基本要素

为了达到预期的目标，项目一般由以下五个要素构成。

1. 项目的范围

项目的范围即项目要完成的临时性任务，包括产品范围和项目过程范围等。它是一个项目的边界。产品范围指产品应有的功能与特性，项目过程范围就是依据所要生产出来的产品或要服务的范围来定义项目，例如："研制开发、生产出来的产品必须具备抗高温的功能"，不仅规定了项目范围，同时也定义了产品范围。

2. 项目的组织结构

项目的组织结构即项目的组织形式，包括组织机构设置、职责、管理机制和相互关系等。

3. 项目的质量

项目的质量即项目任务完成所需要达到的"一组固有特性满足要求的程度"。每个项目都包含两种类型的质量：首先是产品质量，指项目所交付成果的质量；其次是过程的质量，即项目管理过程本身的质量，焦点在于如何进行项目管理的过程及如何改进这一过程。

4. 项目的成本

项目成本是指包括项目投资、运行费用等在内的项目整个寿命周期内的所有现金流出。

5. 项目的时间进度

项目的时间进度即项目的时间安排，包括开始时间和结束时间等。

在上述五个要素中，项目的(界定)范围和项目的组织结构是基本要素，而质量、成本、时间是项目的约束要素，它们依附于基本要素而存在，可以在一定范围内变动，以此来保持项目的动态平衡。

如图 1-3 所示，三角形中的几何面积代表项目的范围和质量，三条边分别代表限制项目范围和质量的时间、成本和可用资源。时间是项目必须完成的时间期限；成本是完成项目的可用资源预算；资源可以是项目中使用的任何消费品。可见，项目是保持范围、质量和时间等要素之间平衡的动态系统。

图 1-3　项目的基本要素

在管理项目时，项目三角形在最初会达成平衡，但是由于有许多限制条件，在执行项目的过程中，平衡的状况会发生改变。

因此，在规划项目时，这五个要素都必须慎重考虑。一个成功的项目经理，对这五个限制都必须有相当程度的了解，才能够以最佳的状态和最高的效率完成项目。

二、项目的类型

项目可以从不同的角度来进行分类。从层次上分，有宏观项目、中观项目和微观项目；从行业领域分，有建筑项目、制造项目、农业项目、金融项目等；从项目类别上分，有工程项目和非工程项目、制造项目、农业项目、金融项目等，每一类项目都有自身的特点和管理规律。

1. 按性质划分

按性质划分，项目可以分为基本建设项目和更新改造项目。

(1) 基本建设项目，简称建设项目。它是指在一个总体设计或初步设计范围内，由一个或几个单项工程组成的经济上实行独立核算、行政上实行统一管理的建设单位。建设项目又可划分为新建项目、扩建项目、改建项目、迁建项目和恢复项目等不同类型。

① 新建项目，是指从无到有，"平地起家"新开始的项目或原有的规模很小，经过投资建设后新增加的固定资产价值超过原有固定资产价值 3 倍以上的，也可以算作新建

项目。

② 扩建项目，是指在现有的规模基础上，为扩大生产能力或工程效益而增建的项目。如企业为扩大原有产品的生产能力，增建的主要生产车间及独立的生产线等。

③ 改建项目，是指投资者为了提高产品质量、加速技术进步、增加产品的花色品种、促进产品升级换代、降低消耗和成本等，采用新技术、新工艺、新材料等对现有设施、工艺条件进行设备更新或技术改造的项目。

④ 迁建项目，是指由于种种原因经有关部门批准迁到其他地点建设的项目。

⑤ 恢复项目，是指因自然灾害、战争等原因，使原有固定资产全部或部分报废，后又投资恢复建设的项目。

(2) 更新改造项目，也称技术改造项目或技术措施项目。它是指具有批准的独立设计文件或独立发挥效益的计划方案，并列入更新改造计划的投资项目。

基本建设项目与更新改造项目的区别在于：前者属于外延扩大再生产范畴；后者属于内涵扩大再生产范畴。

2. 按投资使用方向和投资主体的活动范围划分

按投资使用方向和投资主体的活动范围划分，项目可以分为竞争性项目、基础性项目和公益性项目。

(1) 竞争性项目，主要是指投资收益水平比较高、市场调节比较灵敏、具有市场竞争能力的行业部门的相关项目。它主要包括工业、建筑业、商业、房地产业、公用事业、服务业、咨询业及金融保险业等。根据我国投融资体制改革的要求，竞争性投资项目的投融资应直接面向市场，由企业自主决策、自担风险，以市场手段进行筹资、建设、经营。

(2) 基础性项目，主要是指具有一定自然垄断、建设周期长、投资量大而收益水平较低的基础产业和基础设施项目。它主要包括农林水利业、能源业、交通运输、邮电、通信业及城市公用设施等。另外，对这类项目还可进一步分为两个部分：一部分项目在一定时期具备市场竞争条件，其投融资应在政府引导的前提下，逐步推向市场；另一部分项目则不具备市场条件，其投融资应由各级政府负责。

(3) 公益性项目，即那些具有非营利性和社会效益性的项目。它主要包括教育、文化、卫生、体育、环保、广播电视等设施，公、检、司、法等政权设施，政府、社会团体、国防设施等。在这类项目中除少数具有一定的营利性外(如影剧院、俱乐部、体育馆等)，大多数公益性项目的投资基本上不形成经济效益。公益性项目的这种特性决定了应由政府承担其投融资，即由政府运用财政性资金对其进行投资建设，一般是通过无偿和追加拨款的方式进行。

3. 按照内容划分

按内容划分，项目可以分为工业投资项目和非工业投资项目。

(1) 工业投资项目，简称工业项目。它是指国民经济中各工业部门的投资项目，主要包括石油、化工、电力、机械、煤炭、钢铁、有色金属、轻工、纺织、建材等工业部门的投资项目。

(2) 非工业投资项目，简称非工业项目。它是指工业投资项目之外的所有投资项目，主要包括农业、林业、水利、水产、交通运输、邮电、公用事业(包括文教卫生、环境治理、市政建设等)等部门的投资项目。

4. 按照资金来源划分

按资金来源划分，项目可以分为政府投资项目、企业投资项目和"三资"项目。

(1) 政府投资项目。它是指由政府部门(包括中央政府部门和地方政府部门)出资建设的项目。随着社会主义市场经济体制的不断完善和政府职能的转变，政府投资将逐渐退出营利性项目，而向社会公益性项目转变，重点转向基础设施建设项目。

(2) 企业投资项目。它是指由企业利用自身积累的资金和通过贷款、发行股票和债券等方式向社会筹集的资金，为了获得新增盈利而投资兴建的项目。

(3) "三资"项目。它又可分为中外合资经营项目(简称合资项目)、中外合作经营项目(简称合作项目)和外商独资项目(简称外资项目)。合资项目是一种股权式合营项目，即由一个或几个中国公司、企业或其他经济组织与一个或几个外国公司、企业或个人共同出资兴建的项目，合资各方按股权比例分配收益和承担风险；合作项目是一种契约式合营项目，一般由中方提供土地、厂房、劳动力等，由外方合作者提供设备、资金和技术等共同兴建的项目，合作各方按契约规定的比例分配收益及承担风险；外资项目是由外商独自出资或筹资在我国境内兴建的项目。

此外，在不同的应用领域，项目还会有具体的划分方法。我国对建设项目的划分如图 1-4 所示。

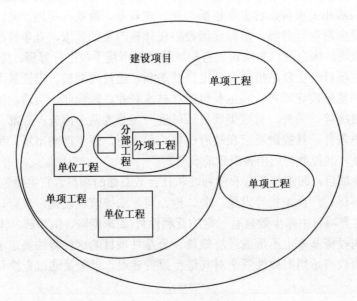

图 1-4　建设项目的分类

(1) 建设项目。建设项目是按照一个总体设计进行施工的一个或几个单项工程所构成的大型项目的整体，如一个大型工业企业的建设。

(2) 单项工程。单项工程一般是指具有独立的设计文件，在投入使用后可以独立发挥效益或生产能力的项目，如大型工业企业中的生产车间、办公大楼或构筑物的建设。

(3) 单位工程。单位工程一般是针对施工项目而言的。一般民用建筑的土建与安装工程共同构成一个单位工程；而工业建筑的土建和安装工程分别构成一个单位工程。

（4）分部工程。分部工程是按照单位工程中各个部分所用的人工、材料和工具的不同划分的，如土建工程中的基础工程、主体工程、地面工程、装饰工程、防水工程等；安装工程中的管道工程、电器工程、采暖通风工程、设备安装工程等。

（5）分项工程。分项工程是按照不同的施工方法、工程构造和规格来划分的，如土建工程中的土方工程、钢筋工程、抹灰工程等；安装工程中的给水工程、排水工程、通风工程、制冷工程等。

需要指出的是，建设项目、单项工程和单位工程是项目，而分部工程和分项工程不具备项目的特征，不能称为项目。分部工程是单位工程中进一步划分的产品；分项工程是分部工程中进一步划分的产品。

第四节　项目与日常运营的关系

一、项目的类型与特点

项目来源于人类有组织的活动的分化。

1. 项目的类型

随着人类的发展，有组织的活动逐步分化为以下两种类型。

（1）一类是在相对封闭和确定的环境下所开展的具有重复性、持续性的活动，人们称之为"日常运营或常规运作"（operation 或 routine），如企业日常生产和销售产品的活动。

（2）一类是在相对开放和不确定的环境下所开展的独特性、一次性的活动，人们称之为"项目"（project），如奥运会的组织、一项环保工程的实施等。

项目是必须完成的、临时性的、一次性的、有限的任务，这是项目过程区别于其他日常运营"活动和任务"的基本标志，也是识别项目的主要依据。这两种不同的人类社会活动有许多本质的不同，充分认识这些不同将有助于人们对于项目和项目管理的认识与掌握。

2. 项目的特点

项目的特点如前所述，日常运营的特点大体有以下三点。

（1）产生变化且只产生两种类型的变化，即产品本身的生产技术过程，以及增加产量、扩大再生产的过程，并通过这两个过程来不断改善其性能。

（2）日常运营是以一系列混合的经济指标作为工作目标的，各指标的优先级常常是彼此矛盾的，特别是关于时间、费用和质量等方面约束的指标。

（3）日常运营包含多种资源，通常在某一个经理的指令下通过现有的组织系统进行运作。作业不是单一的，他们是重复地执行既定的工作任务的。

二、项目与日常运营的联系

项目和日常运营之间具有直接的关联和严格的相互关系，如图 1-5 所示。从广义的角度看，人类社会活动都属于项目的范畴，只是这种广义的项目进一步可以分成项目建设期和项目运营期，二者共同构成了一个项目的全生命周期。从狭义的角度看，项目指的就是项目建设期的全部活动，而日常运营则是指项目建成后使用项目成果所开展的运营活动。需要特别注意的是，有些项目是没有运营期的，此时狭义的项目和广义的项目是一致的，这种项目的成果都是一次性的。

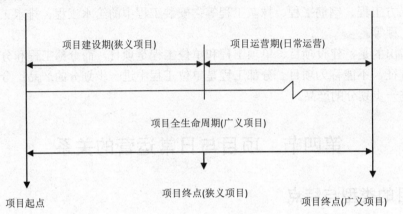

图 1-5　项目和日常运营的关联及相互关系示意图

三、项目与日常运营的异同点

1. 相同点

组织通过工作达成目标，工作通常包括常规运作和项目两种方式，两者有时相互重叠。它们有以下共同特征。

(1) 均需要由人完成。

(2) 受有限资源的限制。

(3) 需要进行计划、执行和控制等。

2. 不同点

项目与日常运营最根本的区别在于：项目具有一次性和独特性；而日常运营则具有连续性和重复性。

据此我们得出项目与日常运营的诸多不同点，如表 1-1 所示。

表 1-1　项目与日常运营的比较

项　目	日常运营	项　目	日常运营
独一无二	重复的	多变的资源需求	稳定的资源需求
有限时间	无限时间	柔性的组织	稳定的组织
革命性的决定	渐进性的改变	效果性	效率性
不均衡	均衡	以完成目标、目的为宗旨	以完成任务、指标为宗旨
目标之间不均衡	均衡	风险和不确定性	经验性

(1) 项目是独一无二的；日常运营是重复进行的。

(2) 项目存在于一个有限的期间内；日常运营运作于一个长期的稳定的环境中。

(3) 项目所导致的是对事物产生一些根本性的变革、改观；日常运营所带来的是改良性的、渐进性的改变。

(4) 由于革命性(根本性)的变革，使项目必然处于不平衡(非均衡)的状态；日常运营总是强调处于均衡的状态。

(5) 由于不平衡的产生，项目经理所考虑的是化解和分散问题的关键；日常运营经理的目标是通过平衡矛盾的指标而保持均衡。

(6) 项目聘用的是短期(临时)人员，提供独特的产品或服务，不同的项目拥有不同的管理团队；日常运营则提供标准化的产品和服务，强调相同的管理团队，建立稳定的队伍。

(7) 项目的组织打破了传统的固定建制的组织形式，而是根据项目生命周期各个阶段的具体需要适时地调整组织的配置，以保障组织的高效、经济运行；日常运营的组织形式是稳定的。

(8) 项目面对变更的环境、强调效果；日常运营更重于强调效率。

(9) 项目必须面向目标，对于工作规程可以酌情而行；日常运营过程的效率是根据以往的经验，通过执行工作规程达到其基本目标。

(10) 项目风险性较大；日常运营基本上是稳定型的管理。

本 章 小 结

本章包括以下主要内容。

(1) 项目与项目参与方的关系。由于项目是一项有待完成的任务，有特定的环境与要求；在一定的组织机构内，利用有限资源(如人力、物力、财力等)，在规定的时间内完成任务；要满足一定性能、质量、数量、技术指标等要求。因此，从广义和狭义的角度归纳了项目利益相关方的范畴，指出项目主要的利益相关方包括：项目的客户或项目最终用户、项目的业主或项目发起人、项目经理、被委托人或承约商、供应商、分包商等。项目相关利益主体之间的关系既有利益相互一致的一面，也有利益相互冲突的一面，彼此之间采用合同治理和关系治理并重的方式。

(2) 项目的特性和基本要素。项目具有独特性、一次性、目的性、整体性、生命周期性、相互依赖性、冲突性、项目组织的临时性和开放性，以及不确定性。同时，项目是范围、质量和时间等要素之间平衡的动态系统。其中，项目的范围和项目的组织结构是基本要素，而质量、成本、时间是项目的约束要素，它们依附于基本要素而存在，可以在一定范围内变动，以此来保持项目的动态平衡。

(3) 项目的类型。项目可以按照不同的标准来进行分类。按性质分，项目有基本建设项目和更新改造项目；按投资使用方向和投资主体的活动范围划分，项目可以分为竞争性项目、基础性项目和公益性项目；按内容划分，项目可以分为工业投资项目和非工业投资项目；按资金来源划分，项目可以分为政府投资项目、企业投资项目和"三资"项目。我国将建设项目划分为建设项目、单项工程、单位工程、分部工程、分项工程。

(4) 项目与日常运营的关系。项目指的就是项目建设期的全部活动，而日常运营则是指项目建成后使用项目成果所开展的运营活动，二者共同构成了一个项目的全生命周期。项目与日常运营最根本的区别在于：项目具有一次性和独特性；而日常运营则具有连续性和重复性。

思 考 题

1. 什么是项目？项目的特性是什么？
2. 项目利益相关方主要包括哪些？项目利益者之间的关系是什么？
3. 项目的基本要素是什么？
4. 建设项目的类型具体包括什么？
5. 项目与日常运营的联系与区别是什么？

第二章 项目管理

【学习要点及目标】

- 了解项目管理的产生与发展历程。
- 掌握项目管理的概念和特点。
- 熟悉项目管理的要素、内容和类型。
- 认知项目管理组织的概念和形式。
- 理解项目管理与日常运营管理的联系与异同点。

珠港澳大桥工程
创新管理实践

【核心概念】

项目管理　项目管理的要素　现代项目管理的特征　项目组织
日常运营管理　项目管理知识体系

第一节　项目管理的产生和发展

项目和项目管理的实践从人类开始组成社会并分工合作开展各种社会活动之日起就已经开始了，只是到了近代人们才将项目管理发展成了管理学中一门单独的学问或专业，所以才有了项目管理学这一学科。项目管理学科的发展经历了三个阶段，即古典项目管理阶段、传统项目管理阶段和现代项目管理阶段。

工业革命之前的项目管理阶段属于古典项目管理阶段，在这个阶段人们使用直觉和经验去开展各种项目的管理工作。工业革命之后到新技术革命开展之前(20 世纪 80 年代)的项目管理阶段是传统项目管理阶段，在这一阶段人们使用适合于工业社会的各种传统项目管理的理论和方法。但是，自从新技术革命或者说知识经济革命以后，项目管理就进入了现代项目管理的阶段，人们开始提出和使用现代项目管理的理论和方法去管理各种一次性、独特性和创新性的活动或任务(即项目)。项目管理学科的发展历程如图 2-1 所示。

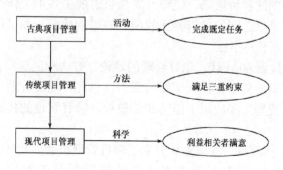

图 2-1　项目管理科学的发展历程

一、古典项目管理阶段

古典的项目和项目管理不仅可以追溯到数千年以前，如埃及的金字塔，古罗马的尼姆水道，中国的万里长城、都江堰等世界著名的古代工程项目，而且可以追溯到人类最早的各种有组织的社会活动。因为所有人们开展的有组织的社会活动，最初都是以某种项目的形式出现的，而且只有项目形成成果以后人们才能用其开展日常运营。例如，人们只有先完成开垦荒地然后才能有年种年收的日常运营，人们只有先修好了都江堰工程才能用它浇灌至今。

西方一些学者认为，人类最早的项目管理是埃及人建造金字塔和中国人建造万里长城。但是直到 20 世纪初，人类管理项目的思想还是非系统性的，没有形成清晰的理论、技术和方法，而主要是依靠个别人的天赋和才能。可以说，此时的项目管理是凭经验，而非科学。可见，古典的项目和项目管理知识仅仅局限于一些狭小的领域(主要是工程建设领域)和存在着很大的不完善性(即主要集中在对项目成本、质量和工期的管理方面)。

二、传统项目管理阶段

在最初的近代项目管理的阶段，项目管理主要集中于工程建设项目的成本、工期和质量等少数几个专项管理方面，那时的项目管理还借用了某些日常运营管理的原理和方法。

20 世纪初，随着科学技术的发展和生产活动规模的不断扩大，人们开始探索管理项目的科学方法。1900 年前后，亨利·甘特(Henry L.Gant)发明了甘特图(又名横道图、条形图)。甘特图简单直观，被广泛应用于项目进度计划与控制中，时至今日仍是管理项目的常用手段。但是甘特图在展示大型复杂项目各项工作和环节之间的逻辑关系方面具有很大的局限性。因此，卡尔·阿丹密基(Karol Adamiecki)于 1931 年研制出协调图以克服上述缺陷，但没有得到足够的重视和承认。

随后，大型工程项目和军事项目中广泛采用了里程碑技术。里程碑技术的应用虽然没有从根本上解决复杂项目的计划和控制问题，但却为日后网络概念的产生充当了重要的媒介。

20 世纪 50 年代，美国军界和企业界纷纷为管理种类日益繁杂、规模不断扩大的项目寻求更加有效的计划和控制技术。在当时开发的众多技术中，网络计划技术最为著名。网络计划技术克服了甘特图的种种缺陷，能够反映项目进展中各项工作间的逻辑关系，清晰描述各工作阶段和工作单位之间的接口界面和项目的进展情况，并可以事先进行优化，从而提高了项目管理的效率和科学性。

从 20 世纪 40 年代到 60 年代，项目管理的理论、方法和工具均获得了大发展。网络方法的出现，给项目管理的科学化注入了新的活力，自此，项目管理有了科学的系统方法。不过，该阶段的项目管理主要应用于国防和建筑业，项目管理的任务主要还是强调项目的执行。

在 20 世纪 60 年代前后，各国先后成立了项目管理协会，尤其是两大国际性项目管理协会先后成立，即以欧洲国家为主而成立的国际项目管理协会(International Project

Management Association，IPMA)和以美洲国家为主而成立的美国项目管理协会(Project Management Institute，PMI)。这些协会为推动项目管理职业化的发展而开始研究和提出项目管理者所需的知识体系。这对于现代项目管理知识体系的形成和全面推广作出了卓越的贡献。

网络计划技术的发展

三、现代项目管理阶段

以有限的资源投入得到尽可能多的收益，这是任何一个项目管理者所追求的目标。项目管理自有投资活动开始就已经存在。最初的项目管理往往是一种经验管理，随着科技的迅速发展，大量技术复杂、风险程度较高的高、精、尖项目不断涌现，传统的管理方法已经越来越不能适应项目管理的客观需要。

在第二次世界大战期间，美国对原子弹及后来的登月计划等重大的科学实验项目都采用了项目管理形式，并达到了预定的目标。到了 20 世纪五六十年代，这种管理形式在电子、宇航、空间技术等项目中应用较多。现代项目管理的应用过程，也是项目管理从传统的经验管理逐步演化为现代科学管理的过程。项目管理的理论、方法和技术在 20 世纪 70 年代进入了不断细化、完善和提高的阶段，同时在这一阶段中项目管理的职业化获得了很大的发展。

从 20 世纪 70 年代末至今，项目管理的应用范围日益扩大。项目管理由最初的航空、航天、国防、化工、建筑等部门，广泛普及到了国民经济和企业活动的方方面面。目前，项目管理已经成为企业的基本管理活动之一。今天，项目管理已经成为一门科学、一个职业、一种思想。

进入 20 世纪 80 年代之后，随着全球性的新技术革命与知识经济时代的到来，现代项目管理进入创建全新知识体系和方法的阶段。在这一阶段中，有关项目集成管理、项目范围管理、项目风险管理和项目沟通管理等全新的项目专项管理的理论和方法开始出现，并且最终全面整合成包括九个项目专项管理知识的现代项目管理知识体系，从而使得项目管理从近代项目管理阶段进入了现代项目管理的阶段。

现代项目管理是一个管理学科的崭新领域，现代项目管理所涉及的理论和方法与传统项目管理和日常运营管理都不同。现代项目管理理论和方法是有关现代社会活动中各种项目(即各种一次性、独特性和创新性的活动或任务)的管理原理和方法，所以现代项目管理的理论和方法可用于科学研究、科技开发、房地产开发、软件系统集成以及各种各样的服务项目的管理。因为它是在总结了各种各样现代项目管理的一般规律的基础上建立起来的，并且是具有广泛适用性的一个现代项目管理理论与方法。

进入 21 世纪以后，创新活动成了社会创造财富和福利的主要手段，结果随着知识经济和社会的发展，人类迈入了一个以项目(创新活动)开发与实施为主的社会。所以现代项目管理也就逐步成为社会中主要的管理领域之一。

现代项目管理具有以下明显的特征。

(1) 管理思想的现代化。现代管理理论认为，管理必须从系统观出发，研究企业系统内部的各要素、各子系统之间的关系，以及系统内部与外界环境之间的交互关系。目前，系统理论已成为现代项目管理的基本理论。

(2) 管理技术的现代化。在现代项目管理中，大量运用了经济模型、计算机技术，实现了定量分析和定性分析的高度融合，真正实现了管理过程的自动化、系统化和网络化，确保了项目管理的科学性和有效性。

(3) 管理组织的现代化。现代项目管理充分体现了以人为本的思想，并对组织形式进行了有效的设计，采用开放的系统模式，通过制度建设来规范组织行为，确定组织的功能和目标，大大提高了项目组织的工作效率。

随着经济全球化步伐的加快和市场竞争的日益加剧，企业管理面临从批量生产向大规模定制转变的变革。项目管理更加注重人的因素、顾客需求、市场响应、组织的柔性和适应性等，显示出强大的优越性。项目管理正在成为企业应对日益变化的环境的一种组织方式、管理方式和思想方法。以战略为指引、以项目管理为核心的新的管理体系正在逐步显现。项目管理正在成为企业成功的重要驱动力。

第二节　项目管理的概念和范畴

一、项目管理的概念

现代项目具有广泛的含义。作为管理对象的项目，是通过项目经理和项目组织的努力，运用系统理论和方法对项目及其资源进行计划、组织、指挥、协调、控制和总结评价，旨在实现项目的特定目标的管理方法体系。[①]项目管理的目标不仅是项目完成，而且还要在时间、成本和质量这三项限制条件下，尽可能高效率地达到目的。一般来说，时间、成本和质量被视为项目管理的三大控制要素。

项目管理从20世纪50年代末、60年代初诞生时起至今，一直就是一种管理项目的科学方法，但并不是唯一的方法，更不是一次任意的管理过程。在项目管理诞生之前，人们用其他方法管理了无数的项目；就是在今天，也有无数的项目并没有采用项目管理的方法体系对它们进行管理。项目管理不是一次任意的管理项目的实践过程，而是在长期实践和研究的基础上总结成的理论方法。应用项目管理，必须按项目管理方法体系的基本要求去做；不按项目管理模式管理项目，不能否认是管理了项目，但不能承认是采用了项目管理。

项目管理是一种管理方法体系，在不同国家、不同行业以及它自身的不同发展阶段，无论在结构、内容上，还是在技术、手段上都有一定的区别。但是，项目管理是一种已被公认的管理模式，而不是任意的一次管理过程。

项目管理的基本含义有多种描述，比较权威的是美国项目管理协会(PMI)所发布的项目管理知识体系(PMBOK，2017)中的概括："项目管理是将知识、技能、工具与技术应用于项目活动，以满足项目的要求。项目管理通过合理运用与整合特定项目所需的项目管理过程得以实现"。[②]

项目管理是为使项目取得成功(实现要求的质量、时限、所核定的费用等项目目标)所进

---

① 郭修铜. 基于系统观的工程项目管理组织架构模型探究[J]. 航空科学技术，2006(1)：11-14

② 项目管理协会. 项目管理知识体系指南：PMBOK 指南[M]. 5 版. 许江林等译. 北京：电子工业出版社，2013.

行的全过程、全方位的对项目的策划、规划、组织、控制、协调、监督等活动的过程总称。项目管理的对象是项目。项目管理的职能同所有管理的职能是一样的，而特别强调的是项目的特殊性带来了项目管理的复杂性和艰巨性，要求项目管理按照科学的理论、方法和手段进行管理，特别是用系统工程的观念、理论和方法进行管理。[①]

在项目管理中有更为细分的一个概念：工程项目管理。

工程项目管理是以工程项目为对象，在既定的约束条件下，根据工程项目的内在规律，对工程项目的全过程，即从构思到项目竣工、交付使用、使用直至终止的全寿命周期进行有效的计划、组织、协调和控制的系统管理活动，旨在最优地实现工程项目目标。其管理主体是建设单位，管理对象是工程项目，管理范围涉及从项目构思、策划、实施、使用到项目终止使用为止。工程项目管理模式的实质是将管理的对象作为一个系统，通过一定的组织、管理方式和独特的运行模式，使系统能够正常运行，并确保其目标得以实现。[②]

从内容上看，它是工程项目建设全过程管理，即从项目建议书、可行性研究设计、工程设计、工程施工到竣工投产全过程的管理。任何项目的建设都需要这个过程，它是分阶段进行的。从性质上看，项目管理是固定资产投资管理的微观基础，其性质属投资管理范畴。[③]

二、项目管理的范畴

1. 项目管理的目的和对象

开展项目管理活动的根本目的是"满足或超越项目有关各方对项目的需求与期望"。项目管理给人的一个直观观念就是"对项目进行的管理"，这也是其最原始的概念。它包括两个方面的内涵，即项目管理属于管理的大范畴；项目管理的对象是项目，即一系列的临时任务。"一系列"在此有着独特的含义，它强调项目管理的对象——项目是由一系列任务组成的整体系统，而不是这个整体的一个部分或几个部分。其目的是通过运用科学的项目管理技术，更好地实现项目目标。不能把项目管理的对象与企业管理的对象混为一谈，项目只是企业庞大系统的一部分；也不能把企业管理的目的当成项目管理的目的，企业管理的目的是多方面的，而项目管理的主要目的是实现项目的预定目标。

然而，随着项目及其管理实践的发展，项目管理的内涵得到了较大的充实和发展，当今的"项目管理"已是一种新的管理方式、一门新的管理学科的代名词。可见，"项目管理"一词有两种不同的含义：其一是指一种管理活动，即一种有意识地按照项目的特点和规律，对项目进行组织管理的活动；其二是指一种管理学科，即以项目管理活动为研究对象的一门学科，它是探求项目活动科学组织管理的理论与方法。前者是一种客观实践活动，后者是前者的理论总结；前者以后者为指导，后者以前者为基础。就其本质而言，两者是统一的。

① 贾莲英. 我国工程项目管理模式发展研究[D]. 华中科技大学硕士学位论文，2004.

② 彭韶辉，刘刚，马翔宇. 工程项目管理模式的比较分析[J]. 施工技术，2008(6)：458-460.

③ 熊忠武. 国际工程项目管理模式的比较分析[J]. 科技论坛，2007(6)：50-51.

2. 项目管理的任务

项目管理就是以项目为对象的系统管理方法，通过一个临时性的专门的柔性组织，对项目进行高效率的计划、组织、指导和控制，以实现项目全过程的动态管理和项目目标的综合协调与优化。

项目管理的根本任务是运用各种知识、技能、方法和工具开展项目起始、计划、组织、控制和结束的管理活动，从而最大限度地满足或超越项目所有相关利益者的要求和期望。项目管理贯穿于项目的整个生命周期，它是一种运用既有规律又经济的方法对项目进行高效率的计划、组织、指导和控制的手段，并在时间、费用和技术效果上达到预定目标，管理的过程不但贯穿整个项目过程，而且贯穿在项目各个不同阶段之中。

3. 项目管理的特点

项目管理的对象是项目，它是针对项目的特点而形成的管理方式。这与普通的企业管理有明显的不同。由于项目管理的对象是动态性很强的任务，项目管理的目标是促使该项任务按质、按量、按期完成。

项目管理是一项复杂的工作。项目管理与传统的部门管理相比最大特点是注重综合性管理，并且项目管理工作有严格的时间期限。项目管理必须通过不完全确定的过程，在确定的期限内生产出不完全确定的产品，日程安排和进度控制常对项目管理产生很大的压力。这些因素都决定了项目管理是一项很复杂的工作，甚至其复杂性远远高于一般的生产管理。项目管理具有以下特性[①]。

(1) 项目管理的全过程都贯穿着系统工程的思想。项目管理把项目视为一个系统，依据系统论"整体—分解—综合"的原理，可将系统分解为许多责任单元，由责任者分别按要求完成目标，然后汇总、综合成最终的成果；同时，项目管理把项目视为一个有完整生命周期的过程，强调部分对整体的重要性，促使管理者不要忽视其中的任何阶段以免造成总体的效果不佳甚至失败。

(2) 项目管理的组织具有特殊性。项目管理的另一个明显的特征就是其组织的特殊性，表现在以下几个方面。

① 有了"项目组织"的概念。项目管理的突出特点是项目本身作为一个组织单元，围绕项目来组织资源。

② 项目管理的组织是临时性的。由于项目是一次性的，而项目的组织是为项目的建设服务的，项目终结时，其组织的使命也就相应完成了。

③ 项目管理的组织是柔性的。所谓柔性即是可变的。项目的组织打破了传统的固定建制的组织形式，而是根据项目生命周期各个阶段的具体需要适时地调整组织的配置，以保障组织的高效、经济运行。

④ 项目管理的组织强调其协调控制职能。项目管理是一个综合管理过程，其组织结构的设计必须充分考虑到有利于组织各部分的协调与控制，以保证项目总体目标的实现。因此，目前项目管理的组织结构多为矩阵结构，而非直线职能结构。

(3) 项目管理的体制是一种基于团队管理的个人负责制。由于项目系统管理的要求，

---

① 毕星，瞿丽. 项目管理[M]. 上海：复旦大学出版社，2000.

需要集中权力以控制工作正常进行，因而项目经理是一个关键角色。

(4) 项目管理的方式是目标管理。项目管理是一种多层次的目标管理方式。项目往往涉及的专业领域十分宽广，而项目主管或项目经理不可能成为每一个专业领域的专家，对某些专业虽然有所了解，但不可能是该领域的专家。现代的项目主管或项目经理只能以综合协调者的身份，向被授权的专家讲明应承担工作的意义，协商确定目标以及时间、经费、工作标准的限定条件。此外的具体工作则由被授权者独立处理。同时，经常反馈信息、检查督促并在遇到困难需要协调时及时给予各方面有关的支持。可见，项目管理只要求在约束条件下实现项目的目标，其实现的方法具有灵活性。

(5) 项目管理的要点是创造和保持一种使项目顺利进行的环境。有人认为，"管理就是创造和保持一种环境，使置身于其中的人们能在集体中一道工作以完成预定的使命和目标"。这一特点说明了项目管理是一个管理过程，而不是技术过程，处理各种冲突和意外事件是项目管理的主要工作。

(6) 项目管理的方法、工具和手段具有先进性、开放性。项目管理采用科学先进的管理理论和方法。如采用网络图编项目进度计划，采用目标管理、全面质量管理、价值工程、技术经济分析等理论和方法控制项目总目标；采用先进高效的管理手段和工具，主要是使用电子计算机进行项目信息处理等。

第三节　项目管理的内容和类型

一、项目管理的主要内容

项目管理的主要内容可以概括为多个主体、2 个层次、4 个阶段、5 个过程组、10 个领域等。

1. 多个主体

1) 业主

业主即客户或项目委托人，它可能是一个自然人、一个组织、一个团体，或者是这几种形式的组合。客户是项目交付成果的需求者和最终使用者，因而也是项目的管理者。

2) 承约商

承约商即承接项目满足客户需求的项目承建方，又称被委托人。在项目启动到结束的整个项目管理过程中，承约商始终起着主导作用。对于大型项目，承约商可以将其中的一些子项目转包给不同的分包商。

3) 监理

监理即由业主委托的负责监督和管理项目实施的机构，对项目实施的质量和进度负有管理责任。

4) 项目管理团队

项目管理团队即直接负责项目运行的群体，是对项目规划、计划、组织、实施及结果负有最重要和最直接责任的一群人，其负责人是项目经理。

2. 2 个层次

(1) 组织层次，即组织对其所实施的所有项目的管理。

(2) 项目层次，即对具体项目的管理。

3. 4 个阶段

(1) 概念阶段，包括机会研究、方案策划、可行性研究、项目评估、项目申请书编写等。

(2) 规划阶段，包括目标确定、范围规划、工作分解、进度安排、资源规划、费用预算、质量规划等。

(3) 实施阶段，包括采购规划及实施，合同管理，实施计划，进度、费用、质量、安全、变更控制，生产要素管理，现场管理与环境保护等。

(4) 收尾阶段，包括范围确认，质量验收，费用决算与审计，资料验收、项目交接与清算、项目审计，项目后评价等。

4. 5 个过程组

(1) 启动过程，包括项目发起、项目核准和立项、项目启动等。

(2) 计划过程，包括确立项目目标、制订项目计划、确定项目预算、进行资源配置等。

(3) 执行过程，包括项目各项任务的具体执行等。

(4) 控制过程，包括项目进度、质量、成本、安全、变更等控制活动。

(5) 收尾过程，包括验收、交接、审计、清算、后评价等活动。

5. 10 个领域

(1) 项目集成管理(project integration management)包括为识别、定义、组合、统一和协调各项目管理过程组的各个过程和活动而开展的过程与活动。它是为了正确地协调项目所有各组成部分而进行的综合性过程，其核心就是要在多个互相冲突的目标和方案之间做出权衡，以满足项目利益关系者的要求。它侧重项目管理的综合，包括项目计划发展、项目计划执行和全局变化控制等。

(2) 项目范围管理(project scope management)包括确保项目做且只做所需的全部工作以成功完成项目的各个过程。它是确定和管理为完成项目所需和仅需要的全部工作，包括背景描述、目标确定、范围计划编制、范围定义、范围确认和范围变化控制、项目资料与验收、项目交接与清算等。

(3) 项目时间管理(project schedule management)包括为管理项目按时完成所需的各个过程。它是描述确保项目按时完成的过程，包括项目活动定义、活动安排、活动时间估计、进度发展和进度控制等过程。

(4) 项目成本管理(project cost management)包括为使项目在批准的预算内完成而对成本进行规划、估算、预算、融资、筹资、管理和控制的各个过程。

(5) 项目质量管理(project quality management)包括把组织的质量政策应用于规划、管理、控制项目和产品质量要求，以满足相关方的期望的各个过程。它用以确保项目产品满足质量要求，包括质量计划编制、保证和控制等。

(6) 项目资源管理(project resource management)包括识别、获取和管理所需资源以成功完成项目的各个过程。它关心的是如何有效地进行组织规划、团队建设等。

(7) 项目风险管理(project risk management)包括规划风险管理、识别风险、开展风险分析、规划风险应对、实施风险应对和监督风险的各个过程。

(8) 项目沟通管理(project communication management)包括为确保项目信息及时且恰当地规划、收集、生成、发布、存储、检索、管理、控制、监督和最终处置所需的各个过程。它用以确保项目相关信息能及时、准确地得到处理,包括冲突管理,沟通规划,信息的分发、收集和管理,过程评估报告等。

(9) 项目利益相关方管理(project stakeholder management)包括用于开展下列工作的各个过程:识别影响或受项目影响的人员、团队或组织,分析相关方对项目的期望和影响,制定合适的管理策略来有效调动相关方参与项目决策和执行。

(10) 项目采购(与合同)管理(project procurement management)包括从项目团队外部采购或获取所需产品、服务或成果的各个过程。它是指根据项目的需要从项目执行组织外部获取和购进产品或服务,包括采购规划、招标采购的实施、合同管理基础、合同履行和收尾等。

二、项目管理的类型

"项目"既可以是指一个具体的项目,也可以是指一组或一群项目。正因如此,人们可以从不同的层次、不同的类别、不同的角度来阐述或理解项目管理。

1. 不同层次的项目管理

1) 宏观项目管理

主要是研究项目与社会及环境的关系,也是指国家或区域性组织或综合部门对项目群的管理。宏观项目管理涉及各类项目的投资战略、投资政策和投资计划的制订,各类项目的协调与规划、安排、审批等。

2) 中观项目管理

这是指部门性或行业性机构对同类项目的管理,如建筑业、冶金业、航空工业等。它包括制订部门的投资战略和投资规划,项目的优先顺序,以及支持这些战略、顺序的行业政策,资金筹措、资源分配,项目的安排、审批和验收等。

3) 微观项目管理

微观项目管理是指对具体的某个项目的管理。

2. 不同主体的项目管理

项目管理不仅仅是项目业主对项目的管理,项目设计、施工单位,项目监理单位等也要对项目进行管理,甚至与项目有关的设备材料供应单位,及政府或业主委托的工程咨询机构也有项目管理的业务要求。这些都是不同主体的项目管理,它们的内容、方法、规章制度等也是不同的。

3. 不同级别的项目管理

任何一个项目的管理都可以分为三个不同的级别,即高层管理、中层管理和基层管理。高层管理者要与政府、供应商、业主、竞争对手、施工单位等方方面面的单位、人物打交道，要对项目进行重大决策，为项目负责；中层管理者是协调项目内、外部事务和矛盾的技术与管理核心，是项目质量、进度、成本的主要监督控制者；基层管理者则是项目具体工作任务的分配监督和执行者。

4. 不同生命周期阶段的项目管理

项目的不同生命周期阶段有不同的工作内容，从这个角度看，各阶段项目管理的主要任务就是如何保证本阶段任务的顺利完成。按不同生命周期阶段来分析项目管理的具体内容，可以对项目管理有一个全面系统的认识。例如，用 C、D、E、F 表述项目生命周期的四个不同阶段，则项目管理的主要侧重点包括以下内容。

(1) C——概念阶段。主要任务是提出并确定项目是否可行。

(2) D——开发阶段。对可行项目做好开工前的人财物及一切软硬件准备。

(3) E——实施阶段。按计划启动实施项目工作，保证项目的质量、成本、进度的顺利完成。

项目管理的基本要素

(4) F——结束阶段。项目结束的有关工作，涉及评审、鉴定及项目交付和组织结束工作。

第四节　项目管理组织的概念和形式

项目组织是项目管理的基本职能之一。它的主要目的是充分发挥项目管理职能，提高项目管理的整体效率，以达到项目管理的目标。由于项目本身的特性使得项目组织管理对于项目的成功而言十分重要，而项目经理作为项目组织的领导者也就变得更为重要了。本章将全面讨论有关项目组织管理模式，以及项目经理和项目团队的相关内容。

一、项目组织的概念与特点

组织是特定的群体，为了共同的目标，按照特定原则，通过组织设计使得相关资源有机组合，并以特定结构运行的结合体。而目标的一致性、原则的统一性、资源的有机结合性、活动的协作性、结构的系统性等是组织的典型特点。

1. 项目组织的概念

一个项目一旦确立，首先就要面临以下两个问题。

(1) 必须确定项目与公司的关系，即项目的组织结构。

(2) 必须确定项目内部的组成。同时还应考虑与其内外组织有密切联系的环境问题。

项目组织是指为了完成某个特定的项目任务而由不同部门、不同专业的人员所组成的一个特别的临时性组织，通过计划、组织、领导、控制等活动，对项目的各种资源进行合理配置，以保证项目目标的成功实现。

项目组织与其他组织一样，要有好的领导、章程、沟通渠道、人员配备、激励机制，以及健康向上的组织文化等。

2. 项目组织的特点

(1) 项目组织有一定的生命周期，为实现项目的目标，项目组织和项目一样有其生命周期，要经历建立、发展和解散的过程。

(2) 项目组织具有一定的柔性。项目要有机动灵活的组织形式和用人机制，可称之为柔性。项目组织的柔性还反映在各个项目干系人之间的联系都是有条件的、松散的，他们是通过合同、协议、法规以及其他各种社会关系结合起来的；项目组织不像其他组织那样有明晰的组织边界，项目干系人及其个别成员在某些事务中属于某项目组织，在另外的事务中可能又属于其他组织。此外，项目中各干系人的组织形式也是多种多样的。

二、项目组织的形式

项目管理中常见的组织形式主要有五种类型，即职能式、项目式、矩阵式、混合式和网络式。

1. 职能式组织结构

职能式组织是根据项目管理中工作任务的相似性来设立管理部门的。它是当今世界上最普遍的组织形式。

如图 2-2 所示，职能式组织是一个金字塔形的结构，高层管理者位于金字塔的顶部，中层和低层管理者则沿着塔顶向下分布。

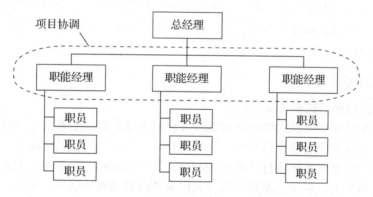

图 2-2 职能式组织结构示意图

职能式组织结构最显著的特点就是管理层次比较分明，高层、中层、基层管理者都按照管理的结构层次依次分布，它是一种传统的组织形式。在职能式组织结构中，每一个部门都有不同的义务和责任。项目成员大多是兼职的，也有部分是专职的。

职能式组织结构
的优缺点

2. 项目式组织结构

项目式组织结构系统中的部门全部是按照项目进行设置的，是一种单目标的垂直组织方式。在项目化组织方式中，为达到某一特定目标所必需的所有资源按确定的功能结构进行划分(项目化组织的内部结构仍然是功能化的)，并建立以项目经理为首的自控制单元，项目经理可以调动整个组织内部或外部的资源。项目式组织结构示意图如图 2-3 所示。

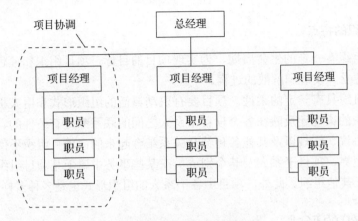

图 2-3 项目式组织结构示意图

项目式组织结构最突出的特点就是"集中决策、分散经营",即项目从企业的组织中分离出来,作为独立的单元,有其自己的技术人员和管理人员。由项目经理管理一个特定的项目团队,在没有职能部门经理参与的情况下,项目经理可以全面地控制项目,这是在组织领导方式上从集权制迈向分权制的一种改革。

在项目式组织结构中,每个项目都拥有自己的项目经理和所必需的职能部门,自行进行项目开发,独立进行核算,其运作机理与一个总公司的分公司无异。项目式组织结构与职能式组织结构最明显的差异就在于:前者有自己独立、完整的组织及项目队员,项目经理对项目队员有完全的控制权;而后者的组织结构趋于松散,人员具有一定的随机性,由于项目队员的双重身份,项目经理往往难以控制。项目式组织结构常用于一些规模大、项目多的公司。

项目式组织结构
的优缺点

3. 矩阵式组织结构

1) 矩阵式组织结构的含义及特点

职能式组织结构和项目式组织结构都有各自的不足之处,要解决这些问题,就要在职能部门积累专业技术的长期目标和项目的短期目标之间找到适宜的平衡点。矩阵式组织结构正是为了最大限度地发挥项目式组织和职能式组织的优势,尽量避免其弱点而产生的一种组织方式。事实上,职能式组织和项目式组织是两种极端的情况,矩阵式组织则是两者的结合,它在职能式组织的垂直层次结构上,叠加了项目式组织的水平结构。

矩阵式组织就是在同一组织结构中把按职能划分部门和按项目划分部门相结合而产生的一种组织形式。这种组织形式既最大限度地发挥了两种组织形式的优势,又在一定的程度上避免了两者的缺陷。

矩阵式组织结构的主要特点是按两大类型设置工作部门,它比较适合项目管理的组织。这种结构形式加强了各职能部门的横向联系,便于沟通信息。组织内部有两个层次的协调,为完成一项特定工作,首先由项目经理或专业副经理与专业组负责人进行接触协调,当协调无法解决时,矛盾或问题才提交高层领导。

也正因为存在纵横两大类型的工作部门,矩阵式组织结构的命令源是非线性的,但也非多个,而是出现两条指挥线,命令源有两个,是二维的,存在交叉点。因此在矩阵式组织结构中,纵向管理部门与横向管理部门各自所负责的工作和管理的内容必须明确。同时,它对人员的要求较高，需要组织中各个部门工作人员的理解。值得注意的是，矩阵式项目的管理难度较大。

2) 矩阵式组织结构的类型

根据项目组织中项目经理和职能经理的责权利的大小，矩阵式组织结构可以分为弱矩阵式、平衡式和强矩阵式。对项目管理而言，弱矩阵组织结构优于项目的职能组织结构，但其项目协调还是比较困难；和弱矩阵相比，平衡矩阵在项目管理上优于弱矩阵，但项目协调还不能充分和完全顺利地进行。

(1) 弱矩阵式组织。弱矩阵式组织结构如图 2-4 所示，由一个项目经理来负责协调各项项目工作，项目成员在各职能部门为项目服务。但是项目经理没有多大权力来确定资源在各个职能部门分配的优先程度，即项目经理是有职无权。

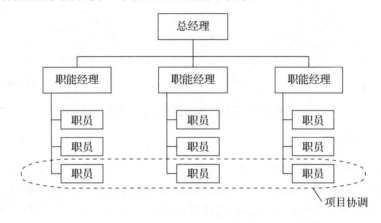

图 2-4　弱矩阵式组织结构示意图

(2) 强矩阵式组织。强矩阵式组织结构如图 2-5 所示，项目经理主要负责项目，职能部门经理辅助分配人员。项目经理对项目可以实施更有效的控制，但职能部门对项目的影响却在减小。

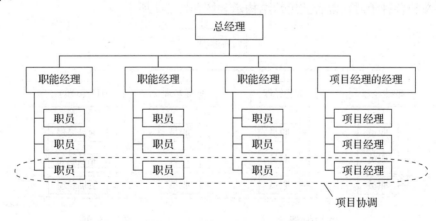

图 2-5　强矩阵式组织结构示意图

强矩阵式组织类似于项目式组织，项目经理决定什么时候做什么；职能部门经理决定派哪些人，使用哪些技术。

(3) 平衡矩阵式组织。平衡矩阵式组织结构如图 2-6 所示，项目经理负责监督项目的执行，各职能部门经理对本部门的工作负责；项目经理负责项目的时间和成本，职能部门经理负责项目的界定和质量。一般来说平衡矩阵很难维持，因为它主要取决于项目经理和职能经理的相对力度。平衡不好，要么变成弱矩阵，要么变成强矩阵。矩阵式组织中，许多员工同时属于两个部门——职能部门和项目部门，要同时对两个部门负责。

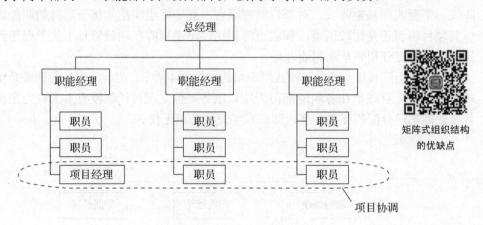

矩阵式组织结构的优缺点

图 2-6　平衡矩阵式组织结构示意图

4. 混合式组织结构

混合式组织结构是直线职能型组织、矩阵型组织的混合形成，如图 2-7 所示。

在这类组织中既有直线职能部门，又有为完成各类项目而建立的一套具有项目型组织特性的专门项目队伍。同时，这类组织的直线职能部门和项目部门与队伍又可以为完成一些特定的项目而按照矩阵型组织的方法去组织专门的项目团队，一旦项目完成这种项目团队就可以解散，人员各自回到原有的职能部门或项目部门与队伍。

混合式组织结构使公司在建立项目组织时具有较大的灵活性，但也存在一定的风险。因为，同一公司的若干项目采取不同的组织方式，由于利益分配上的不一致性，容易产生资源的浪费和各种矛盾。混合式组织结构示意图如图 2-7 所示。

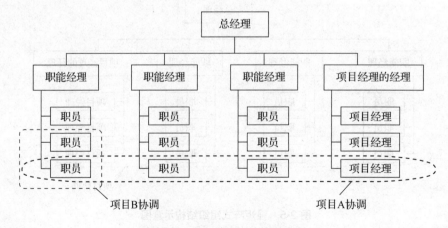

图 2-7　混合式组织结构示意图

5. 网络式组织结构

网络式组织结构如图 2-8 所示，其中各个工作单元都是一个权力中心，每个单元都与其他单元保持广泛的联系，一旦项目完成，项目组解散，单元之间的关系需要重组，即网络结构也在不断地调整。而且，项目成员之间不再相对独立，而是以联盟的形式相互协作，交换信息和资源；项目成员的角色不是固定的，而是动态变化的；项目成员在网络式组织中的权力地位取决于他们所拥有的知识和资源，而不是其在组织中的职位。

网络式组织结构的特点是：以项目为中心，将项目的各项工作，包括生产、销售、财务和其他关键业务等，以合同为基础依靠其他组织承担，有效发挥核心业务专长的协作型组织形式。

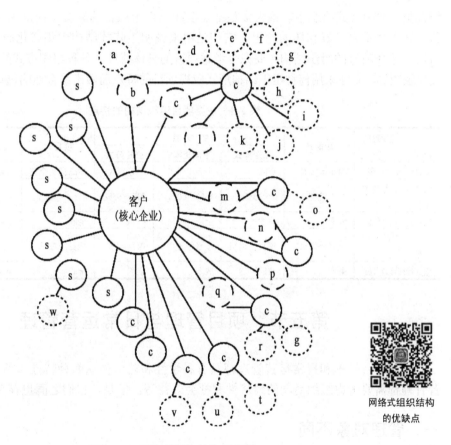

网络式组织结构
的优缺点

图 2-8　网络式组织结构示意图

注：⃝表示客户方(focal firm)的直接合作者(direct counterparts)(s=服务商；c=客户)。

⸰⸰⸰表示面对客户方和直接合作者的第三方组织(third party)。

◯表示客户方的非直接合作者(indirect counterparts)，如咨询公司、原始厂商及电信企业，而不是外部服务商直接提供给客户。

──表示与客户方的直接关系(direct relationship)或者与第三方组织、非直接合作者之间的直接相互作用(direct interaction)。

------表示与第三方组织的非直接相互作用(no-direct interaction)。

6. 项目组织形式之间的联系

项目的五种组织结构，即职能式、项目式、矩阵式、混合式和网络式。其实这五种组织形式可以表示为一个变化系列，职能式方法在一端，项目式方法在中间，然后是混合式和网络式。矩阵式方法处于两者之间，其结构形式的变化范围相当广泛，弱矩阵式组织接近于职能式组织，而强矩阵式组织接近于项目式组织。表 2-1 列出了主要项目组织结构形式的有关特点。

项目组织形式的选择

从表 2-1 中我们可以看出，职能式组织和弱矩阵式组织具有兼职的项目协调员，而平衡矩阵式、强矩阵式和项目式组织具有全职的项目经理。项目协调员和项目经理的不同，表现为综合协调项目与实际作出决策之间的差别。职能式组织中项目几乎没有自己的全职工作人员，而项目式组织中，绝大多数都是全职工作于项目的成员。在矩阵式组织中，"强"和"弱"并不表示好和坏的意思，它们是用来说明矩阵式结构中集成化职能的相对尺度和力量。选择项目的组织结构，要充分考虑项目的具体特性、各种组织方式的特点以及公司的文化氛围等，企业采用何种组织结构形式应视项目的特点而做出最合适的选择。

表 2-1　主要项目组织结构的特点

特征　　组织形式	职能式	矩阵式			项目式	混合式	网络式
		弱矩阵式	平衡矩阵式	强矩阵式			
项目经理的权限	很少或没有	有限	小到中等	中等到大	很高甚至全权	有限	小到中等
全职工作人员的比率	几乎没有	0～25%	15%～60%	50%～95%	85%～100%	0～25%	几乎没有
项目经理的任务	兼职	兼职	全职	全职	全职	兼职	兼职
项目经理的常用头衔	项目协调员	项目协调员	项目经理	项目经理	项目经理	项目协调员	项目协调员
项目管理行政人员	兼职	兼职	兼职	全职	全职	全职	兼职

第五节　项目管理与日常运营管理

尽管项目管理和日常运营管理都具有科学性和艺术性这两种特性，项目管理和日常运营管理都需要考虑组织活动的经济性和社会效益等，但是，它们之间也存在许多不同之处。

一、管理对象不同

项目管理的对象是具体的项目，所以项目管理的主要内容是关于项目的计划、组织、领导和控制。

日常运营管理的对象是企业或组织的日常运营，所以日常运营管理的主要内容是关于日常运营的计划、组织、领导与控制。

由于项目管理的对象是一次性、独特性的项目活动，而日常运营管理的对象是重复性、经常性的日常运营活动，所以这二者的管理在各个方面都有所不同，正是这种不同使得现代项目管理独立出来成为一个专门的学科。

二、管理原理不同

项目管理是一种基于活动和过程的管理，而日常运营管理是基于分工和职能的管理。

(1) 项目管理是按照基于活动和过程的非程序化和非结构化的管理原理开展的，而日常运营管理是按照基于分工和职能的程序化和结构化的管理原理开展的。

(2) 项目管理更加强调集成管理和团队合作，而日常运营管理更加强调专项管理和职能管理。

(3) 项目管理与日常运营管理的原理之间最大的不同就是二者在管理的程序化和结构化程度上不同，项目管理比日常运营管理在原理上更加非程序化和非结构化，从而更具有独特性与创新性。

三、管理方法不同

项目管理的方法是针对项目的一次性和独特性以及项目管理的集成性和创新性等特性而生成的，日常运营管理的方法是针对日常运营的重复性和经常性以及日常运营管理的职能性和程序性而生成的。例如，项目计划管理中使用的是针对一次性活动与过程的项目计划评审技术与方法，而日常运营计划管理中使用的是针对重复性活动的滚动计划方法；在项目人力资源管理中使用的是高效快捷的人员激励和开发方法，而在日常运营的人力资源管理中使用的是长效持续的人员激励与开发方法。

所以，项目管理与日常运营中使用的方法有很多不同，而其中最大的不同是前者使用针对具体项目的具体方法，而后者使用针对长期日常运营的常规方法。

四、管理目标不同

项目管理的基本目标是如何使用最小的成本去按时生成项目的产出物，并且能够使其发挥作用或实现项目的目标。换句话说，项目管理的根本目标是项目本身的成败。

日常运营管理的根本目标是能否正常地日常运营，并且能够收回项目的投资，获得更多的利润。也就是说，日常运营管理的根本目标是日常运营本身的正常与否和能否持续日常运营并盈利。所以项目管理的目标是一次性和独特性项目的成败，日常运营管理的目标是重复性和持续性日常运营的正常开展。

五、管理内容不同

项目管理的内容包括项目的定义与决策、设计与计划、实施与控制和完成与交付等不同阶段的管理，其主要的管理内容包括项目质量、范围、时间、成本、集成、采购、沟通、人力资源和风险等方面的管理。

日常运营管理的内容则包括计划、组织、领导、控制等方面的管理，其主要的管理内容包括供应、生产或服务、销售、人事、财务、物资、信息等方面。因此二者在管理内容上也有很大的不同。

六、管理周期不同

项目管理的周期是一个项目的生命周期，相对比较短暂；而日常运营管理的周期是相对长远的，多数企业都希望能够永续经营，期望自己的企业通过科学的管理能够一直经营下去。因此项目的计划管理周期是整个项目从定义和决策一直到项目完工交付，而日常运营管理的计划周期可以是一年、三年、五年甚至更长的时间；项目的成本管理是针对整个项目的，而日常运营的成本管理多是针对一个产品的。这些都是由于项目管理的周期与日常运营管理的周期不同造成的。

第六节　项目管理知识体系及其构成

一、项目管理知识体系概述

现代社会，项目已经成为组织经营的一个典型形式，特别是进入 20 世纪 90 年代以来，越来越多的组织活动与项目有关，项目的概念已从最初传统的建筑施工项目发展到科学研究、商业贸易、文化教育、军事应用等各个领域。项目的成功与否直接影响到了组织目标的实现；正因如此，项目管理工作在全球得到了广泛的重视。项目管理学在西方已成为一门新兴的学科，欧洲和美国还相继成立了国际项目管理协会(IPMA)和项目管理学会(PMI)等组织。1984 年，PMI 提出了 "项目管理知识体系"(The Guide to the Project Management Body of Knowledge，PMBOK)，尝试建立全球性的项目管理标准，并于 1987 年推出了其第一个基准版本，随后在 1996 年进行了改进并正式发布了 PMBOK1.0，2000 年发布了 PMBOK2.0，2004 年发布了 PMBOK3.0，2008 年发布了 PMBOK4.0，2012 年发布了 PMBOK5.0，2017 年发布了 PMBOK6.0。该文件已被世界项目管理界公认为一个全球性标准。国际标准化组织(ISO)还以该文件为框架，制定了 ISO 10006 标准。[①]

IPMA 在项目管理知识体系方面也作出了卓有成效的工作，IPMA 从 1987 年就着手进行 "项目管理人员能力基准"的开发，在 1999 年正式推出了项目管理专业人员通用能力标准(International Competency Baseline，ICB)。在这个能力基准中 IPMA 把个人能力划分为 42 个要素，其中 28 个核心要素，14 个附加要素，当然还有关于个人素质的 8 大特征及总体印象的 10 个方面。

基于以上的发展，建立适合我国国情的"中国项目管理知识体系"(Chinese Project Management Body of Knowledge，C-PMBOK)，形成我国项目管理学科和专业的基础；引进 "国际项目管理专业资质认证标准"，推动我国项目管理向专业化、职业化方向发展，使我国项目管理专业人员的资质水平能够得到国际上的认可，就成为我国项目管理学科和专业发展的当务之急。

中国项目管理
知识体系

---

① 白思俊. 国内外现代项目管理学科体系的发展[J]. 世界科技研究与发展，2000(2)：81-84.

中国项目管理知识体系(C-PMBOK)的研究工作开始于 1993 年，是由中国项目管理研究委员会(Project Management Research Committee China，PMRC)发起并组织实施的，并于 2001 年 7 月正式推出了中国的项目管理知识体系文件——《中国项目管理知识体系》(C-PMBOK)。

二、项目管理知识体系的构成

项目管理知识体系(Project Management Body of Knowledge，PMBOK)是项目管理活动中所涉及的全部管理知识的总和[1]，同时它也描述了这些领域的基本知识框架。现代项目管理知识体系被划分为 10 个知识领域(knowledge area)，组成如下。

1. PMBOK 的构成

PMBOK 主要由三大部分构成。

(1) 项目管理框架。项目管理的基本结构，包括引论，定义了关键的术语，并对本指南的其余部分作概要介绍；项目生命期与组织，说明了项目处的环境。

(2) 项目管理标准。规定了项目团队管理项目使用的所有项目管理过程，说明了任何一个项目所必需的 5 个项目管理过程组，以及它们的项目管理子过程。

(3) 项目管理知识领域。归纳为九个知识领域。图 2-9 反映了项目管理知识领域和项目管理过程概貌。

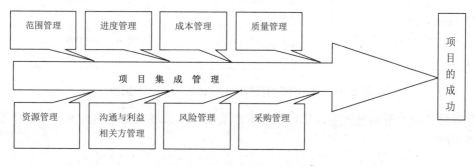

图 2-9 项目管理的知识体系[2]

2. PMBOK 的知识体系

知识领域是指项目经理必须具备的一些重要的知识和能力。PMBOK 的知识体系主要划分为九大知识领域，即项目范围管理、项目时间管理、项目成本管理、项目质量管理、项目资源管理、项目沟通与利益相关方管理、项目风险管理、项目采购管理(含合同管理)以及项目集成管理，它们之间的关系如图 2-10 所示。其中，前 4 项是项目管理的核心知识领域；后 5 项是项目管理的辅助知识领域；项目集成管理则是发挥项目管理整体上的支撑作用，它与其他项目管理知识领域相互影响。

---

① 项目管理协会. 项目管理知识体系指南：PMBOK 指南[M]. 5 版. 许江林，等译. 北京：电子工业出版社，2013.

② 戚安邦. 多要素项目集成管理方法研究[J]. 南开管理评论，2002(6)：70-75.

图 2-10 PMBOK 项目管理知识领域和项目管理过程

在项目管理的不同过程中，项目管理所涉及的知识领域及使用的技术、方法和工具都会有所不同[①]。

本 章 小 结

本章包括以下主要内容。

(1) 项目管理的发展历程。项目管理学科的发展经历了三个阶段，即古典项目管理阶段、传统项目管理阶段和现代项目管理阶段。现代项目管理具有管理思想现代化、管理技术现代化和管理组织现代化的趋势。

(2) 项目管理的概念和特点。工程项目建设全过程管理，即从项目建议书、可行性研究设计、工程设计、工程施工到竣工投产全过程的管理。项目管理活动的对象是项目，其根本目的是"满足或超越项目有关各方对项目的需求与期望"。项目管理的特性包括：强调系统性、全局性和整体性；组织的特殊性；基于团队管理的个人负责制；目标管理方式；突出工程、社会、经济、环境的协调管理；管理方法、工具和手段具有先进性和开放性。

(3) 项目管理的要素、内容和类型。项目管理所涉及的五大要素中，资源是项目实施的最根本保证，需求和目标是项目实施结果的基本要求，项目组织是项目实施运作的核心实体，技术方法是项目控制的手段，环境是项目取得成功的可靠基础。项目管理的主要内容可以概括为多个主体、2个层次、4个阶段、5个过程组、10个领域；并且，可以从宏观、中观和微观层面展开不同类型的项目管理。

(4) 项目管理组织的概念、形式及其选择。项目组织是项目成功实施的基本保障，具有生命周期和柔性。常见的项目组织形式包括职能式、项目式、矩阵式、混合式以及网络式。项目组织形式选择的影响因素很多，因此必须明确选择的程序，并灵活把握选择原则。

(5) 项目管理与日常运营管理的比较。两者在管理对象、管理原理、管理方法、管理目标、管理内容和管理周期方面存在区别。

(6) 项目管理知识体系及其构成。现代项目管理知识体系(PMBOK)主要由项目管理框架、项目管理标准和项目管理知识领域三部分构成；其中，项目管理知识领域被划分为九个部分，包括项目范围管理、项目时间管理、项目成本管理、项目质量管理、项目资源与利益相关者管理、项目沟通管理、项目风险管理、项目采购管理(含合同管理)以及项目集成管理。

(7) 项目管理知识体系的演进。项目管理知识体系从20世纪80年代建立之初至今的演进体现出多维度、多阶段、多要素、多参与方等趋势。

思　考　题

1. 什么是项目管理？项目管理的目的和对象是什么？
2. 项目管理的任务是什么？
3. 项目管理的特点是什么？主要包括哪些形式？
4. 项目管理的基本要素有哪些？
5. 项目管理的关键原则是什么？
6. 项目管理的基本职能是什么？
7. 项目组织的概念和特点是什么？
8. 项目管理中常见的组织形式主要有几种类型？它们之间的关系怎样？
9. 简述各类项目组织形式的含义、特点及优缺点。
10. 对下面一些项目，你将采用哪种组织结构，简单说明理由。
(1) 某家银行投资部的风险投资项目。
(2) 某公司的R&D研究实验室的研究项目。
(3) 一个管理咨询公司的咨询项目。
(4) 一个城市的公共交通项目。
(5) 一个管理信息系统的开发项目。
11. 项目办公室应该具备哪些基本的职责？这些职责有何用途？
12. 简述项目管理与日常运营管理的异同。
13. 简述项目管理主要包括哪些主体和层次？
14. 简述什么是项目管理知识体系？它包含哪几方面的内容？
15. 简述项目管理知识体系之间有什么关系？
16. 简述项目管理知识体系的演进过程。

第三章 项目的生命周期

【学习要点及目标】

● 了解项目生命周期的定义与范畴。
● 掌握项目生命周期的全过程、具体阶段与步骤，以及相应的管理内容。
● 理解项目过程和项目管理过程的内容。
● 认知项目管理过程组与项目知识领域、项目生命周期的关系。

基于流程的华为 IPDT
产品开发项目管理

【核心概念】

项目生命周期　项目过程　项目管理过程(组)

第一节　项目生命周期的阶段和内容

项目是一个动态的系统，它随时间而变化。在项目管理中，认识项目系统的生命周期特征是十分重要的。现代项目管理理论认为，任何项目都是由两个过程构成的，其一是项目的实现过程，其二是项目的管理过程。因此，现代项目管理要求在项目实施中分阶段、按过程做好一个项目的管理，保障项目产出物(成果)的生成和项目目标的实现。

一、项目生命周期的不同阶段

项目的生命周期主要体现每个项目都要经历的从开始到结束的时间过程，在这一过程中，都要经历概念(concept)、规划(design)、实施(execute)和结束(finish)四个阶段。项目生命期中各个阶段及其相应的资源投入如图 3-1 所示。

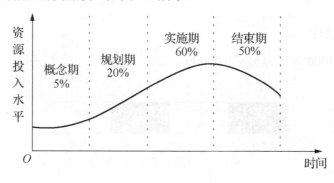

图 3-1　项目生命期及其资源投入图

在不同阶段中，项目所表现出的特征不同，项目管理的内容和重点也各不相同。项目生命周期各阶段的关系如图 3-2 所示。

应该引起注意的是，由于项目对象不同，其阶段的划分和定义也会有所区别。例如，产品的生命周期可以划分为研究与开发、引入市场、成长、成熟、衰退等阶段；大型系统项目的生命周期可分为概念定义与可行性研究、设计、生产试制、定型与投入运行、处置(报废或作为他用)等阶段；世界银行贷款项目的生命周期则可分为项目选定、项目准备、项目评估、项

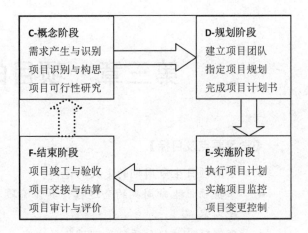

图 3-2　项目生命周期的四个阶段

目谈判、项目实施、项目后评价等阶段。但是可以肯定的是，不论怎样划分项目的阶段，都要对项目完成和限制的条件进行明确的规定，以便对项目的完成情况进行审查。

由于任务的单次性，决定了项目有一个确定的起始、实施和终结的过程，这就构成了项目的寿命周期。对于一般项目来说，项目的生命周期可分为以下四个阶段。

(1) 项目概念阶段，一般包括初期目标、成本、潜在利益、可行性以及初步设想范围、选择方式及解决途径。

(2) 项目规划阶段，一般包括项目规划和部署。主要任务是要明确项目的目标和任务、基本要求；所需投入要素；制订项目计划书，包括确定项目工作范围，进行项目分解、资源和成本估算、时间估计、进度安排、人员安排等；制订项目规划，包括进度规划、费用规划、质量管理规划、组织规划、资源配置规划和风险规划等。

(3) 项目实施阶段，一般包括项目的实施和控制。主要任务是执行项目计划书，具体组织项目的实施，并进行项目的监督和控制，以实现项目的目标。

(4) 项目结束阶段，一般包括项目的总结、清理等。主要任务是收尾准备、移交准备、责任交接及其后续工作。

二、典型的不同领域的项目生命周期

1. 国防采购项目

美国国防部 2000 年 4 月修订的 5000.2 号指令描述了一系列采购里程碑和阶段，如图 3-3 所示。

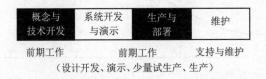

图 3-3　美国国防采购项目生命周期

(1) 概念与技术开发阶段。此阶段研究为满足任务要求的各种备选概念；子系统/组件的开发，新系统概念/技术演示。此阶段以确定系统结构和系统将要采用的成熟技术为结束标志。

(2) 系统开发与演示阶段。此阶段包含系统集成、降低风险、设计开发模型的演示、开发与早期运行测试和评估。本阶段以在运行环境中进行系统演示为结束标志。

(3) 生产与部署阶段。此阶段包含少量试生产、批量生产、持续运作和维护。

(4) 维护阶段。这一阶段也是产品生命周期的一部分，实际上就是日常运作管理。在这一阶段可能还要进行各种项目，如增强系统能力、纠正缺陷等。

2. 建筑项目

莫里斯(Moris)描述了一个建筑工程项目的生命周期，如图3-4所示。

(1) 可行性研究阶段。此阶段主要工作内容包括项目立项说明、可行性研究、概念设计和审批。此阶段最后将做出项目是否上马的决定。

(2) 规划与设计阶段。此阶段主要工作内容包括初步设计、成本和进度计划、合同条款和条件、详细设计。此阶段结束时将进行招标工作。

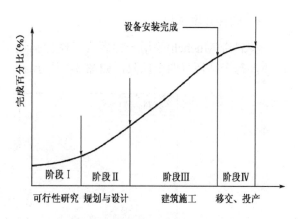

图3-4 建筑项目生命周期

(3) 建筑施工阶段。此阶段主要工作内容包括施工、采购、土建工程、安装工程和调试。此阶段将完成大部分的项目设施。

(4) 移交和正式使用阶段。此阶段主要包括最后测试和维护。此阶段结束时项目设施将完全投入使用。

3. 新药开发项目

莫菲(Murphy)描述了美国一个新药开发项目的项目生命周期，分为四个阶段，如图3-5所示。

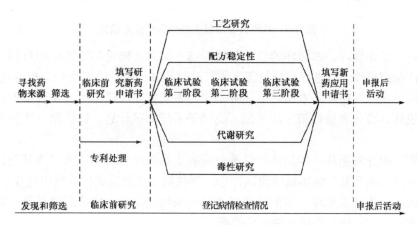

图3-5 典型新药开发项目的项目生命周期

（1）发现和筛选阶段。此阶段包括进行基础研究和应用研究，确定供临床实验用的备选新药。

（2）临床前研究阶段。此阶段包括实验室和动物试验，确定新药的安全性和疗效以及新药申请的准备和申报。

（3）登记病情检查情况阶段。此阶段包括临床试验的三个阶段以及新药应用申请的准备和申请。

（4）申报后的活动阶段。此阶段包括为获得美国食品和药品管理局对新药应用申请的审查和批准所必需的其他工作。

4. 软件开发项目

穆恩奇(Muench)等用一种螺旋形模型描述了一个软件开发项目的生命周期，它有四个循环，每个循环分四个象限，如图3-6所示。

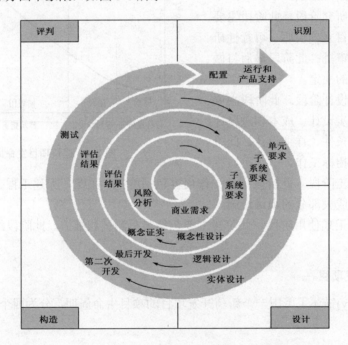

图 3-6　软件开发项目生命周期螺旋形模型

（1）初步论证循环。本循环的任务是捕捉商业需求，确定初步论证的目标，进行概念性系统设计和逻辑设计，进行初步论证，制订验收测试计划，进行风险分析并提出建议。

（2）第一次开发循环。本循环的任务是明确系统需要，确定第一次开发的目标，进行逻辑系统设计，设计和进行第一次开发，编制子系统测试计划，评估第一次开发成果并提出建议。

（3）第二次开发循环。本循环的任务是明确子系统需要，确定第二次开发目标，进行物理设计和第二次开发，编制系统测试计划，评估第二次开发成果并提出建议。

（4）最后一次开发循环。本循环的任务是明确模块需要，完成最终设计，进行最后开发，运行单元、子系统、系统并进行验收测试。

5. 大型石油工程项目

目前，国外石油公司普遍采用 PMC+EPC 的项目管理模式来组织大型石油石化建设项目。因此，一般将大型石油石化工程建设项目的寿命周期划分为概念、可行性研究、前期工作、EPC、操作运行等几个阶段。其中，概念、可行性研究和前期工作可归并为项目定义阶段，EPC 和操作运行阶段归并为项目实施阶段。各阶段的主要工作内容如图 3-7 所示。

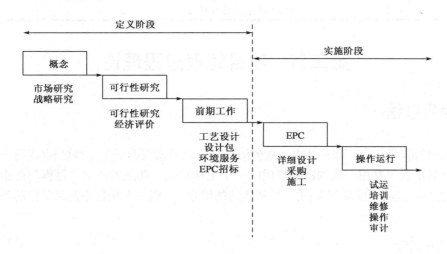

图 3-7　大型石油工程项目生命周期

三、项目生命周期的核心工作内容

项目生命周期各阶段管理的主要内容如表 3-1 所示。

项目生命周期
各阶段的管理

表 3-1　项目生命周期各阶段管理的核心工作

周期阶段划分	项目概念阶段	项目规划阶段	项目实施阶段	项目结束阶段
工作内容与程序	(1)项目策划：投资意向、市场研究与投资机会分析、项目建议书 (2)项目可行性研究 (3)明确项目目标 (4)项目评估及选择决策 (5)项目团队组建方案	(1)制订项目管理计划 (2)明确项目组织规划 (3)明确项目范围规划 (4)范围定义及工作分解 (5)项目活动排序 (6)项目活动时间估算 (7)项目进度安排 (8)项目资源计划 (9)项目费用估计与预算 (10)项目质量计划与保证 (11)项目采购规划 (12)项目风险管理：项目风险管理计划、项目风险识别与评估、项目风险应对规划	(1)建立项目沟通和绩效评价激励机制 (2)项目招投标 (3)合同签订与合同管理 (4)确定施工组织设计 (5)施工准备及施工 (6)实施项目控制：范围变更控制、进度控制、质量与安全控制、成本控制、现场与环境保护 (7)实施项目采购计划 (8)项目风险监控	(1)生产准备 (2)项目竣工与验收：范围确认、质量验收、费用决算与审计、项目资料移交与验收 (3)项目交接与清算 (4)项目审计 (5)项目后评价

续表

周期阶段划分	项目概念阶段	项目规划阶段	项目实施阶段	项目结束阶段
阶段或工作之间的联系	一、前后阶段、前后工作一般应顺序进行； 二、各阶段任务的性质和特点有较大的区别，但相互补充； 三、同一阶段内各工作性质相似，但可能有一定的交叉关系； 四、前一阶段或前一项工作都是下一阶段或下一项工作的基础和依据，下一阶段或下一项工作是前一阶段或前一项工作的具体化或落实。			

第二节　项目管理过程理论

一、项目过程

现代项目管理认为，项目是由一系列的项目阶段所构成的一个完整过程(或叫全过程)，而各个项目阶段又是由一系列活动构成的一个工作过程。此处的所谓"过程"是指：能够生成具体结果(或叫可度量结果)的一系列活动的组合。一般一个项目由两种类型的项目过程构成。

1. 实现过程

项目的实现过程是指人们为创造项目的产出物而开展的各种活动所构成的过程，简称为"项目过程"，是面向成果的过程，一般用项目的生命周期来说明和描述它们的活动和内容。不同专业领域的项目，它们的项目实现过程是不同的。

2. 管理过程

项目的管理过程是指在项目实现过程中，人们所开展的项目的计划、政策、组织、协调、沟通、激励和控制等方面的活动所构成的过程，简称为"项目管理过程"，是面向项目管理的过程。在大多数情况下，不同项目的实现过程需要不同的项目管理过程，本书所讨论的是具有一定共性、适用于大多数项目的项目管理过程。

在整个项目的过程中，项目管理过程和项目实现过程从时间上是相互交叉和重叠的，从作用上是相互制约和相互影响的。例如，如果对于项目产出物的界定不清楚，那么就不可能很好地定义项目的工作范围，无法开展项目的范围管理，也就无法很好地开展项目的实现活动；如果对一个项目的工作内容和所需资源界定得不很清楚，项目的计划工作和控制活动就很难开展。同样，如果项目的计划工作很差，那么项目实现过程成功的可能性就会很小。

二、项目管理过程

1. 项目管理过程的内容

项目管理是一个一次性的、渐进的、动态的、系统的过程，由贯穿于项目的每个阶段、按一定顺序发生、工作强度有所变化并互有重叠的活动构成，如图3-8所示。通常，每个项目都有五个基本的管理过程组：启动、计划、执行、控制和结束。

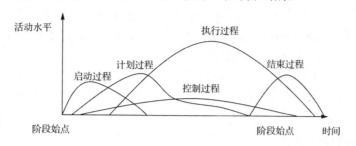

图 3-8 项目管理过程

(1) 启动过程(initiating process group)包括开始或结束项目及项目的相关活动。

启动过程根据前一个项目阶段的结束过程所输出的文件和信息，以及在这一过程中收集的信息，运用外部环境与内部条件的分析和预测方法、确定性和风险性决策的方法等项目管理分析、管理预测和管理决策方面的工具与方法，做出一个项目阶段是否开始实施的决策，并生成相应的文件与信息作为这一过程的输出。

(2) 计划过程(planning process group)：包括设计并维持一个可工作的机制来完成项目所要达到的业务需求的相关活动。

计划过程所需要的输入信息包括启动过程输出的文件或信息，有关项目的目标、要求、技术规范、实施条件和环境、项目成本、费用、资源等方面的信息；计划过程的活动就是编制计划作为项目实施的依据。计划过程输出的是计划工作所生成的计划文件及其支持细节信息。计划过程的活动主要分为两类：一类是核心性计划工作(集成计划)，另一类是辅助性计划工作(专项计划)。项目或项目阶段的核心性计划工作包括的活动主要有项目或项目阶段的范围界定、工作定义、工作顺序安排、工作持续时间的估算与计划排定、资源的安排与成本估算、预算和计划的确定等。

项目或项目阶段辅助性计划的主要活动有质量计划的制订、组织计划的制订、人员配备计划的制订、沟通计划的制订、风险识别与风险量化、风险应对计划的制订和采购计划与采购工作计划的制订等。

(3) 执行过程(executing process group)：包括协调人力和其他资源来执行项目计划，并产生项目产品或者项目可交付成果的相关活动。

这一过程的主要输入有两个：一个是计划过程给出的各种计划和相关细节信息与文件，另一个是项目的各种技术文件。而这一过程的输出是项目或项目阶段的产出物。执行过程的主体活动是项目生成物的生产工作和相应的管理活动，其中最主要的工作内容是任务范围的进一步确认、计划任务的实施、项目质量的保证、项目团队的建设、项目相关信息的传递与沟通、采购工作的开展、供应来源的选择、合同管理等。

(4) 控制过程(monitoring process group)：包括按照项目计划测量项目的进度，并在需要时采取纠正措施来确保项目目标能被满足的相关活动。

这是确保一个项目或项目阶段的产出物质量、项目工作质量与绩效的项目管理工作过程。控制过程的活动又可以分为三大类：一是对于可能发生的问题所采取的预防性的控制活动(事前控制)，二是在执行过程中所开展的控制活动(事中控制)，三是在实施工作完成以后所开展的控制活动(事后控制)。控制过程的主要工作包括过程控制、范围控制、进度控制、成本控制、质量控制、实际绩效报告、风险控制等。控制过程的输入是启动过程和计划过程的输出，而这一过程的输出是项目实施结果的业绩报告和纠偏措施带来的结果。

(5) 结束过程(closing process group)：包括阶段或者项目最终能被接受的相关活动。

这是终结一个项目或项目阶段的项目管理具体工作过程。结束过程的主要工作包括：管理结束，即收集、生成并分发一个项目阶段或整个项目实施工作完成与结束的各种文件和信息的项目管理工作；合同终结，即终结一个项目或项目阶段各种合同的工作，包括各种商品采购和劳务承包合同。通常是"管理结束"工作先行开始，而"合同终结"工作先行结束，最终结束过程完成。

2. 项目管理过程的特点

(1) 明确的任务内容。启动阶段接受上一个阶段交付的成果，经研究确认后，提出对下一个阶段的明确要求和任务，制定计划文件，下一个阶段才能够开始，并且每一个阶段的执行过程都要记录下来，以便与计划相比较，识别其中的偏差，为项目的控制和重新规划提供依据。由此，计划、执行、控制这三个过程常常要周而复始地循环，直到该阶段结束，其结果提交下一阶段。整个生命周期的每一个阶段就是这样环环相扣，构成了整体化的项目过程。

(2) 清晰的可交付成果。两个过程的交接应该具有明显的交接物，使得下一个过程明确看到上一个过程的成果。可交付成果可以是书面文件、图片、样品、实物等，如创意报告、项目申请书、可行性研究报告、项目批准书、网络计划图、项目产出物、项目审计报告、项目后评价报告等。

项目可交付成果的重要性在于：①体现过程的相互联系。前一个过程的结果，对下一个过程乃至整个项目的结果都会产生影响。②确保执行的延续。项目的组织和人员都是临时性的，人员常常是流动的。可交付成果帮助后续人员了解项目，并确保项目执行的延续性。因此，每一个过程的可交付成果都应该尽可能详细、全面地包含一切所需的信息。

(3) 有效的工具和方法。项目管理知识体系规定了一系列与过程有关的工具和方法，如启动过程的机会研究、可行性研究、不确定性分析方法等；计划过程的工作分解结构、里程碑计划、网络计划技术等；执行过程的范围管理、采购管理、合同管理等；控制过程的挣值法、质量控制、风险控制技术等；结束过程的质量验收、费用决算、审计、项目后评价技术等。这些工具和方法同项目过程一起形成了项目管理的完整体系。

项目管理过程与
项目管理知识
领域的关系

项目管理过程不同阶段的工作特点如表 3-2 所示。

表 3-2　项目管理不同阶段的工作特征

阶段\特征	启动	计划	执行	控制	结束
资源投入	低	较低	高	较低	低
经历时间	短	较短	长	长	较短
工作量	小	较小	大	较小	小

续表

特征＼阶段	启　动	计　划	执　行	控　制	结　束
工作特征	以智力劳动为主	以智力劳动为主	体力与智力劳动并存	以智力劳动为主	以智力劳动为主
风险大小	大	较大	较大	较小	小

第三节　项目生命周期与项目管理过程

项目是由多个过程构成的，通常属于面向项目成果的过程、面向项目管理的过程两类主要过程中的一种。面向项目成果的过程和项目管理过程，都可以包含不同的子过程，同时它们在项目的整个过程中交互发生并相互作用。

项目生命周期完全可以看作项目管理的四个阶段(概念、规划、实施、结束)和五个过程组(启动、计划、执行、控制和结束)之间的相互联系，而且整个项目管理可以被细分为五个过程组，贯穿于项目生命周期之中。虽然控制没有被列为项目生命期的一个阶段，但实际上控制贯穿于项目管理的始终，是项目管理的重要手段之一，也是保证其他阶段按计划顺利进行的必要条件。只是由于阶段描述要体现时间的顺序关系，因此一般不将控制阶段放入项目生命期的阶段中，但是控制也是项目管理的主要过程之一。

而对于项目生命周期的四个阶段而言，每个阶段的项目管理也都符合本阶段从启动到收尾的合理、有效的五个过程组，从而使项目管理的各个阶段不再单独进行组织管理，而是由上述五个过程组成了有机的整体，这样项目生命周期的每一个阶段都能够合理地融合在一起。

项目生命周期和项目管理过程组之间的关系包括以下几个方面。

一、交叉重叠性

项目的每个阶段都要经历启动、计划、执行、控制和结束五组基本的管理过程。它们按照一定的顺序发生，工作强度也有所变化，并互有重叠的活动，项目的每个阶段中过程的交叉重叠关系和活动强度如图3-9所示。

项目管理过程组之间很少是独立存在或者是一次性事件，而是在项目的阶段中相互关联，它们中的作业在整个生命周期的不同层面上往往互相关联和部分重叠。图3-8体现了各过程组在项目的不同时间段是怎样相互交叉重叠的。启动过程组最先开始，但在其尚未完成之时，项目的计划过程组就已经开始了。监控过程组在计划过程组之后开始，但它的开始先于执行过程组，因为监控过程组中有很大一部分管理工作属于事前控制工作，因此它必须预先开始。结束过程组在执行过程组尚未完成之前就已经开始，这意味着结束工作中涉及许多文档准备的工作可以提前开始，在执行过程组完成以后所开展的结束工作就只剩下移交工作了。

二、前后衔接性

项目阶段和项目过程组之间相互联系。前一阶段结束的可交付成果将成为下一阶段启动过程组的输入。两个过程组之间的交接同样要有可交付的成果。每个过程组的可交付成果都应准确、完整，包括一切必要的信息。

项目管理的五个过程组之间是依靠它们所产生的成果而相互联系的，是一种过程组交互的关系。项目管理过程的五个过程组构成了一个项目管理过程的循环，特别是在核心过程组之间，过程组间的相互联系是循环反复的。启动过程组是循环的开始，结束过程组是循环的结束，而监控过程组与其他过程组的所有方面相配合。

各个项目管理过程组通过它们的工作成果相互关联，一个过程组的结果或输出往往是另一个过程组的输入或者项目的最终产出物。项目计划过程组的输出(项目管理计划和项目范围陈述)为项目执行过程组提供了输入。在项目执行过程中，还需要对项目管理计划进行变更。项目管理过程组的依据和成果是它们相互之间的关联要素。一个项目管理过程组的结果或成果可以是另一个项目管理过程组的依据，所以各个项目管理过程组之间都有文件和信息的传递。当然，这种依据与成果的关系有时是单向的，有时是双向的。例如，一个项目管理过程组中的计划过程组，首先要为执行过程组提供项目计划文件，然后又从执行过程组获得各种新的情况和更新资料，随时修正计划的不合理性和不完整性，给项目计划提供一份更新的书面文件，以示项目的当前状况和进展。

图 3-9 说明了项目管理过程组之间的这种关系。由图 3-9 可以看出，在一个项目管理过程组的计划过程组、执行过程组和监控过程组之间的依据和成果关系都是双向的，而启动过程组和计划过程组之间以及监控过程组和结束过程组之间的依据和成果关系则是单向的。

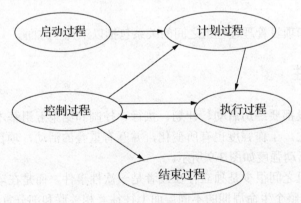

图 3-9 项目生命周期某一个阶段过程组之间的相互联系

值得注意的是，监控过程组不仅会直接影响执行过程组，而且会影响计划过程组。这就是说，当监控过程识别到某些变化影响到了计划的内容，就需要从监控过程组重新进入计划过程组，修改计划后再进入执行过程组。这样就保证了任何变化都不会使项目的发展脱离正确的轨道，保证变化后的执行阶段的工作仍然有章可循。同样地，要进入结束过程组，就必须通过监控过程组，而不是从执行过程组直接进入结束过程组，这样就保证了项目在满足目标要求的前提下才能结束。这五大过程组并非一定对应项目的阶段划分。一个项目根据实际要求可以划分成多个阶段，比如软件开发的需求分析阶段、设计阶段、技术实现阶段等。不论阶段如何划分，不论阶段规模大小，在每个阶段中都可以运用这五个过程组。

三、相互作用

项目不同阶段中过程组的相互作用是可跨越阶段的，每个阶段结束会成为下一阶段启动的前提条件，甚至是必要的条件，并有效地推动项目完成。例如，信息系统集成项目在系统整体设计阶段结束时，需要客户对设计及相关技术方案给予确认，认可的设计文件又作为系统集成阶段应用开发、设备采购、软硬件集成的一个实施依据。这种相互的作用如图 3-10 所示。

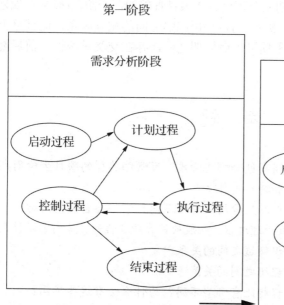
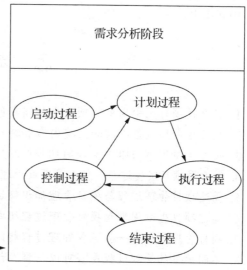

图 3-10　项目生命周期不同阶段过程组之间的相互作用

本　章　小　结

本章包括以下主要内容。

(1)　项目生命周期与阶段及其对应的管理工作。项目的生命周期主要体现每个项目都要经历从开始到结束的时间过程，期间主要经历概念(concept)、规划(design)、实施(execute)和结束(finish)四个阶段。不同领域的项目具有不同类型的生命周期。

一般来说，项目概念阶段包括项目策划、可行性研究、明确项目目标、进行项目评估及选择决策，并组建项目团队；项目规划阶段包括制订项目管理计划、项目组织规划、项目范围规划、范围定义及工作分解、项目活动排序、项目活动时间估算、项目进度安排、项目资源计划、项目费用估计与预算、项目质量计划与保证、项目采购规划和项目风险管理；项目实施阶段包括建立项目沟通和绩效评价激励机制、项目招投标、合同签订与合同管理、施工组织设计、施工准备及施工、实施项目控制、实施项目采购计划、项目风险监控；项目结束阶段包括生产准备、项目竣工与验收、项目交接与清算、项目审计和项目后评价。

(2) 项目过程及项目管理过程。项目是由一系列的项目阶段所构成的一个完整过程，主要涉及项目实现过程和项目管理过程。其中，项目管理过程由贯穿于项目的每个阶段、按一定顺序发生、工作强度有所变化并互有重叠的活动构成，具体包括启动、计划、执行、控制和结束五个过程组。

(3) 项目管理过程组与项目知识领域和项目生命周期的关系。项目管理过程的启动、计划、执行、控制和结束五个基本的项目管理过程组以及 42 个子过程，与项目管理九大知识领域之间存在相关关系。项目生命周期完全可以看作项目管理的四个阶段(概念、规划、实施、结束)和五个过程组(启动、计划、执行、控制和结束)之间的相互联系，而且整个项目管理可以被细分为五个过程组，贯穿于项目生命周期之中，存在交叉重叠性、前后衔接性和相互作用。

思 考 题

1. 什么是项目生命周期？项目生命周期包含哪些阶段？有哪些典型的项目生命周期？
2. 项目生命周期各阶段的主要内容和特点是什么？
3. 项目生命周期与组织生命周期和产品生命周期有何不同？它们各自有何用途？
4. 什么是项目实现过程？什么是项目管理过程？一般项目管理过程的具体内容是什么？
5. 简述项目管理过程与项目管理知识领域之间的关系。
6. 简述项目生命周期和项目管理过程组之间的关系。
7. 项目管理过程与一般运营管理过程相比有哪些不同？为什么会有这些不同？
8. 不同项目的管理过程是否可以一样？请分析和讨论应该如何应用项目管理过程。
9. 在项目管理过程组中，你认为哪种项目管理子过程最重要？为什么？
10. 项目生命周期和产品生命周期从基本概念上有什么不同？

第四章 企业项目管理

【学习要点及目标】

- 理解企业项目管理的产生、概念、特点和内容。
- 掌握企业项目管理中单项目管理和多项目管理的特点。
- 了解组织级项目管理过程的形成。
- 认知企业项目管理面临的主要问题及对策。
- 熟悉和掌握企业项目管理模式的定义和类型。

【核心概念】

企业项目管理 多项目管理 项目群 项目组合 EPC 总承包

组织级项目管理过程 工程项目管理模式 PMC 总承包 IPMT 模式

赛科工程"IPMT+
EPC+工程监理"
项目管理模式创新

第一节 企业项目管理的概念和内容

一、企业项目管理的产生

在商品供不应求的市场环境下，企业根据专业分工，设置有关的专业职能部门，同时为了确保专业人员的工作成效，企业内形成层层请示、层层监督、自上而下、递阶控制的金字塔状的结构。

进入 20 世纪 80 年代以后，企业处于以顾客、竞争和变化为主要特征的新的市场环境下，企业的组织结构已开始发生了变化，由传统的"金字塔结构"转为"倒金字塔"结构，这种变化意味着企业高层管理的职能由传统的"指挥"变为"支持"。企业组织内部中以"项目"为主导的管理正是在这一背景下产生的。

项目是企业发展的载体。企业作为一种长期性组织，有其长远发展的战略性目标。企业中有组织的活动可分为两种类型，即运作(operations)和项目(project)。通常企业最初通过一个新建设的项目使企业形成某种提供产品或服务的能力，并在此基础上重复运作。经过一段时间的运作后，又需要通过大修改造项目、新产品开发项目或改扩建项目使企业恢复原有的生产能力或上升到一个新的运作平台。可见，项目是企业实现其战略目标的基本活动，项目也是推动企业发展的直接动力。

企业每天所面对的不仅仅是几个大型项目，而是成百上千不断发生和进行的项目。在这种多项目并发、高技术、快速变化、资源有限的环境下，企业总是需要努力满足不断变化的市场需求和面对各种挑战，因此需要考虑实施新的管理方法。

虽然项目是一种"临时性"的任务，但它与长期性组织(是区别于"项目"的临时性组织而言的，如企业或政府部门)之间存在着必然的联系，其联系必然是以下两者之一：①项目在某一个长期性组织范围内完成；②项目游离在长期性组织之外，但使用长期性组织提供的资源。

因而，项目管理的有效实施离不开与项目相关的长期性组织的支持，这就要求项目与其相关的长期性组织在管理方式和方法上应协调一致。

再者，在经济全球化的大背景下，随着现代科学技术的飞速发展，企业的外部环境发生了深刻的变化。企业所面临的新的商业环境主要有以下特点。

(1) 市场竞争日益激烈，且日趋国际化。

(2) 环境不断优化，着眼于规范市场和可持续发展，新的法律、规则不断出现。

(3) 技术发展日新月异。

(4) 客户类型日益复杂，需求日趋个性化。

新的商业环境的特点综合起来则主要表现为市场环境的瞬息万变——高度的不确定性。正是这种高度的不确定性使企业面临着严峻的挑战。

新的商业环境给企业带来的直接影响是产品或服务在市场上的生命周期越来越短，且其周期的长短难以预见。因而越来越需要企业调整其经营管理策略和方法以适应外部环境和内部环境的变化：一方面为降低投资风险越来越多地采用"外协"等外借资源的生产方式以减少固定资产的投入；另一方面则以产品作为管理和核算对象以考核各产品全生命周期的效益。在这种情况下，一种产品从创意到退出市场的全过程也就具备了项目的特性，可以当作一个项目来看待；而产品生产过程的组织也因为客户需求的个性化及外协生产方式的采用甚至虚拟企业概念的引入，每批产品从洽谈订单到向客户提交产品的过程也可当作一个项目来管理。总之，在新的商业环境下，企业传统的"运作"业务也日趋具备项目的特性，对企业管理也提出了新的要求。

企业项目管理，正是企业应对复杂多变环境的有力武器。实践证明，项目管理是一种行之有效的管理变化的方法。正如著名管理顾问 Tom Peters 和 David Cleland 所指出的："在当今纷繁复杂的世界中，项目管理是成功的关键。""战略管理和项目管理在这全球性的市场变化中起着关键的作用。"因而，在新的商业环境下，越来越多的企业引入项目管理的思想和方法，将企业的各种任务"按项目进行管理"，不但对传统的"项目"型任务实行项目管理，而且还将一些传统的"运作"型业务当作项目对待进而实行项目管理。

可见，项目管理已成为企业发展的有力保障，企业项目管理(Enterprise Project Management，EPM)将成为未来长期性组织管理的一种趋势。

在新的市场环境下，企业组织结构方面的变化，即由传统的"金字塔"结构转变为"倒金字塔"结构，已普遍为人们所接受。这种变化意味着企业不同组织层次之间一种"角色"的变换，企业高层管理的职能由传统的"指挥"变为"支持"。企业组织内部以"项目"为中心的管理正是在这一背景下产生的。

二、企业项目管理的概念

企业项目管理的主导思想就是把任务当作项目以实行项目管理，即"按项目进行管理"(management by project)。企业项目管理是站在企业高层管理者的角度对企业中各种各样的任务实行项目管理，是一种以"项目"为中心的长期性组织管理方式，其核心是基于项目管理的组织管理体系。

企业项目管理是伴随着项目管理方法在长期性组织(如企业或政府部门等)中的广泛应用而逐步形成的一种以长期性组织为对象的管理方法和模式。其早期的概念是基于项目型公司而提出来的，是指"管理整个企业范围内的项目"(managing projects on an enterprise wide basis)，即着眼于企业层次总体战略目标的实现对企业中诸多项目实施管理。

由于项目管理方法所关注的重点是某个特定项目自身目标的实现，因此在同一组织背景下开展多个项目时就可能发生某些冲突；另一方面，由于实行项目管理，项目组织的临时性和柔性以及项目在资源方面对上级组织的依赖性，对企业层次的管理也提出了特殊的要求。因而要求在企业这一组织层次上有一套与之相适应的组织管理体系。

随着外部环境的发展变化，项目管理方法在长期性组织中的广泛应用已不再局限于传统的"项目型公司"，传统的生产运作型企业及政府部门等非企业型组织中也广泛地实施项目管理。企业项目管理的概念有了较大的发展，企业项目管理已成为一种长期性组织(不局限于企业组织)管理方式的代名词。

实质上，企业项目管理是一种以"项目"为中心的长期性组织管理方式，其主导思想是"按项目进行管理"(management by projects)，其核心是基于项目管理的组织管理体系。企业项目管理使长期性组织的管理由面向职能、面向过程的管理转变为面向对象(即"项目")的管理。

三、企业项目管理的特点

(1) "按项目进行管理"是传统项目管理方法和技术在企业所有项目(无论大小)上的综合应用，并打破了传统的管理方式和界限，对企业中项目的执行和组织文化的变化产生了深刻的影响。按项目管理意味着项目观念渗透到企业所有的业务领域，包括市场、工程、质量管理、战略规划、人力资源管理、组织变革、业务管理等。项目管理者也不再被认为只是项目的执行者，他们应能胜任更为复杂的工作，参与需求确定、项目选择、项目计划直至项目收尾的全过程，在时间、成本、质量、风险、合同、采购、人力资源等方面对项目进行全方位的管理。

(2) "按项目进行管理"是企业项目管理的主导思想，是长期性组织的一个核心概念，它是把任务当作"项目"来实行项目管理，即站在企业高层管理者的角度对企业中的各项任务实施"项目管理"。实施项目管理的任务可以是"项目"，如新产品开发项目；也可以是具备了项目特性的作业，如为适应客户个性化的需求，每一批产品从洽谈订单到向客户提交产品的过程。按项目进行管理，要求企业文化必须能够接纳这种新的思维方式。员工对自身工作的认识，应从"满足部门的要求"，转向"满足项目的要求"。

(3) "按项目进行管理"是以"项目"作为其相对独立的组织单元，围绕项目来组织资源。它根据项目生命周期各个阶段的具体需要，配置和协调人力、原材料、设备、资金及时间等资源，最大限度地利用有效资源，以项目目标为导向来解决问题，保证项目目标的实现。

(4) "按项目进行管理"涉及项目管理的专业知识、综合管理知识和应用领域的专用知识。其中，项目管理的专业知识是一套独特的知识和技术体系。综合管理知识则包括诸如计划、组织、人员管理，企业业务的执行和控制等。应用领域的专用知识包括不同项目类型所特有的一些共性要素，应用领域可按技术特征(如软件开发、系统集成)或管理特征(如承包项目、自主开发新产品)定义。

随着市场环境的不断变化、项目管理实践的不断发展，"按项目进行管理"不但被用于某个组织中的任务或活动的管理，而且也被用作两个或多个组织共同开展活动的管理方法，"按项目进行管理"的思想正被越来越多的企业及非企业型的长期性组织所接受。

四、企业项目管理的核心内容

企业项目管理也就是站在企业高层管理者的角度对企业中各种各样的任务实行"项目管理"(PM)，其核心内容是创造和保持一种使企业各项任务能有效实施项目管理的企业组织环境和业务平台。因而，企业项目管理的主导思想就是把任务当作"项目"以实行项目管理，即按项目进行管理(management by projects)，通常被用于某个组织中任务或活动的管理，也被用作两个或多个组织共同开展活动的管理方法。它是长期性组织的一个核心概念，即以"项目"作为其相对独立的组织单元。

企业项目管理与项目管理不同的地方在于：企业中的大多数任务都以项目形式存在并实行项目管理，企业内部同时进行着许多的项目，企业项目管理必须关心企业中所有项目目标的实现；而单个项目管理只关心单个项目目标的实现。故企业层次的项目管理既需要适应单个项目实行项目管理的要求，同时也要从企业总体目标出发平衡企业中多个项目间的资源和利益，以保证所有项目的实现。因而企业项目管理的核心内容包括：一是基于项目管理方式的企业组织设计，创造和保持一种使企业各项任务都能有效实施项目管理的组织环境和平台；二是多项目管理。

企业项目管理是指为达到战略目标，建立组织级的成熟度模型，对单项目、项目群和项目组合的管理，以及在组织层面对项目管理的体系建设、机制建设、流程建设、规范建设、信息化建设和文化建设等方面开展的持续提高管理水平的一系列活动。它主要包括下列内容。

(1) 通过成功的项目，确认可支持组织战略实施的最佳实践。

(2) 确认组成这些最佳实践的特有能力，以及这些能力与最佳实践之间的依存关系。

(3) 将最佳实践和有关能力不仅置于单项目管理之中，还要置于项目群管理和项目组合管理的过程。

(4) 提供一种能评估与已确定的最佳实践和能力相关的组织级成熟度的方法。

(5) 为组织在项目管理成熟度上取得改进提供基础。

(6) 为提升组织级项目管理成熟度而开展的各项工作。

五、企业项目管理的层次

1. 组织中的项目层次

组织中的项目层次一般分为单项目、项目群和项目组合。

1) 单项目

单项目(Project)是指为提供某项独特产品、服务或成果所做出的临时性努力。

2) 项目群

项目群(Program)既有大项目的含义，同时又指一组相互联系的项目或由一个组织机构管理的所有项目，对它们采取协调一致的方式进行管理和控制，为组织带来利润。

项目群通常与组织战略密切相关。它既是战略实施的具体工具，又是为了实现战略性利益而有目的地协调起来的项目集合，其目标是共享组织资源，获取单个项目管理无法取得的效益和控制能力。

项目群通常包括多项目或产品相关的项目，如某卫星研制及其改型卫星的研制，或某卫星的后续服务。

项目群的特征包括以下内容。

(1) 多个项目。多个项目是指项目群由若干个同时发生或部分搭接的项目构成。这些项目相互之间，要么具有一定的逻辑关系，要么虽没有逻辑关系，但具有类似的特征。因此，项目群中一个项目的推迟可能影响到另一个项目，如著名的阿波罗计划中的项目；但也可能不会影响到另一个项目，如南水北调工程的东、中、西线工程项目。

(2) 统一的战略目标。统一的战略目标是指项目群拥有一个明确的战略目标。组成项目群 的多个项目虽然各自拥有具体的目标，但总体上都是为项目群统一的战略目标服务的。例如，南水北调工程的东、中、西线工程项目都是为了解决中国北方水资源短缺这个总目标的。不具有统一战略目标的多个项目只能算作项目组合，而不能称为项目群。

(3) 统一的配置资源。统一的配置资源是指项目群范围内系统化地合理安排资源。由于目标的统一性，多个项目可能同时使用同一资源，或同一资源供若干个不同项目调用。这就需要在满足单个项目资源需求的基础上，从项目群系统角度出发，在不同项目之间合理调配资源。

项目群和单项目在内涵上的差异如表4-1所示。

表 4-1 项目群和单项目的内涵差异

特 征＼类 型	项 目 群	单 个 项 目
管理模式	一种组织框架	一种管理流程
本质特征	一种管理模式和文化	一种专业化管理模式
时间范畴	不明确的	明确的
管理目标	与企业战略和业务目标相配合	具体特定的项目目标
交付物	多个	单个
管理结果	达成战略目标、超越个体项目目标	达成个体项目目标
管理者	促进多个项目之间的相互协作	对单个项目成功负责

3) 项目组合

项目组合(Portfolio)是一组项目或项目群的集合，以便于有效地管理这些活动来实现组织的战略目标。项目组合中的项目或项目群可以不是相互依赖或直接相关的。

单项目、项目群和项目组合之间的基本关系如图 4-1 所示。项目群由多个单项目组成，有可能加上继续进行的工作。并不是所有的单项目都必须是项目群的一部分，它可能只是图 4-1 中的叠加部分。项目组合由所有项目群、单项目加上组织内继续进行的与项目有关的工作组成。

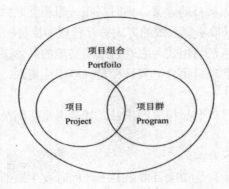

图 4-1　单项目、项目群和项目组合之间的基本关系

2. 企业项目管理的层次

与组织中的项目层次相对应，企业项目管理(EPM)包括单项目管理(PM)和多项目管理，后者又分为项目群管理和项目组合管理。

1) 单项目管理

项目管理就是把知识、技能、工具和技术应用到项目活动中，以达到项目目标。

2) 项目群管理

项目群管理(program management)是指为了实现组织的战略目标和利益，应用知识、技能与原则对一组项目(项目群)进行的统一协调管理。项目群管理针对一组相互关联且被协调管理的项目和子项目群，注重项目和子项目群本身的相互依赖关系，以便获得分开管理无法获得的利益。

项目群管理对项目群采取集中的、协调一致的管理，以实现项目群的战略目标和利益。项目群管理既可以是大型单项目管理中临时任务的扩展，如载人航天项目群包括了众多的小项目；也可以是整个产品生命期中的后续任务，如产品的升级、卫星发射后的在轨运行。

项目群管理更侧重于组织的战略，通过对项目的孤立性、模糊性改善以及对组织发展和最终产品的统筹，获得更大的利益，而项目管理注重计划和执行并提交最终产品。

项目群管理以一般项目管理理论为核心和基础，突出在战略目标指导下多项目之间的集成管理、协同管理等。通常，项目群管理不直接参与对每个项目的日常管理，其所做的工作侧重于对多个项目在整体上进行规划、控制和协调，以及指导各个项目的具体管理工作。由于项目群中的多重性、高度复杂性和不确定性，风险管理在项目群管理中占据相当重要的地位。

项目群管理的重点是实现项目群内各项目之间在组织、管理要素和全生命周期的集成化管理，具体包括以下内容。

(1) 组织集成。通常，项目管理参与方包括业主、监理咨询、设计师、承包商、分包商、供应商等。他们之间由相互独立的合同构成交易关系。不同项目的参与方之间因缺乏相互交流和了解，会影响项目之间的合作，容易造成各方追求局部优化的现象。

（2）管理要素集成。项目同时具有范围、工期、费用、质量、人力资源、采购、风险、沟通等多个相互影响和制约的管理目标。项目群集成化管理在项目实施过程中对这些目标和要素进行通盘的规划和考虑，以达到对整个项目群全局优化的目的。

（3）全生命周期集成。全生命周期集成即项目生命周期各阶段的集成，是指将项目群中各项目的实施从决策、设计、施工、运营到后评价，各阶段各环节之间通过充分的交流、协同集成为一个整体。

3）项目组合管理

项目组合管理是指为实现战略目标而组合在一起管理的项目、项目群、子项目组合和运营工作。它是为实现战略目标而对一个或多个项目组合进行的集中管理。项目组合中的项目群或项目不一定彼此依赖或直接相关。

与项目和项目群管理相比，项目组合管理是组织级项目管理的三个层次中最具战略性的。

（1）项目组合管理的主要工作包括：①把组织战略转化为具体的项目和项目群，即进行投资决策；②确定并启动项目群和项目；③为项目群、项目和其他活动提供分配、再分配资源；④保持项目组合内各项目和项目群的平衡；⑤支持组织级项目管理环境。

（2）项目组合管理的特点主要有以下三点。

① 组合管理的战略性。组合管理是战略的体现，项目组合分析及资源分配与公司总体经营战略紧密相连并保持一致，这是企业竞争成功的关键。在组合管理中，高层管理人员的合作和积极参与是其重要特征之一。组合管理在某种程度上考虑了风险、不确定性和成功的概率，并且将其体现在项目选择决策过程中。

② 组合管理的动态性。组合管理决策环境呈现动态特性，在组合中项目的状态和前景是经常改变的，组合管理可以不断发现新机会，新机会又与现有的项目竞争资源，这些情况使得企业需要将自己的活动不断调整到一个合适的位置和重点上，要求对处于不同阶段的、具有不同质量和数量信息的项目之间做出比较，这是传统项目管理方法不能解决的。组合管理的方法能够适应整个项目寿命周期内所发生的目标、需求和项目特征变化，能够同时处理项目之间的资源、效益、结果方面的互相影响，能够使管理人员对现行项目按时间变化作出计划，对组合适时地进行调整，明确项目在总体项目组合中所起的作用。

③ 强调组织的整合性。项目组合体中各项目小组成员在一个统一的合作体中工作，可形成一种连续式的沟通机制。技术、知识、信息共享程度较高，易于形成和强化统一的合作观念，沟通效率和有效性较高。而传统的项目管理模式中，各项目小组分散于不同的项目中，项目间成果和技术沟通多，过程和人员沟通少，是一种间歇的沟通机制，沟通效率和有效性较低。项目组合管理有利于显示决策过程的信息，能够系统地选择每个项目，并评价组合中某一个项目的状态，以及它与公司目标的适应程度。

（3）项目组合管理的优点主要包括以下三点。

① 核心能力的培养和提升。在资源有限的条件下，往往导致许多企业选择一些快速的、容易的低成本项目。通常这些项目又是不重要的，如一些产品的改进和延伸。而那些能够产生实际竞争优势的、带来重大创新的重要项目则没有受到重视，从而导致有利于核心能力培养和发展的真正好的项目缺乏人力和资金。通过有效的项目组合，应用组织学习手段，可将不同项目的技术知识整合起来，形成节点知识或新的知识连接方式，以培养、拓展和强化企业的核心能力。

② 与企业经营战略相匹配。项目组合管理能保证在不同类型、不同经营领域和市场的项目之间的费用分配与经营战略相符，实现与企业经营战略相匹配。

③ 组合价值最大化。项目管理合理分配资源可以使企业在一些战略目标(如长期盈利能力、投资回收期、成功的可能性或其他一些战略目标)的组合价值最大化。组合管理能产生比单一资源单独使用更大的效益，使资源在企业的不同阶段的配置更为合理，可以分散或降低风险，有利于企业发展过程各环节的一体化，降低交易成本，能够根据项目各自的优势对企业活动进行合理分工。

(4) 项目组合管理的范围包括：①长期项目与短期项目间的组合；②高风险的远景项目与低风险有把握项目间的组合；③经营业务所处的不同市场项目之间的组合；④不同技术或技术类型(如初始技术、先进技术、基础技术)项目之间的组合；⑤新产品开发项目与产品改进和费用减少项目间的组合；⑥产品创新项目与工艺创新项目间的组合等。

项目、项目群、项目组合管理之间的比较如表 4-2 所示。

表 4-2　项目、项目群、项目组合管理的比较

	项 目	项 目 群	项目组合
定义	项目是为创造独特的产品、服务等进行的临时性工作	项目群是一组相互关联且被协调管理的项目、子项目群和项目群活动，以便获得分别管理无法获得的效益	项目组合是为实现战略目标而组合在一起管理的项目、项目群、子项目组合和运营工作的集合
范围	项目具有明确的范围，在整个项目生命周期中是渐进明细的	项目群的范围包括其项目群组件的范围。项目群通过确保各项目群组件的输出和成果协调互补，为组织带来效益	项目组合的组织范围随着组织战略目标的变化而变化
变更	项目经理对变更和实施过程做出预期，实现对变更的管理和控制	项目群的管理方法是，随着项目群各组件成果和/或输出的交付，在必要时接受和适应变更，优化效益实现	项目组合经理持续监督更广泛内外部环境的变更
规划	在整个项目生命周期中，项目经理渐进明细高层级信息，将其转化为详细的计划	项目群的管理利用高层级计划，跟踪项目群组件的依赖关系和进展。项目群计划也用于在组件层级指导规划	项目组合经理建立并维护与总体项目组合有关的必要过程和沟通
管理	项目经理为实现项目目标而管理项目团队	项目群由项目经理管理，其通过协调项目群组件的活动，确保项目群效益按预期实现	项目组合经理可管理或协调项目组合管理人员或对总体项目组合负有报告职责的项目群和项目人员
监督	项目经理监控项目开展中生产产品、提供服务或成果的工作	项目群经理监督项目群组件的进展，确保整体目标、进度计划、预算和项目群效益的实现	项目组合经理监督战略变更以及总体资源分配、绩效成果和项目组合风险

续表

	项　目	项目群	项目组合
成功	项目的成功，通过产品和项目的质量、时间表、预算的依从性以及客户满意度水平进行衡量	项目群的成功，通过项目群向组织交付预期效益的能力以及项目群交付所述效益的效率和效果进行衡量	项目组合的成功，通过项目组合的总体投资效果和实现的效益进行衡量

3. 企业项目管理的过程

项目、项目群和项目组合管理都包括启动过程组、计划过程组、执行过程组、控制过程组和结束过程组五个过程组，每一个过程组的各过程都通过信息流与其他过程相联系，如图 4-2 所示。

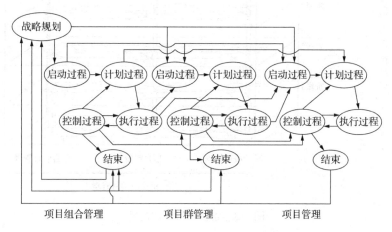

图 4-2　企业项目管理过程组

1）　项目管理过程

项目管理(包含每个项目的过程和项目管理者的能力)是构成企业项目管理三个方面中最基本的部分。

2）　项目群管理过程

与项目管理有关的过程组——启动过程、计划过程、执行过程、控制过程和结束过程，也与项目群管理有关，但是更复杂。例如，启动必须考虑其他项目，而控制则必须包括多个项目的监督方法和决策。项目群管理过程的标准化取决于项目群中项目管理过程的标准化。

3）　项目组合管理过程

与管理项目和项目群过程类似，项目组合管理也有启动和结束过程，表示新的项目组合的开始和工作的结束。但很多情况下，这些程序指的是新规划周期的开始或前一个规划周期的结束。

与项目组合管理有关的过程与项目和项目群管理过程有关：启动过程、计划过程、执行过程、控制过程和结束过程。与项目群管理类似，项目组合管理过程的改进取决于项目和项目群其他方面的改进。例如，标准化的项目组合管理过程取决于项目组合中所有项目和项目群的过程的标准化。

项目组合管理使人们了解了组织过程和成功完成项目群和项目过程之间的相互关系。成功地执行组织过程对成功执行项目群和项目管理过程有直接的影响。

4） 三层次的过程如何组成组织级项目管理过程

如图4-3所示，在企业项目管理过程中，每个方面(包括项目、项目群、项目组合)都有五个项目管理过程组，过程执行取决于输入、适当的工具和技术以及正确的控制和产生输出的所有方面，控制项目组合管理过程的能力取决于控制项目群和项目管理过程输出的能力，这些输出成为项目组合管理的输入，大多数过程使用的工具、技术和控制是由其他方面的过程发展而来的。

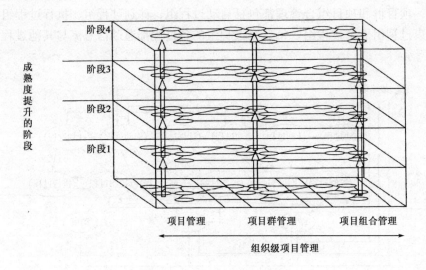

图 4-3　企业项目管理过程

第二节　企业项目管理的主要问题和对策

一、企业项目管理面临的主要问题

企业项目管理是站在企业整体战略的角度按项目进行管理，为保证企业中所有项目按时、高质、顺利地完成而进行的管理活动，在实践过程中必然面临以下几个主要问题。

1. 企业资源效用最大化的问题(包括管理资源)

资源是项目建设的物质基础，它包括生产力的各种要素，只有通过合理的组织和配置使生产力达到最优的结合，才能最大可能地发挥资源的效用。资源不足或过剩，都会影响资源效用的最大化。资源是企业成本的一项重要内容，当资源效用达到最大化时，企业的成本较低，利润较大。

按项目进行管理时，影响企业资源效用最大化的因素包括以下几项。

(1) 工作性质、组织方式的制约。以人力资源为例，对于工作量较大、自动化程度低的环节，要保证项目的进度，就要配置较多的人力；对于工作量较少的环节，所需的人力也较少。从以上各种工作交织在一起构成的企业项目管理的全过程来看，对人力的要求绝对不是恒定不变的，而是经常会大幅度地变化。

(2) 工作本身的限制。如某些工作每次只能依靠固定数量的人员作业，人多会造成资源过剩，而人少又不能保证该工作的顺利进行。

(3) 项目间的资源冲突。企业中往往有多个项目同时进行，而这些工作由于工作的类似性等原因，可能会在某一时间同时需要同一专家，或同时不需要某类人员，从而造成资源的相对短缺或过剩。

此外，由于"按项目进行管理"的管理模式，对管理人员、管理方法及管理技术的要求较高，以满足对大量项目同时进行管理的需要，当企业进展的项目较少时，就会造成一部分管理资源闲置，不利于管理资源效用的充分发挥。

2. 项目间利益的均衡问题

企业往往会同时进行多个项目，而每个项目的复杂程度、周期长短及经济效益是不同的，企业中有可能出现项目经理和人员都愿意参加经济效益大而复杂程度不高的项目，而不愿参加难度大、经济效益低的项目。这样，项目间的利益难以均衡，从而造成一部分项目难以按时完成。

3. 项目组织的临时性与终身为客户服务的问题

项目组织具有临时性。因为项目是一次性的，而项目组织是为了项目的建设服务，项目终结，其组织使命也就完成了。因而在项目的实施过程中，按项目进展的各个阶段的具体需要，项目组织中的人员来自不同的专业领域或部门，是一种动态的组合。当项目完成后，项目人员根据各自的技能及工作的需要，又投入到另一个项目中。但企业是一种长期性的组织，它需要不断满足客户需要，提供客户所需的产品和服务来获取盈利，才得以存在和发展。因而企业组织又必须保持相对的稳定性，来为终身客户服务。因而，"按项目进行管理"必须建立合适的组织结构，合理配置企业的人员，在企业的整个存续期内，既能使人员的闲置率较低，又能满足终身为客户服务的目的。

二、企业项目管理的主要对策

由于资源的限制，对于任何企业来说，选择合适的项目配置是困难的。因此，企业必须有能力避免启动那些对企业长期发展并不重要的项目，避免有限资源的浪费。方法之一就是建立一套有效的项目选择程序。在项目启动之前，即将企业资源用于该项目之前，选择程序被用来确定项目的有效性和可行性。这种选择程序所采用的标准(参数)可因企业不同而不同，但通常需要基于以下几个方面的考虑：对企业发展战略的重要意义，建立竞争优势，降低运营成本，满足客户的需要或期望，对企业的价值，对投资的回报。

这里需要重点强调的、按项目进行管理的一个基本原则，就是企业所担负的任何一个项目都必须符合企业的发展战略、目标和方针。企业对发展远景的规划通常会转换为发展战略、目标和方针，这些目标和方针又进一步被定义为由各种项目构成的企业发展计划，并由企业所拥有的人力资源和其他资源给予相应的管理和支持。从按项目进行管理的观点来看，企业业务成为一种多项目的组合。所有项目构成了企业的业务内容并支持业务的发展。因此，企业所选择的项目必须满足企业业务发展的方针和目标。一些企业可能犯的一个共性错误，就是选择了只对企业业务长期发展起很小作用的项目(有时企业为了眼前的利益，或因为没有明确的发展战略，往往顾及不到这一点，但这是致命的问题)。

1. 工作程序

拥有一套已建立的、明确定义且将被始终贯彻的工作程序，会对实施按项目进行管理起到很大的帮助作用。

2. 资源配置程序

很多企业面临的一个共性问题是不能准确地评价其资源利用的有效性。为了有效实施按项目进行管理，企业必须建立一套评价其资源在各个项目上的利用效率的方法。虽然这并不容易，但仍有一些技术可以帮助企业有效管理用于执行项目的资源库。同样，需要建立某种方法估算各项目组合起来后的资源需求总和。

从整个企业的资源角度上看，创立按项目进行管理型企业的关键是资源整合。整合意味着按最有效的方式，将企业所有的资源分配于关键项目上，而这些关键项目是通过项目过滤程序选择出来的。整合还意味着对企业有效资源库的全面掌握和管理(企业的所有资源应汇总到资源库，并能显示资源的可用性)。

理想状态下，在一个按项目进行管理的组织中，每一项活动或任务都包含在某一个项目中，并配置资源。企业的关键资源(或稀缺资源)在企业业务范围内的有效分配和使用，取决于对正在执行的各个项目的有效控制和充分的信息交流。而未来成功的按项目进行管理的组织将拥有正规的资源配置程序和全局计划。

3. 项目管理知识体系

对于实施按项目进行管理的新型管理模式，最困难的莫过于在整个企业范围内对项目管理知识体系的运用。对于整个企业而言，项目管理知识体系规定的知识范畴所涉及的工作程序并非独立存在，而是需要与企业的业务相结合，并保持在所有项目上的一致性。每个知识范畴所包含的程序对各个项目都有不同的控制作用。当这些项目管理的知识体系应用真正能够与企业的组织结构相融合时，就可以显著增强企业在项目计划和执行过程中的作业效率。一旦这些程序得以实施并为企业的组织文化所接受，将成为企业作业的标准，并使企业的管理模式更加接近于按项目进行管理。

第三节　企业项目管理的模式

一、工程项目管理模式的定义

所谓工程项目管理模式，即将工程项目管理的对象作为一个系统，通过一定的组织管理方式，使系统能够正常运行，并确保其目标得以实现。组织包括：组织结构模式、管理任务的划分、管理职能分工和工作流程组织等。组织中最重要的因素无疑是人的因素，即人的知识、能力、经验及群体的协同工作能力。

工程项目管理模式有狭义和广义之分：狭义的工程项目管理模式仅指工程承发包模式；

广义的工程项目管理模式是指工程采购模式，包括项目的策划、融资、承建和运营。多数学者认为，工程项目管理模式是指在项目可行性研究完成之后，业主不是按传统模式对项目各个阶段分别进行招标，选择设计公司和工程承包公司完成相应的工作，或选择总承包商承包项目，而是选择技术力量较强、有丰富工程管理经验的工程公司或咨询公司对项目进行全过程的项目管理承包。工程项目管理承包商作为业主的代表，帮助业主在项目前期进行项目策划、定义、计划、融资的方案，以及在设计、采购、施工、试运行等整个实施过程中有效地控制工程质量、进度和费用，以保证项目的成功实施，达到项目生命周期技术和经济指标的最优化。

可见，工程项目建设的模式涉及与建设有关的组织、管理、经济和技术等多个方面，主要与工程项目的组织和管理有关。工程项目管理模式是一种可供项目业主和项目服务方共同参照执行的一种规范化的项目管理运作方式，是以设计、采购、施工、试运行为顺序的项目实施框架体系。它决定着项目各参与方在项目实施中的职责和角色，明晰了雇主与承包商之间的权利义务关系，分配工程当中已知或潜在的建设风险。

二、工程项目管理模式的类型

在建设工程项目管理的发展过程中，适应不同工程的特点，产生了多种项目管理模式。各项目管理模式在范围、侧重点上有所不同。传统的 DBB 模式、DB 模式、CM 模式、CDC 模式、PC 模式、PM 模式等仅限于施工阶段，侧重于建设项目的承发包方式；而 BOT 模式、PFI 模式、PPP 模式则将范围拓展到前期的融资和后期的运营上，确切地说是一种工程采购方式。另外，需要说明

国际传统项目管理模式的优缺点比较

的是 Partnering 模式，它是一种完全不同于"设计—招投标—施工"的管理模式，业主与项目参与各方之间不是通过招投标而是通过长期合作形成的，这关系比较稳定。并且对于项目实施过程中的不确定因素，不是采取索赔形式而是通过合作协商来解决。

由于各种项目管理模式具有各自的优势(各种模式的工作范围如图 4-4 所示)，因此经过它们的有机组合所形成的组合模式，能够充分发挥各种模式的优点，并把若干优点集中在每一个项目中，产生集聚效应和扩大效应，保证项目的顺利实施直至成功。

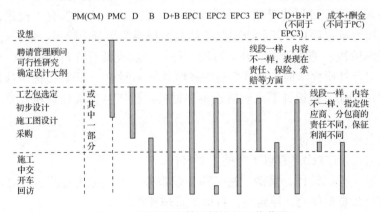

图 4-4 各种项目管理模式的工作范围

1. 工程总承包

1) 工程总承包的定义

工程总承包(Engineering Procurement Construction，EPC)是指从事工程总承包的企业受业主委托，按照合同约定对工程项目的勘察、设计、采购、施工、试运行(竣工验收)等实现全过程或若干阶段的承包。它要求总承包商按照合同约定，完成工程设计、设备材料采购、施工、试运行等工作，实现设计、采购、施工各阶段工作合理交叉与紧密配合，并对工程质量、安全、工期、造价全面负责，承包商在试运行阶段还需承担技术服务。工程总承包商在合同范围内对工程的质量、工期、造价、安全负责，如图 4-5 所示。

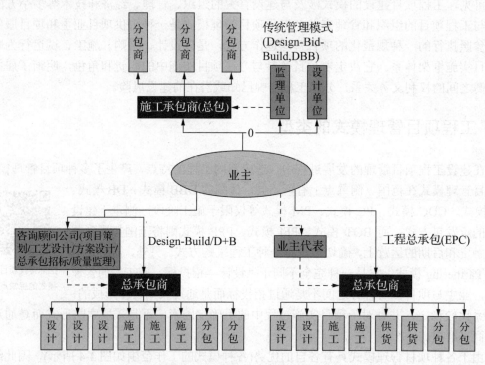

图 4-5　D-B 和 EPC 模式的不同

工程总承包项目的产品是合同约定的工程，工程总承包商为完成工程必须进行创造项目产品过程与项目管理过程的管理，因其项目产品是工程，因此拥有工程建设所特有的过程。完整的工程总承包项目，其创造项目产品的过程要经历五个阶段，即可行性研究阶段、设计阶段、采购阶段、施工阶段、开车阶段。每一个阶段都有各自的使命，分别起到各自的作用。即：可行性研究，描述项目产品的概略目标和要求；设计，描述项目产品详细的和具体的要求；采购，按设计要求制造设备和材料；施工，完成建筑和安装；开车，验证项目产品。

2) 工程总承包的特征

工程总承包项目(EPC)具有以下一些主要特征。

(1) 业主把工程的设计、采购、施工和开车服务工作全部委托给工程总承包商负责组织实施，业主只负责整体的、原则的、目标的管理和控制。

(2) 业主只与工程总承包商签订工程总承包合同。签订工程总承包合同后，工程总承包商可以把部分设计、采购、施工或开车服务工作委托给分包商完成；分包商与总承包商签订分包合同，而不是与业主签订合同；分包商的全部工作由总承包商对业主负责。

(3) 业主可以自行组建管理机构，也可以委托专业的项目管理公司代表业主对工程进行整体的、原则的、目标的管理和控制。

(4) 业主把 EPC 的管理风险转嫁给总承包商，因而，工程总承包商要承担更多的责任和风险，同时工程总承包商也拥有更多获利的机会。

(5) 业主介入具体组织实施的程度较浅，EPC 的工程总承包商更能发挥主观能动性，充分运用其管理经验，为业主和总承包商自身创造更多的效益。

(6) 工程总承包的承包范围有若干派生的模式，例如设计承包可以从方案设计开始，也可以从详细设计开始；采购工作的某些部分委托给设备成套公司；施工工作可以自行完成，也可以分包给专业施工单位完成等。

3) 工程总承包的优势

(1) 设计、采购、施工的组织实施是统一策划、统一组织、统一指挥、统一协调和全过程控制的。

(2) 设计、采购、施工之间是合理、有序和深度交叉的，在保证各自合理周期的前提下，缩短总工期。

(3) 对设计、采购、施工进行整体优化，局部服从整体，阶段服从全过程，以提高经济效益。

(4) 采购被纳入设计程序，进行设计可施工性分析，以提高设计质量。

(5) 实施设计、采购、施工全过程的进度、费用、质量、材料控制，以确保实现项目目标。这些特点都是 E、P、C 被分离时难以做到的。

4) 工程总承包项目实施中应注意的问题

合理交叉地完成项目产品的创建过程，具体包括以下内容。

(1) EPC 工程总承包创造项目产品过程的各阶段必须循序渐进地进行，即前一阶段的成果经过审核确认，才能作为下一阶段的输入，这通常叫做"阶段门"。

(2) 创造项目产品过程的各阶段是合理交叉地进行的，即在上一阶段的工作结束之前，开始进行下一阶段的工作，以缩短工程建设周期。

(3) 创造项目产品过程的各阶段合理交叉，可带来缩短工期、增加效益的机会，但同时伴随着返工风险。决定合理交叉深度的原则是：机会大于风险。合理交叉设计和有序操作，反映工程公司在 EPC 工程总承包的水平和经验。

交钥匙工程总承包(Lump Sum Turn Key， LSTK)是工程总承包的主要模式之一。交钥匙工程总承包适用于业主希望承包商能保证确切的工期、投资和质量，接收后就能正常运转的项目。此项目的业主只负责提供资金，提供合同规定的条件，监控项目实施，按合同的要求验收项目，而不负责具体组织实施项目。交钥匙工程总承包的业主把大部分风险转移给承包商，因此承包商的责任和风险大，同时获利的机会也多。

2. 项目管理总承包

1) 项目管理总承包的定义

项目管理总承包(Project Management Contractor，PMC)是近年来在国际上发展起来的一种特殊的项目管理服务方式，是具有相应资质、人才和经验的项目管理承包商，受业主委托，作为业主的代表或业主的延伸。通常，业主聘请一家项目管理单位代表业主进行整个项目过程的管理，PMC 单位受业主委托，作为业主的代表，利用其管理经验、人才优势，帮助业主进行项目前期策划、可行性研究、项目定义、计划、融资方案，以及设计、采购、施工、试运行等，在整个实施过程中控制工程质量、进度和费用，并对实施的项目进行管理、监督、指导，保证项目的成功实施，业主仅需对一些关键问题进行决策。

PMC 模式的组织结构如图 4-6 所示。

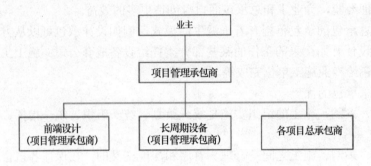

图 4-6　PMC 模式组织结构图

在 PMC 模式中，项目的具体实施工作由工程总承包商来完成。PMC 模式中项目管理承包商除了代表业主管理项目外，还承担了一些公用设施的设计采购工作。在这种情况下，项目参与方为业主、项目管理承包商、工程总承包商、施工承包商、专利商、融资顾问、基础设计承包商，各参与方的关系如图 4-7 所示。项目管理承包商只与业主具有合同关系，与其他参与方是管理关系。项目的其他参与方与业主签订合同，具有合同关系，但受项目管理承包商的管理。

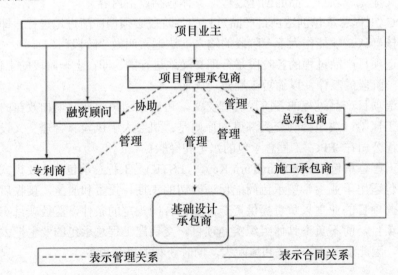

图 4-7　项目管理承包商与项目各参与方的关系

首先，业主委托一家具有相当实力的国际工程公司对项目进行全面的管理承包。其次，项目被分成两个阶段来进行。

第一阶段称为定义阶段，PMC 要负责组织和(或)完成基础设计，确定所有技术方案及专业设计方案，确定设备、材料的规格与数量，做出相当准确的投资估算(正负误差不超过10%)，并编制出工程设计、采购和建设的招标书，最终确定工程中各个项目的总承包商。

第二阶段称为执行阶段，由中标的总承包商负责执行详细设计、采购和建设工作，PMC 要代表业主负起全部项目的管理协调和监理责任，直至项目完成。在各个阶段，PMC 应及时向业主报告工作，业主则派出少量人员对 PMC 的工作进行监督和检查。在定义阶段，PMC 负责编制初步设计及取得相关部门批准，并为业主融资提供支持；在执行阶段，不管采用 EP+C 方案，还是 EPC 方案，PMC 都要直接参与从试车至投料以及协助业主开车和做性能考核等工作。

2) 项目管理总承包的优点

在国内，在没有政府担保的情况下，国际银行的贷款从未超过 10 亿美元，因此采用 PMC 项目管理方式有利于增强项目融资能力，增强向国际金融机构融资的项目可信性。

PMC 作为一种新的项目管理方式，并没有取代原有的项目前期工作和项目实施工作，只是工程公司或项目管理公司受业主委托，代表业主对原有项目的前期工作和项目实施工作进行的一种管理、监督和指导。PMC 是工程公司或项目管理公司利用其管理经验、人才优势对项目管理领域的拓展，因此其使用的管理理念、管理原则、管理程序、管理方法与以往的项目管理相比并没有什么不同。

PMC 模式的主要优点包括以下几方面。

(1) 有利于充分发挥设计在建设过程中的主导作用，使工程项目的整体方案不断优化。

(2) 有利于克服设计、采购、施工相互制约和脱节的矛盾，使设计、采购、施工各环节的工作合理交叉，确保工程进度和质量。

(3) 这种专业化的工程公司和项目管理公司有与项目管理和工程总承包相适应的机构、功能、经验、先进技术、管理方法和人力资源，对建设项目的前期策划与项目定义，对项目实施的进度、费用、质量、资源、财务、风险、安全等建设全过程实行动态、量化管理和有效控制，有利于达到最佳投资效益，实现业主所期待的目标。

3) 项目管理总承包的特征

项目管理总承包与项目管理服务(PM)的主要区别在于：项目管理承包商对业主要承担更多的管理责任和经济责任。另外，根据合同的规定，项目管理承包商还可以承担 EPC 工程总承包以前的可行性研究和项目定义(初步设计或基础工程设计)工作。项目管理总承包具有以下一些主要特征。

(1) 项目管理总承包是代理型的项目管理服务，负有直接管理、监督、检查和控制的责任。

(2) 项目管理总承包适用于规模大、技术复杂、投资主体多元化、需要巨额融资、项目前期工作量大的项目。

(3) 由项目管理承包商完成主要的项目前期工作(Front-End Loading，FEL)和 EPC 的管理工作，业主直接管理较少，采取"小业主，大 PMC"的项目管理组织机构。

(4) 项目管理承包商的报酬系统设计体现风险共担、利益共享的原则，采用"成本加奖罚"的办法。成本包括实际开支加合理利润。项目工期、成本、质量、安全等实际执行情况超过业主规定的目标，则按合同规定的计算方法给项目管理承包商支付奖励款；反之，项目管理承包商则按合同规定的计算方法向业主支付罚款。

(5) 项目管理承包商可以是独立的工程公司或项目管理公司，也可以是以合同形式联合组建的项目管理承包公司。

4) 项目管理总承包的适用范围

PMC 项目管理方式对国内工程建设领域而言是一种新的形式，但国际大型工程公司实施 PMC 管理已经成为惯例。它们的工程项目 PMC 在设计、采购、建设、进度控制、质量保证、资料控制、财务管理、合同管理、人力资源管理、IT 管理、HSE 管理、政府关系管理、行政管理等方面，都已形成相应的管理程序、管理目标、管理任务和管理方法，尤其是在项目费用和奖励机制、项目费用估算、项目文档管理体系方面都有一些独特做法。不同项目管理模式的合同结构如图 4-8 所示。

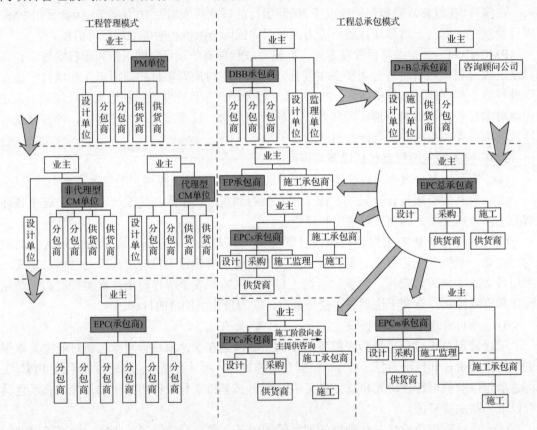

图 4-8　不同项目管理模式的合同结构

在国际上，从 20 世纪 90 年代中期开始，项目建设就更多地采用了 PMC 总承包的管理模式，就大型复杂项目而言，国外已经从以 EPC 为主的模式转化为以 PMC 为主的模式。

PMC 作为一种新的国际工程项目管理模式，就是要让具有相应资质、人才和经验的项目管理承包商，受业主委托，作为业主的代表或业主的延伸，帮助业主在整个项目的实施过程中有效地控制工程质量、进度和费用，以保证项目的成功。PMC 通常存在于以下情形的国际性的大型项目中：①项目融资超过 10 亿美元，并且有大量复杂的技术含量；②业主方面包括许多公司，甚至有政府部门的介入；③需要得到商业银行或出口信贷机构的国际贷款；④"业主"不以原有资产进行担保；⑤业主意欲完成项目，但是由于内部资源短缺，而难以实现。

3. 一体化项目管理模式

1) 一体化项目管理模式的概念

一体化项目管理模式(IPMT)是由业主与项目管理承包商共同组成一体化项目组完成整个项目的管理 模式。"一体化"是业主与项目管理总承包商组织结构的一体化，是项目程序体系的一体化，设计、采购、施工的一体化，以及参与项目管理各方的目标及价值观的一体化。"一体化"首先应考虑各参与方包括业主及项目管理公司在内的兼容性并使得它们各自的核心价值观统一及兼容，形成"一体化"的项目管理组的核心价值观及统一的项目目标。

一体化项目部由业主与项目管理承包商联合组成，通常业主代表担任项目主任(项目总监)，项目管理承包商代表担任项目执行副主任。项目主任对整个项目负责并向业主单位领导报告；项目执行副主任对一体化项目管理组的工作负责。一体化项目部其他成员要严格遵循最优化资源配置原则(可能来源于业主，也可能来源于项目管理承包商)。通常，IPMT 模式的组织结构如图 4-9 所示。

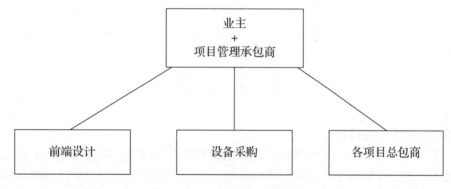

图 4-9　IPMT 模式的组织结构

一体化项目管理分为三大类型，即由业主驱动，项目管理承包商支持，简称业主驱动型；由项目管理承包商驱动，业主支持，简称 PMC 驱动型)；由双方共同驱动，简称共同驱动型。具体类型的选定要根据项目实际情况、业主在项目管理和执行方面的能力及参与程度来进行。

2) IPMT 模式的特点

(1) 在一体化项目部内部，业主与管理公司的参与人员力争达到无缝结合，人员之间只有职责之分，没有业主与管理人员之分，实现人员、专业配置、管理工具、检查工具、办公设施、通信设施等资源的最优配置。通常在一体化项目部内，管理公司提供管理体系和工具，业主代表具有监督指导作用，管理承包商派出的项目副主任负责日常的项目管理工作，整个团队通力合作，实现项目目标。例如：业主在工艺、功能及当地政府审批要求等方面有很强的优势，将业主的这些优势与项目管理承包商在体系、经验及工具上的优势紧密地结合起来，必然对工程建设带来增值效果。

(2) 由于工程建设项目是一个系统工程，有它合理的项目寿命周期，有客观需要的项目阶段及项目专业，工程设计、采购、施工、竣工验收是一个整体，这就产生了对设计、采购、施工全过程进行系统化、正规化和整体化管理的需求。同时，业主及投资商为全力保障其核心业务的运行及发展，追求核心业务外包服务，因此专营工程建设项目管理、具有丰富经验、专业配置齐全、财务实力强、具有先进软件及体系的工程项目管理公司在欧美国家已成为项目管理的主要力量，它能为业主提供从项目研究到建成运行的全过程服务。

(3) 一体化充分体现了将业主及管理承包商的最优资源一体化。集成、程序、体系的一体化就是指整个项目在实施计划、一整套执行程序下运行，所有的成员按此体系去工作，在一体化项目管理的统一协调下保证整个项目的整体运行。为了更好地实现"一体化"，一体化项目组应通过团队建设统一思想，总结纠偏活动，不断地强化参与各方的无缝结合。

(4) IPMT 模式是业主管理模式的一种延伸。这种管理模式在很大程度上消除和减少了业主对执行项目过程的一些顾虑，但并未削弱业主对项目执行过程的决策和掌控能力。

3) IPMT 模式的适用面

IPMT 模式一般适用于由联合体共同投资建设的项目。

(1) 业主希望并有意更多地介入项目执行决策。

(2) 工程项目具有很高的复杂性，且业主拥有熟悉工艺技术的专业人员。

(3) 业主拥有自己的管理团队，并希望通过项目管理承包商在项目执行过程中的合作，进一步培训自己的团队。

(4) 业主希望并有意全面掌握项目执行各环节的情况和掌控项目的主要要素。

本 章 小 结

本章包括以下主要内容。

(1) 企业项目管理的定义和内容。企业项目管理是一种以"项目"为中心的长期性组织管理方式，其主导思想是"按项目进行管理"，是使长期性组织的管理由面向职能、面向过程的管理转变为面向对象(即"项目")的管理。企业项目管理的核心内容是创造和保持一种使企业各项任务能有效实施项目管理的企业组织环境和业务平台。

(2) 企业项目管理的层次。企业项目管理包括单项目管理和多项目管理，核心方法是多项目管理。多项目管理又分为项目群管理和项目组合管理，其中，项目群管理的重点是实现项目群内各项目之间在组织、管理要素和生命周期的集成化管理；项目组合管理则强调战略性、动态性和整合性。

(3) 组织级项目管理过程的形成。项目管理、项目群管理和项目组合管理过程相互支持、相互作用。在项目生命周期中，不仅包括项目管理过程组内的基本项目管理过程，还包括把类似的过程和过程组合并到项目群和项目组合的框架中。

(4) 企业项目管理面临的主要问题及对策。企业项目管理必须关心企业中所有项目目标的实现，主要包括：企业资源效用最大化、项目间利益的均衡、组织的临时性与终身为客户服务。企业项目管理必须着眼于长远发展，坚持以创新为主线。

(5) 工程项目管理模式的定义和类型。工程项目建设的模式涉及与建设有关的组织、管理、经济和技术等多个方面，主要与工程项目的组织和管理有关。在建设工程项目管理的发展过程中,适应不同工程的特点,产生了多种项目管理模式。各项目管理模式在范围、侧重点上有所不同。传统的 DBB 模式、DB 模式、CM 模式、CDC 模式、PC 模式、PM 模式等仅限于施工阶段,侧重于建设项目的承发包方式;而 BOT 模式、PFI 模式、PPP 模式则将范围拓展到前期的融资和后期的运营上;EPC 模式、PMC 模式、IPMT 模式等侧重于建设项目的总承包模式。

思 考 题

1. 企业项目管理的作用是什么?
2. 企业项目管理的概念是什么?有哪些特点?主要内容是什么?
3. 什么是项目群?项目群有什么特点?项目群和单项目在内涵上的差异是什么?
4. 企业项目管理包括哪些层次?
5. 什么是项目群管理?它的重点是什么?
6. 什么是项目组合管理?它的特点是什么?
7. 简述企业项目管理的过程。
8. 项目组合管理和项目群管理的区别和联系是什么?
9. "按项目进行管理"对企业组织结构和组织体系的特别要求是什么?
10. 企业采用何种项目管理组织结构形式主要应考虑的因素是什么?
11. 企业项目组织管理体系设计的主要内容是什么?
12. 简述企业项目管理面临的主要问题和对策。

第二篇

实 践 篇

第五章　项目集成管理

基于全方位和全过程
的西气东输管道一期
工程建设项目管理

第一节　项目集成管理概述

项目集成管理(Project Integration Management，PIM)，又称为项目整合管理，是一种系统性、整合性、综合性和全局性的项目管理工作，它是根据项目全过程中各项活动、项目的各个专项(如项目成本、工期、质量、范围等)管理和项目各相关利益主体的要求，以及各方面配置关系所开展的一项集成性的管理工作。在项目全过程之中，各项项目活动、各个项目要素和各个项目相关利益主体的各种要求与期望之间相互存在着某种"明确"或"自在"的配置关系或关联影响，人们必须根据这些项目各方面的配置关系对项目进行充分、积极和正确的集成管理，以便通过项目集成管理对项目的实施、管理活动和目标进行全面的协调与控制。

一、项目集成管理的定义

PMBOK(2017)中有关项目集成管理的定义是："识别、定义、组合、统一与协调各项目管理过程组的各种过程和活动而开展的过程和活动。在整个项目管理中，项目集成管理具有合成、统一、关联和集合等方面的特点，这些不仅对于项目的成功实施是至关重要的，而且对于满足项目相关利益主体的需要和管理他们的期望方面也是很重要的。"由此可见，项目集成管理是一种为项目成功实施和全面满足项目相关利益主体需要的一项重要管理工作，而且是项目管理专项管理中统领全局的管理工作。

可见，项目集成管理是一种基于项目全过程中各项具体活动的管理、项目的各个专项(或要素)管理和项目各相关利益主体的要求管理等，针对整个项目各方面的科学配置关系所开展的一种全面性的项目管理工作。所以项目集成管理具有多维的集成管理内容，包括项目全过程的集成管理、项目全要素(或专项)的集成管理、项目全团队(全体相关利益主体)的集成管理、项目组织集成管理和项目资源集成管理等。

项目集成管理是指在项目的生命期内，汇集项目管理的知识领域，对所有单项项目计划进行整合执行及控制，以保证项目各要素相互协调的全部工作和活动。它从全局的、整体的观点出发，通过有机地协调项目各个要素(如进度、成本、质量和资源等)，在相互影响的项目各项具体目标和方案中权衡和选择，尽可能地消除项目各单项管理的局限性，从而实现最大限度地满足项目干系人的需求和期望的目的。

开展项目集成管理的根本目的是使人们努力按项目各方面的配置关系去集成管理项目的各项活动、各个专项、各个要素和各方面的要求，所以项目集成管理的核心工作在于分析和找出项目各方面的配置关系，然后根据这种配置关系做好项目各方面的合成、统一、关联、协调等集成管理工作，从而保证项目的成功实施和项目利益的最大化以及项目利益分配的合理化。所以，项目集成管理最重要的内容是：实现项目目标、项目产出物、项目工作、项目所需资源的全面集成，从而按照充分必要的原则实现项目所需资源与项目工作的全面集成、项目工作与项目产出物的全面集成、项目产出物与项目目标的全面集成。只有这样，人们才能最终实现项目的集成管理。

二、项目集成管理的特点

由于项目集成管理涉及项目各项活动、各专项管理以及项目全体相关利益主体的要求和期望等方面的合成、统一、协调与整合，因此，项目集成管理的主要特点有如下几方面。

(1) 综合性。综合性是从项目全局出发去全面协调和控制项目活动、要求、目标和专项的项目管理工作，综合每个单项项目管理的所有方面，平衡项目各个方面之间的冲突，对它们的目标、工作和过程进行协调、管理。一般而言，项目单项管理都是针对项目某个特定的方面所进行的管理，如项目进度管理主要是针对项目进度进行管理的。而项目集成管理要求人们从全局角度出发去统筹安排和协调整个项目的各个方面，从而最终实现项目总体绩效的最优或满意。

(2) 全局性。全局性是指为了最大化地实现项目总体目标，从全局出发按照具体项目的科学配置关系综合协调和控制项目各项活动、各个方面和各个要素为实现项目的最优化而开展的一种项目管理工作。有时甚至可以不惜牺牲或降低一些项目的单项目标，从而达到协调统一项目各单项管理的目的，这是项目集成管理最主要的特点。

(3) 系统性。系统性是指把项目作为一个整体系统来考虑，将项目的内、外部影响因素相结合，不仅要对系统内部进行管理和控制，还要兼顾来自外部环境的影响因素、问题等，并对之进行管理和控制。如在项目的实施过程中，客户可能会对某一任务提出变更申请。此刻，项目集成管理则会响应这一变更申请，兼顾各单项管理，并对其做出相应的调整，而项目的各个单项管理都不具有相互之间互相协调的功能。

(4) 统一性。统一性要求项目各方面必须按照一定的授权系统去统一整合管理项目的各个方面。这包括统一整合管理项目内部与外部资源，统一计划安排项目的各项业务和管理工作，统一应对和控制项目实施中出现的各种项目自身、环境与条件的变化，统一考虑项目各相关利益主体提出的要求和变更请求等。特别是统一计划安排和统一审批项目的变更请求，因为任何一个计划和变更都会使项目各方面既定的配置关系发生变化，从而使人们必须重新寻找新的配置关系，并按照它去对项目各个方面进行变更的总体控制。

三、项目集成管理的内容

项目集成管理对项目的成功起着关键作用。项目经理是项目集成管理的责任者，也是项目的综合协调者。项目团队成员在项目经理的指导下制订相应的项目计划。项目经理要领导项目团队根据项目目标进行决策，负责协调所有团队成员之间的工作，并解决他们之间的冲突，同时还应与所有的项目干系人进行很好的沟通。项目集成管理的内容(知识体系)如图 5-1 所示。

图 5-1 项目集成管理的内容

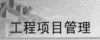
项目集成管理的核心工作过程如图 5-2 所示。

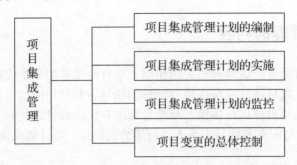

图 5-2　项目集成管理的核心工作过程

(1) 项目集成管理计划的编制。它主要是收集单项计划的结果，并将其汇总成一份连贯、一致性的文档。这些单项计划包括项目范围管理计划、项目进度管理计划、项目成本管理计划、项目质量管理计划、项目人员管理计划、项目沟通管理计划、项目风险管理计划以及项目采购计划等。

(2) 项目集成管理计划的实施。它主要是通过执行项目集成管理计划和各单项计划所规定的活动，来实现项目的目标。

(3) 项目集成管理计划的监控。它主要是通过对项目活动的监视和控制来发现项目活动与项目基准计划之间的偏离。

(4) 项目变更的总体控制。它主要是协调整个项目生命期内发生的所有项目变更。

项目集成管理在项目生命期的任何阶段都是必不可少的两项工作，虽然上述的四项工作被分为独立的四个方面，但在实际的管理过程中，它们之间经常会相互影响、前后重叠，同时它们也会对项目的其他单项管理产生重要影响。

有关项目集成管理的概念、作用、原理、内容和方法等都是现代项目管理相对较新的内容，从项目全过程的集成管理，到项目各要素的集成管理以及项目组织集成管理等都属于这一专项管理的范畴。本章将重点讨论项目集成管理的原理和方法、项目集成管理计划的编制和实施、项目变更总体控制等内容。

第二节　项目集成管理计划的定义与编制

在项目集成管理的主要内容中，最重要的是编制项目集成管理计划。项目集成管理计划(project integrated management plan)是项目管理最重要的计划，所以也被称为项目管理计划(project management plan)或项目主计划(project master plan)。项目集成管理计划是一个全面集成、综合和协调了项目各方面的影响和要求的整体计划，是指导整个项目实施和管理的根本依据和方案。

一、项目集成管理计划概述

项目集成管理计划是根据项目章程和项目初步范围说明书以及项目范围、时间、成本、质量、资源和风险等各方面的限制因素，以项目各单项计划为基础，从项目全局出发而做出的项目综合计划和安排，形成指导项目各单项管理的整体文件。

1. 项目集成管理计划的定义

项目集成管理计划是人们根据项目各方面的配置关系和各种限制因素与假设条件以及项目各个相关利益主体的要求和项目各专项计划限制指标等编制而成的最重要的项目管理计划，它是整个项目实施和管理的总体计划与安排，是用于指导项目实施和管理控制的集成性、综合性、全局性的计划文件。所以项目集成管理计划的编制需要通过反复优化和修订才能完成，这既包括在项目起始阶段的项目集成管理计划的编制，也包括在项目后续阶段的项目集成管理计划的更新与修订。

2. 项目集成管理计划的作用

(1) 指导项目整体实施。如同项目的单项计划指导项目的单项实施一样，项目集成管理计划也指导着项目整体的实施。其不同点在于项目单项计划是专门针对项目的某个方面，而项目集成管理计划则是针对整个项目的。

(2) 作为监控的基础。项目集成管理计划的主要内容是项目集成管理计划的制订和运用，这些计划可作为上级机构进行业绩考核和管理控制的基础。

(3) 作为信息沟通的平台。项目利益相关方只有了解项目的集成管理计划，他们之间才可以进行有效的沟通和协调，从而有利于项目目标的顺利实现。

(4) 作为协调项目工作的文件。项目集成管理计划就是对项目的各种单项计划进行综合协调的文件，以解决项目各方面所出现的冲突。

二、项目集成管理计划的编制

项目集成管理计划的编制工作涉及项目集成管理计划信息和依据的收集、项目集成管理计划的编制和项目集成管理计划的不断更新三个方面的工作，其编制过程如图 5-3 所示。

图 5-3　项目集成计划的编制过程

该阶段的主要工作是以项目各单项计划为基础，结合收集到的信息资料，运用各种定性、定量的分析方法和相关的项目管理知识，对项目各单项计划进行整体协调等。

项目集成管理计划编制的主要工作如表 5-1 所示。

表 5-1　项目集成管理计划编制的主要工作

依　据	工具和方法	结　果
项目初步范围说明书	工作分解结构	项目集成管理计划
项目相关计划	责任矩阵	项目集成的配置管理系统
历史资料	行动计划表	项目变更总体控制系统
组织政策	网络图	
制约因素		
假设条件		

1. 项目集成管理计划的编制依据

在项目集成管理计划编制过程中，需要输入的相关性文件很多，包括：①项目初步范围说明书，它规定了项目范围，即需要完成的项目活动文件；②项目相关的计划，如工作分解结构图；③历史资料，如估算数据库、过去项目绩效的记录；④组织政策，即与项目相关的正式的和非正式的组织政策；⑤制约因素，即影响项目绩效的限制因素；⑥假设条件，即因项目存在着未知因素而建立的假设。

2. 项目集成管理计划编制的工具和方法

项目集成管理计划编制的基本工具和方法有三种，即工作分解结构、责任矩阵及行动计划表以及网络图等。

3. 项目集成管理计划编制的结果

(1) 项目集成管理计划。这方面的主要内容包括：项目批准与特许情况的说明，项目管理方法与项目目标的说明，项目范围的说明和规定，项目成本、时间和质量方面的说明，项目绩效度量基准的描述和说明，项目重要里程碑与目标日期的说明，项目经理的指定和项目团队成员的描述与说明，项目实施责任的划分与说明，项目风险和风险管理计划的说明，项目其他各个专项计划的描述和说明，项目制约条件和建设前提条件的说明，项目现存遗留问题和后续决策要求问题的说明(以便将来有足够信息时进一步修订项目集成管理计划)。

(2) 项目集成的配置管理系统。它给出了项目集成管理中必须遵循的项目各方面配置关系和配置管理的方法，既包括项目各方面的配置关系和配置管理方法，也包括计划变更和修订的时候所应遵循的项目各方面的配置关系和配置管理方法。同时，这种项目各方面的配置关系和配置管理方法还涉及如何提出、评估、批准项目变更，如何确定变更审批的权限层级和手续等。另外，大多数项目配置管理系统还包括项目变更控制系统以及一系列项目正式的技术和管理的指导与监督的文档化管理程序和步骤。

(3) 项目变更总体控制系统。项目变更总体控制系统是整个项目的工作授权系统中最重要的一个组成部分，它是由一系列关于项目变更的申请和批准程序、变更审批权限的安排和规定、项目变更的文档化管理要求等构成的。因此，最新的项目集成管理计划只是项目集成的初始计划，而项目变更总体控制系统才是项目后续的跟踪集成计划系统。

项目集成管理计划实施中的集成管理工作主要包括三个方面：其一是项目集成管理计

划实施的指导与管理，简称项目工作指导与管理；其二是项目集成管理计划实施的监督与控制，简称项目工作监控；其三是项目集成管理计划实施变更的总体控制。这三个方面的项目集成管理计划实施过程中的管理工作的相互关系如图 5-4 所示。

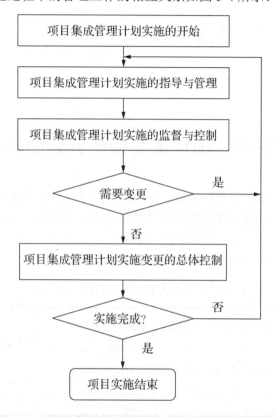

图 5-4　项目集成管理计划实施过程中的管理与控制循环

三、项目集成管理计划的更新

项目集成管理计划的更新包括两种情况：其一是项目集成管理计划的及时与全面更新，其二是项目集成管理计划的局部性修订。两者的具体内容分述如下。

1. 项目集成管理计划的及时与全面更新

由于任何项目和项目管理的变更都是对项目计划的一种修正和改变，所以在项目全过程中，当项目和项目管理的某个方面出现一定程度的变更申请或客观环境变化时，人们就需要按照集成管理的思想重新修订项目集成管理计划。这种项目集成管理计划的及时而全面的变更多数用于解决项目实施过程中所发生的项目重大变动的情况，同时这还需要有各种项目集成管理计划方法和手段的配合(如一般需要有人—机集成的项目信息管理系统)。

2. 项目集成管理计划的局部性修订

在一个项目的环境和条件发展变化的时候，或者是项目相关利益主体提出较小的变更请求时，人们都需要对项目集成管理计划进行局部性的修订。按照现代项目管理的原理，

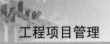

这种局部性的项目集成管理计划的修订，一般都是做一些补充性或附加性的计划安排，而并不全面修改整个项目集成管理计划。这种局部性修订的集成计划的产物，多数是一种补充性计划(adding plan)或者是附加性计划(additional plan)。

四、项目集成管理计划的发放

项目整体计划编制完成后，根据不同使用者的不同需要，向其发放详细程度不同的项目整体计划。

第三节 项目集成管理计划的执行

当项目集成管理计划以及其他的文件资料发放到项目的相关成员手中后，就进入了项目集成管理计划的执行阶段。我们要将项目集成管理计划的执行与项目各单项计划的执行融为一体，使它们共同贯穿于项目执行的全过程。

项目集成管理计划执行的主要工作如表 5-2 所示。

表 5-2 项目集成管理计划执行的主要工作

依 据	工具和方法	结 果
项目计划	工作授权系统	项目执行的结果
项目的信息		
项目组织的政策和规定		项目变更申请
项目的变更		

一、项目集成管理计划执行的依据

在项目集成管理计划执行的过程中，项目组织需要借助获得的一些依据，来保证高效、准确地执行项目集成管理计划。项目集成管理计划执行的依据包括以下几个方面。

1. 项目计划

它主要是指项目计划阶段所产生的各种计划文件，最主要的有项目章程、项目集成计划、项目各个专项计划、项目的规范和标准等。这些文件必须是在时效期内的，即在人们开展项目集成计划实施指导和管理的具体行动时刻，人们所依据的项目文件必须是已生成并正在使用，过期和未及时更新的项目文件都不能作为项目集成计划实施指导和管理的依据。

2. 项目的信息

项目集成管理计划执行的另一个重要依据是项目自身和环境发展变化的信息以及项目未来发展变化的预测信息，其中最主要的有项目所涉及的事业环境因素、组织过程资产、项目绩效报告、项目风险识别与度量结果等信息。这些信息也必须是在时效期内的，即这些信息必须在人们开展项目集成计划实施管理的具体行动时及时更新，否则不能作为依据。

3. 项目组织的政策和规定

任何一个项目组织都会有自己的政策和规定，才能保证项目整体计划的顺利实施。良好的项目组织的政策和规定可以激励项目团队人员更加努力地工作，而拙劣的项目组织的政策和规定则会阻碍项目的顺利进展。

4. 项目的变更

项目集成计划实施的指导和管理工作还必须按照权变的方法进行，当项目可能出现问题与变动时要积极采取预防措施，而当项目已经出现问题与变动时要积极采取纠偏措施。

二、项目集成管理计划执行的工具和方法

工作授权系统是为确保工作按规定时间与顺序进行而采取的一套项目工作正式审批程序。项目集成管理计划执行过程中的工作授权系统是一种项目工作批准的组织程序，这种程序是为保障项目的实施过程能够按照正确的顺序和工期完成而设立的。

工作授权系统不仅包括给项目团队人员分配具体的活动，还包括给予他们完成活动的责任、实施具体活动的决策权以及对他们取得预定目标的信任。

有效的授权对项目经理来说是非常必要的，借助于工作授权系统，项目经理不仅可以使项目团队人员明确其具体执行的活动的目标，而且可以使他们充分意识到自己被授予的权力和应负的责任。

三、项目集成管理计划执行的内容

在项目集成管理计划的执行过程中，项目团队需要做好以下工作。

(1) 编制项目工作计划和项目任务书。项目集成管理计划是项目执行前编制的整体的、综合的管理计划，它是指导整个项目实施的主要计划。根据项目的集成管理计划、项目单项计划和项目的执行情况来编制项目工作计划和项目任务书，指导项目各个方面的执行。

(2) 记录项目的执行情况。在项目的执行过程中，要详细记录项目的执行情况并及时报告，这样才能更好地掌握项目执行的实际情况，才能更好地为项目集成管理计划执行过程中的检查、分析、控制、协调提供信息。

(3) 做好项目风险管理和应对工作。这主要包括指导和管理好各方面的项目风险管理工作并适时开展项目风险应对活动，指导和管理好各种项目变更的提出和申请，指导和管理好按照已批准的项目变更、收集项目数据的工作，积极预测项目计划的前景和环境的变化。

(4) 做好协调、控制和纠偏工作。该工作主要包括两个方面：一是协调项目各项工作，对项目执行过程中出现的问题采取相应的解决措施，尽量实现项目执行中的动态平衡；二是保证项目按照既定的项目计划执行，当项目实际进展情况与计划出现偏差时，要采取一定的措施来纠正偏差。

(5) 做好项目集成管理计划的修订工作。当项目的内部或者外部出现了较大的变化时，

就需要根据变化后的情况，对项目的集成管理计划进行修订。

(6) 将新的项目集成管理计划及时通知相关的需求者。如果修订的项目集成管理计划没有及时通知相关的需求者，就等于没有修订项目集成管理计划，所以，只有及时通知了相关的需求者才能保证按照正确的方向执行项目。

四、项目集成管理计划执行的结果

项目集成管理计划执行的结果包括以下两个方面。

(1) 项目执行的结果。随着项目集成管理计划的不断落实，及根据项目执行的实际情况对项目集成管理计划不断地修改和完善，产生了项目执行的结果。项目执行结果具体包括：哪些项目工作已经完成，哪些没有完成，未完成的工作目前达到什么程度，项目工作的成本和进度情况如何，等等。

(2) 项目变更申请。当项目执行过程中出现一些难以应付的情况时，就需要对项目的集成管理计划提出变更申请，如扩大项目集成管理计划的工作范围等。

第四节　项目集成管理计划的监控

一、项目集成管理计划监控的定义

项目集成管理计划的监督和控制是指对项目集成计划实施阶段的业务工作和指导与管理工作的全面监督和控制。

项目集成管理计划监控的主要工作如表 5-3 所示。

表 5-3　项目集成管理计划监控的主要工作

依　据	工具和方法	结　果
项目集成管理计划	项目管理专业方法	信息和文件
项目相关情况报告	项目管理信息系统	项目纠正措施
否决的变更申请	专家判断法	项目风险预防措施
		项目缺陷补救措施
		项目变更申请

二、项目集成管理计划监控的依据

(1) 项目集成管理计划。它是整合所有单项管理计划所形成的文件。集成管理计划是项目总体运行监控的主线。

(2) 项目的相关情况报告。相关情况报告提供了项目各项活动的进展情况，项目管理者可以根据相关的报告对项目进行监控。这些报告包括项目进度情况、已经完成和尚未完成的可交付成果等。

(3) 否决的变更申请。否决的变更申请包括变更申请本身、相关的辅助文件，以及表明否决的变更申请倾向的变更审查报告。

三、项目集成管理计划监控的工具和方法

(1) 项目管理专业方法。项目管理专业方法有助于项目管理团队按照项目集成管理计划管控项目工作的过程。

(2) 项目管理信息系统。项目管理团队利用项目管理信息系统来监控项目集成管理计划的执行。

(3) 专家判断法。项目管理团队利用相关专家的丰富经验来监控项目总体运行状况。

四、项目集成管理计划监控的内容

(1) 项目集成管理计划监督与控制的基本内容包括：度量、收集、加工和发布项目集成计划实施的信息，对照监控标准去评价和度量项目集成管理计划实施结果，分析和发现项目集成管理计划实施情况的发展趋势以及发现需改进的地方，分析和发现项目集成管理计划实施中各种可能发生的问题，然后采取各种必需的纠偏、预防和补救行动以控制项目实施的效果。

(2) 项目集成管理计划监督与控制工作的具体内容包括：对照项目集成管理计划和项目目标去制定监控标准，根据监控标准去度量项目集成管理计划实施的实际绩效，分析和评价项目集成管理计划实施的差距和问题，分析对项目集成管理计划实施中出现的问题需要采取的预防、纠偏和补救行动，提出并采取行动从而使项目集成管理计划实施能够继续进行。

另外，在项目集成管理计划的监督与控制工作过程中还必须分析、跟踪并监视项目的风险情况，以确保项目团队能够及时识别和度量项目的潜在风险，采取项目风险应对措施。

五、项目集成管理计划监控的结果

(1) 信息和文件。这里的信息和文件是指项目集成管理计划实施中监督工作所产生的各种信息和文件，包括项目集成管理计划实施中监督工作所产生的各种分析预测和风险识别与度量信息，以及项目集成管理计划实施中监控工作所产生的各种估算和计划修订信息与文件等。

(2) 项目纠正措施。纠正措施是为了保证项目未来的结果符合项目集成管理计划而提出并形成文件的建议。

(3) 项目风险预防措施。预防措施是为了降低项目风险而提出并形成文件的建议。

(4) 项目缺陷补救措施。补救措施是对某些在检查过程中发现的缺陷提出的纠正建议。

(5) 项目变更申请。在项目总体运行过程中，会出现一些难以预料的情况，需要对项目的集成管理计划提出变更申请。

第五节 项目变更及其控制

一、项目变更

1. 项目变更的定义

在项目生命周期中，存在着不断干扰项目进行的各种因素，项目总是处于一个不断变化的环境之中。对于项目管理者来说，关键的问题是能够有效地预测可能发生的变化，以便采取预防措施，以实现项目的目标。但当项目的内外环境变化无法保证项目按计划实施时，或项目需求发生变化时，就要进行项目变更。

项目变更是指项目组织为适应项目运行过程中与项目相关的各种因素的变化，保证项目目标的实现而对项目计划进行部分变更或全部变更。

2. 项目变更控制的定义

项目变更控制(project change control)是指建立一套规范的、能够有效地进行项目变更控制的系统的管理活动，以及为使项目朝着有益的方向发展而采取的各种监控和管理措施。项目经理和项目团队必须对变更进行控制。项目变更可以分为影响项目整体的变更和影响项目局部的变更两大类，对于影响项目全局的变更要特别重视。

3. 项目变更控制的分类

在项目变更控制管理中，按控制覆盖范围可将变更控制分为以下几类。

1) 项目辅助变更控制

项目辅助变更控制作为项目整体变更管理的重要支撑部分，它通常在控制内容上包括以下几个部分。

(1) 范围变更控制。范围变更控制是对已批准的工作分解结构(WBS)所规定的项目范围的所有修正。范围变更经常要调整成本、时间、质量等项目的目标。

(2) 进度变更控制。进度计划变更就是对项目进度计划所进行的修正。必要时，要将变更通知项目利益相关方。进度计划变更可能会要求对整体项目计划进行调整，如成本计划、资源需求计划以及质量计划等都需要作相应调整。

(3) 费用变更控制。费用变更控制就是对造成费用基准计划变化的因素施加影响，以保证这种变化朝着对项目有利的方向前进。

(4) 质量变更控制。质量变更控制就是监控具体项目结果以决定它们是否符合相关的质量标准，并对其进行修正直到满足质量变更的要求为止。

(5) 风险变更控制。风险变更控制是指跟踪已识别的风险，监视和识别新的风险，保证风险计划的执行，并评估这些计划对降低风险的有效性。风险变更控制是项目整个生命周期中的一种持续进行的工作。随着项目的进展，风险会不断变化，可能会有新的风险出现，也可能预期的风险消失。

2)　项目变更的总体控制

在项目实施过程中可能会发生诸如项目目标、项目要求、项目范围、项目时间、项目成本、项目质量、项目风险、项目合同等要素的变更。由于任何上述要素的变更都会对其他项目要素产生影响，所以在任何项目要素变更后都需进行项目变更的总体控制，协调整个项目全过程的变更。在进行项目变更时应尽可能保持原有项目绩效度量基线的完整性。项目变更的总体控制可以借助变更控制系统来实现协调和管理项目各个方面的变更要求，以达到项目的预定目标。

项目变更总体控制的核心内容是对项目各个要素的变更控制、项目变更的风险控制、项目变更合同修订等综合控制进行整合，它比各单项项目变更控制更具有全局性和系统性，如图 5-5 所示。

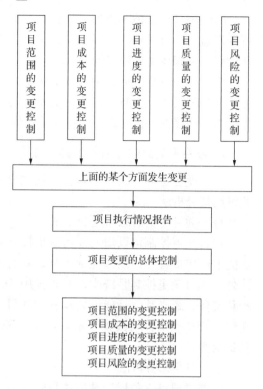

图 5-5　项目集成管理计划的变更控制

二、项目变更的总体控制

项目变更的总体控制必须保持最初定义的项目范围和综合绩效基准计划，方法是按照基准计划持续不断地管理变更，否决新的变更或同意变更并把这些变更结合到修改的项目基准计划中。项目变更总体控制的要求如下。

(1)　维护绩效测量基准计划的完整性。

(2)　确保产品范围的变更反映在项目范围定义中。

(3)　协调各知识领域的变更。

项目变更总体控制的主要工作如表 5-4 所示。

表 5-4　项目变更总体控制的主要工作

依　据	工具和方法	结　果
项目计划	项目变更的总体控制系统	更新后的项目计划
项目执行情况报告	三角形分析	纠正措施
项目变更申请	关键比值分析法	经验和教训
	偏差分析法	

1. 项目变更总体控制的依据

项目进行整体的变更控制时，需要如下一些相关信息。

(1)　项目计划。项目计划包括项目集成管理计划和各种单项管理计划，其中项目集成管理计划是项目变更整体控制的主线。

(2) 项目执行情况报告。项目执行情况报告提供了项目的实际进展情况，项目管理者可据以进行项目的变更。项目执行情况报告包括：项目的进度情况、项目的花费情况、定期检查记录和典型事件记录等。

(3) 项目变更申请。项目变更申请可以由项目团队提出，也可以由项目业主提出，或者由其他项目干系人提出。提出的形式可以是口头的，也可以是书面的；可以是直接的，也可以是间接的。在此必须注意的是，项目变更的申请是项目变更整体控制最重要的依据。

2. 项目变更总体控制的工具和方法

项目变更总体控制的工具和方法主要有：项目变更的总体控制系统、三角形分析法、关键比值分析法。

1) 项目变更的总体控制系统

项目变更控制可以借助项目变更控制系统来实现。项目变更控制系统是指涵盖项目变更的书面审批程序，跟踪控制体制、具有改变或修订项目内容功能的一种控制管理系统。此外，项目变更控制系统中，必须采用正式文件明确规定和说明项目变更控制委员会的权利和义务，还必须包括能够处理各种项目突发事件的应急处理程序，同时还需要具有项目文档化管理规章、项目变更分类、分级管理权限与控制方法以及所有项目变更的正式文件和记录等。

2) 三角形分析法

所谓"项目三角形"是指项目管理三角形，三边分别指时间、成本和范围。三者存在密切的关系。质量是项目三角形中的第四个关键因素，它是三角形的重心，项目三角形的三个边中任何一个边发生变化都会影响项目质量，项目质量受三个边的约束，如图5-6所示。

图5-6 项目三角形

(1) 调整项目三角形的时间边：在分析项目工期之后，可能发现项目的实际工期超过了原来的预算，此时有多种方法可以调整项目工期的长度。选择的方法受各种约束条件(如资金、项目范围、项目质量等)影响。最有效地缩短工期的办法是调整项目关键路径上的任务。当调整项目工期时，项目成本可能增加，资源可能会被过度分配，而且项目范围也可能发生变化。

(2) 调整项目三角形的成本边：为了降低成本，可以缩小项目范围，这样任务减少，占用的资源也会下降，成本就会降低，同时项目的工期也会缩短。

(3) 调整项目三角形的范围边：改变项目的范围一定包括改变项目任务的数量和工期。

项目范围和质量是密切相关的，在缩小范围的同时，会降低既定的项目质量要求，否则不可能在原来的资源和时间内达成新的目标，所以项目的预期目标限定了相应的资源和时间。

3) 关键比值分析法

关键比值分析法的基本思路是，首先选择若干相关指标(计划与实际)的比值，然后计算这些比值的乘积(即关键比值)，最后以此数值(关键比值)来进行项目状态的监控分析。因为仅用一些有关指标的绝对值进行比较，有时无法深入揭示事物的内在矛盾，而采用相对值数据的对比则会理想些。

关键比值分析法

3. 项目变更总体控制的结果

项目变更总体控制的结果是形成书面文件，主要包括以下内容。

(1) 更新后的项目计划。项目变更整体控制的主要结果是项目计划更新。它是对项目集成管理计划、项目各种单项计划和其他的支持性细节内容所作的修改和更新的结果。

(2) 纠正措施。纠正措施是下一步项目变更整体控制所要采取的行动方案。

(3) 经验和教训。项目变更整体控制的最后结果就是吸取经验教训，找出项目变更的原因，作为下一个项目的参考和借鉴。

4. 项目变更总体控制的原则和程序

1) 项目变更总体控制的原则

为了使项目变更的总体控制能够顺利地进行，必须遵循如下原则。

(1) 连续性原则，即将项目变更融入项目计划之中，尽量不改变项目业绩衡量的指标体系。项目业绩衡量的指标体系是一种行业化、标准化的体系，如果发生了改变，评价的标准就不连续，失去了客观性和科学性，所以尽量不要改变项目业绩衡量的指标体系。

(2) 一致性原则，即确保项目的工作结果与项目的计划相一致。一旦项目的工作结果发生变化，就必须反映到项目的计划中，要根据项目工作结果的变化来更新项目的计划，使项目的计划和项目的工作成果保持一致。

(3) 整体性原则，即注重协调好项目各个方面的变化。要选择对项目影响最小的变更方案，协调好项目发生变化的部分，以便顺利实现项目变更的整体控制。

(4) 及时性原则，即及时地发布项目的变更信息。当项目变更申请被批准后，应该及时地将项目变更的信息通知所有项目团队成员，使他们了解项目变更的内容，按照项目的变更要求调整自己的工作方案。

2) 项目变更总体控制的程序

项目变更总体控制的程序如下：①征求项目经理的意见，明确项目变更的具体目标；②分析和找出客观的项目变化和主观的项目变更请求，对所有提出的项目变更申请进行审查；③分析项目变更对项目绩效造成的影响；④分析产出(可交付成果)相同的各替代方案的差异；⑤由变更控制委员会(Change Control Board，CCB)决定批准或否定项目变更请求；⑥对项目变更的原因进行说明，解释项目变更已选方案的内容；⑦与所有相关项目干系人就项目变更的具体方案进行交流，统一和协调项目干系人提出的变更请求；⑧确保项目变更方案合理实施。

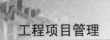

本 章 小 结

本章包括以下主要内容。

(1) 项目集成管理的定义、特点和内容。项目集成管理具有多维的集成管理内容，是从全局的、整体的观点出发，通过有机地协调项目各个要素(如进度、成本、质量和资源等)，开展项目全过程的集成管理、项目全要素(或专项)的集成管理、项目全团队(全体相关利益主体)的集成管理、项目组织集成管理、项目资源集成管理等。项目集成管理的主要特点体现在综合性、全局性、系统性和统一性，核心工作包括项目集成管理计划的编制、项目集成管理计划的执行、项目集成管理计划的监控和项目变更及其控制。

(2) 项目集成管理计划的编制和执行。项目集成管理计划是一个全面集成、综合和协调了项目各方面的影响和要求的整体计划，是指导整个项目实施和管理的根本依据和方案。在项目集成管理的主要内容中，最重要的是编制项目集成管理计划，并将项目集成管理计划的执行与项目各单项计划的执行融为一体，使它们共同贯穿于项目执行的全过程。

(3) 项目集成管理计划的监控和变更管理。这个过程主要包括项目集成计划文件、组织过程资产和事业环境因素、项目集成计划实施情况的差异信息、项目集成计划是否符合实际情况的信息、项目各种预防和纠偏行动以及项目变更请求和批准情况的信息。当项目的内外环境变化无法保证项目按计划实施时，或项目需求发生变化时，就要进行项目变更，主要涉及项目范围变更、进度变更、费用变更、质量变更、风险变更控制等。

思 考 题

1. 项目集成管理的概念是什么？有哪些特点？

2. 项目集成管理的主要内容是什么？

3. 项目集成管理计划的概念和作用是什么？

4. 简述项目集成管理计划的编制依据。

5. 简述执行项目整体管理计划的工作内容。

6. 项目变更控制的概念是什么？有哪些类型？

7. 项目变更总体控制的原则与程序是什么？

8. 项目变更总体控制与专项变更控制是什么关系？两者的控制内容和方法有哪些不同？

9. 项目变更总体控制的方法有哪些？

10. 项目变更总体控制的原则和程序包括哪些？

第六章 项目范围管理

【学习要点及目标】

- 理解项目范围和项目范围规划的定义和内容。
- 掌握工作分解结构的定义、依据和方法。
- 了解项目范围确认和控制的概念、依据和方法。

【核心概念】

项目范围　　项目范围规划　　项目范围管理　　工作分解结构

第一节 项目范围管理概述

一、项目范围和项目范围管理的概念

项目范围(project scope)是指为了成功达到项目的目标，项目所规定要做的。简单来说，确定项目范围就是为项目界定一个界限，划定哪些方面是属于项目应该做的，而哪些是不应该包括在项目之内的，定义项目管理的工作边界，确定项目的目标和主要的项目可交付成果。

在项目环境中，"范围"(scope)一词可能指产品范围或项目范围。

(1) 产品范围，即一个产品或一项服务应该包含哪些特征和功能。

(2) 项目范围，即为了交付具有所指特征和功能的产品所必须要做的工作。简单来说，就是项目做什么、如何做，才能交付该产品。

例如，一个新的电话系统可能包含四个组成部分——硬件、软件、人员培训及安装施工，其中，硬件和软件是具体产品，而人员培训和安装施工则是服务，具体产品和服务形成了新的电话系统这一产品的整体。如果项目是为顾客开发一个新的电话系统，要定义这个项目的范围，首先就要确定这个新的电话系统应具备哪些功能，定义产品规范，然后具体定义系统各组成部分的功能和服务要求，最后明确项目需要做些什么才能达到这些功能和特征。

可见，产品范围定义就是对产品要求的度量。项目范围定义要以其组成的所有产品的范围定义为基础，在一定程度上是产生项目计划的基础。两种范围的定义要紧密结合，以保证项目的工作结果能够最终交付一个或一系列满足特别要求的产品。

项目范围管理(project scope management)是对包括确保项目做且只做所需的全部工作以成功完成项目的一系列过程。

二、项目范围管理的内容

项目范围管理也就是对项目应该包括什么和不应该包括什么进行定义和控制。项目范围管理的内容(知识体系)如图 6-1 所示。

项目范围管理

范围规划
1. 依据
(1)事业环境因素
(2)组织过程资产
(3)项目章程
(4)项目初步范围说明书
(5)项目管理计划
2. 工具与技术
(1)专家判断
(2)样板、表格与标准
3. 成果
　　项目范围管理计划

范围定义
1. 依据
(1)组织过程资产
(2)项目章程
(3)项目初步范围说明书
(4)项目范围管理计划
(5)批准的变更要求
2. 工具与技术
(1)产品分析
(2)其他方案识别
(3)专家判断
3. 成果
(1)项目范围说明书
(2)申请的变更
(3)项目范围管理计划(更新)

制作工作分解结构
1. 依据
(1)组织过程资产
(2)项目范围说明书
(3)项目范围管理计划
2. 工具与技术
(1)工作分解结构样板
(2)分解
3. 成果
(1)项目范围说明书(更新)
(2)工作分解结构
(3)工作分解结构词汇表
(4)范围基准
(5)项目范围管理计划(更新)
(6)申请的变更

范围核实
1. 依据
(1)项目范围说明书
(2)工作分解管理计划
(3)项目范围管理计划
(4)可交付成果
2. 工具与技术
　　检查
3. 成果
(1)验收的可交付程度
(2)申请的变更
(3)推荐的纠正行动

范围控制
1. 依据
(1)项目范围说明书
(2)工作分解结构
(3)工作分解结构词汇表
(4)项目范围管理计划
(5)进展报告
(6)批准的变更要求
(7)工作实施情况信息
2. 工具与技术
(1)变更控制系统
(2)偏差分析
(3)补充规划
(4)配置管理系统
3. 成果
(1)项目范围说明书(更新)
(2)工作分解结构(更新)
(3)工作分解结构词汇表(更新)
(4)范围基准(更新)
(5)申请的变更
(6)推荐的纠正行动
(7)组织过程资产(更新)
(8)项目管理计划(更新)

图 6-1　项目范围管理的内容

项目范围管理的核心工作过程如图 6-2 所示。

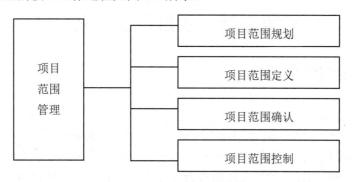

图 6-2 项目范围管理的核心工作过程

(1) 项目范围规划：起草书面的范围说明书，作为将来项目决策的基础。

(2) 项目范围定义：把项目的主要可交付成果划分为较小的、更容易管理的组成部分。

(3) 项目范围确认：对项目范围定义的可接受性进行确认。

(4) 项目范围控制：对项目范围的变化进行控制。

三、项目范围管理的作用

确定了项目范围也就定义了项目的工作边界，明确了项目的目标和主要的项目可交付成果。项目的可交付成果往往又被划分为较小的、更易管理的不同组成部分。因此，确定项目范围对项目管理来说可以产生以下作用。

(1) 形成项目的基本框架，使项目所有者或项目管理者能够系统地、逻辑地分析项目关键问题及项目形成中的相互作用要素，使得项目的有关利益人员在项目实施前或项目有关文件书写之前，能就项目的基本内容和结构达成一致。

(2) 确定进度测量和控制的基准，产生项目有关文件格式的注释，用来指导项目有关文件的产生。项目范围是项目计划的基础，项目范围确定了，就为项目进度计划和控制确定了基准。

(3) 有助于清楚地分派责任。项目范围确定了也就确定了项目的具体工作任务，为进一步分派任务打下基础。

(4) 作为项目整个寿命周期中监督和评价项目实施情况的背景文件，是有关项目计划的基础。同时，作为项目评估的一个工具，在项目终止以后或项目最终报告完成之前使用，以此作为评价项目成败的判据。

正确地确定项目范围对项目成功非常重要。如果项目的范围确定得不好，有可能造成最终项目费用的提高，因为项目范围确定得不好会导致意外的变更，从而打乱项目的实施节奏，造成返工，延长项目完成时间，降低劳动生产率，影响项目组成员的干劲。

第二节 项目范围规划

一、项目范围规划的概念

项目范围规划(project scope planning)就是以项目的实施动机为基础,确定项目范围并编写项目范围说明书的过程。项目范围说明书(project scope statement)说明了为什么要进行这个项目,以及形成项目的基本框架,使项目所有者或项目管理者能够系统地、逻辑地分析项目关键问题及项目形成中的相互作用要素,产生项目有关文件格式的注释,用来指导项目有关文件的产生。

一份正式的范围说明书对于项目及其子项目都是必要的。例如,一个工程公司承包设计一个石油加工厂,必须要有一份定义工作边界的范围说明书。项目范围说明书通过定义项目目标和主要的项目可交付成果,形成项目小组和项目顾客之间协议的基础。

项目和子项目都要编写范围说明书。一般来说,项目范围说明书要由项目班子来写。项目范围说明书是项目班子和任务委托者之间签订协议的基础。

项目范围规划的主要工作如表 6-1 所示。

表 6-1 项目范围规划的主要工作

依 据	工具和方法	结 果
成果说明书	成果分析	范围说明书
项目许可证	成本效益分析	辅助性细节
项目制约因素	项目方案识别技术	范围管理计划
假设前提	专家判断法	

二、项目范围规划的依据

编写项目范围说明书时必须有以下依据。

(1) 成果说明书。所谓成果,就是任务委托者在项目结束时要求项目管理班子交出的成果。在成果说明书中,对要求交付的成果必须有明确的要求和说明。

(2) 项目许可证。项目许可证是正式承认某项目存在的一种文件。它可以是一个特别的文件形式,也可以用其他文件代替,如企业要求说明书、产品说明书。项目许可证应该由项目外部的企业高层领导发出,它赋予项目经理利用企业资源,从事项目的有关活动的权力。对于一个合同项目来说,签署的合同可以作为卖方的项目许可证。

(3) 项目制约因素。制约因素是限制项目团队行动的因素。例如,事先确定的项目预算将会限制项目小组对项目范围、人员配置以及日程安排的选择。对于一个合同项目,合同条款通常被视为制约因素。

(4) 假设前提。假设是指为了制订计划而考虑假定某些因素将是真实的,符合现实的和肯定的。例如,如果项目的某个关键人物到位的时间不确定,项目小组将假设项目某一特别的开始日期，作为该关键人物到位时间的假定。假设常常包含一定程度的风险。

三、项目范围规划的工具和方法

（1）成果分析。通过成果分析可以加深对项目成果的理解。它主要是运用系统工程、价值分析、功能分析等技术来确定其是否必要，是否有价值。

（2）成本效益分析。成本效益分析就是估算不同项目方案的有形和无形费用和效益，并利用诸如投资收益率、投资回收期等财务计量手段估计各项目方案的相对优越性。

（3）项目方案识别技术。这里的项目方案是指实现项目目标的方案。项目方案识别技术泛指提出实现项目目标方案的所有技术。管理学中提出的许多现存的技术，如头脑风暴法和侧面思考法，可用于识别项目方案。

（4）专家判断法。可以利用各领域的专家来提出或评价各种方案。任何经过专门训练或具有专门知识的集体或个人均可被视为领域专家。领域专家可以来自于组织的其他部门、咨询顾问、职业或技术协会、行业协会等。

四、项目范围规划的结果

项目范围规划结束时应当有下列成果。

1. 范围说明书

范围说明书可以帮助项目的有关利益集团就项目范围达成共识，作为将来项目决策的基础。其内容包括以下四项。

（1）项目的合理性说明，即解释为什么要进行这一项目。项目合理性说明为以后权衡各种利弊关系提供依据。

（2）项目成果的简要描述。确定项目成功所必须满足的某些数量标准，通常这些标准应包括费用、时间进度和技术性能或质量标准。且尽可能是量化标准，未被量化的目标往往具有风险。

（3）项目可交付成果。一份主要的、具有归纳性层次的产品清单，这些产品完全、满意地交付标志着项目的完成。例如，某一软件开发项目的主要可交付成果可能包括可运行的计算机程序及用户手册等。

（4）项目目标的实现程度。

2. 辅助性细节

辅助性细节包括项目的有关假设条件及制约因素的陈述。

3. 范围管理计划

范围管理计划包括以下内容。

（1）说明如何管理项目范围以及如何将变更纳入项目的范围之内。

（2）对项目范围稳定性的评价，即项目范围变化的可能性、频率和幅度。

（3）说明如何识别范围变更以及如何对其进行分类。

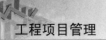

根据项目的需要,范围管理计划可以是正式的或是非正式的,可以是非常详细的,也可以只是一个大概框架。该计划是整个项目计划的一个附属部分。

第三节　项目范围定义

一、项目范围定义的概念

项目范围定义(project scope definition)就是把项目的主要可交付成果划分为较小的、更易管理的单元。

项目范围的定义要以其组成的所有产品的范围定义为基础,这是一个由一般到具体,层层深入的过程。项目范围定义不仅力求准确、细致,而且要有利于项目资源的合理调配和成本的估算。即使一个项目可能是由一个单一产品组成的,但产品本身又包含一系列要素,有其各自的组成部分,每个组成部分又有其各自独立的范围。

项目范围定义是通过任务分解实现的,任务分解就是把笼统的、不能具体操作的任务细分成较小的且易控制的、包含具体细节的可操作性强的任务。

项目范围定义的主要工作如表 6-2 所示。

表 6-2　项目范围定义的主要工作

依　　据	工具和方法	结　　果
范围说明书	工作分解结构	项目工作分解结构图
制约因素		
假设前提		
其他计划结果		
历史资料		

二、项目范围定义的依据

项目范围定义的依据包括以下几个方面。

1. 范围说明书

范围说明书为将来项目实施提供了基础,其内容如下。

(1) 项目合理性说明,即解释为何要进行这一项目,为以后权衡各种利弊关系提供依据。

(2) 项目成果的简要描述。

(3) 可交付成果清单。

(4) 项目目标的实现程度。

2. 制约因素

制约因素是限制项目团队行动的因素。例如,项目预算将会限制项目团队对项目范围、人员配置以及日程安排的选择。

3. 假设前提

假设是指为了制订计划而假定某些因素是真实的、符合现实的和肯定的。例如，如果项目的某个关键人物到位的时间不确定，项目小组将假设项目某一特别的开始日期，作为关键人物到位时间的假定。假设常常包含一定程度的风险。

4. 其他计划结果

其他知识领域的结果也可以在确定范围定义时考虑。

5. 历史资料

其他项目的相关历史资料，特别是经验教训，也应在确定范围定义时考虑。

三、项目范围定义的工具和技术

1. 工作分解结构的定义

工作分解结构(Work Breakdown Structure，WBS)是将项目按照其内在结构或实施过程的顺序进行逐层分解而形成的结构示意图。它可以将主要的项目可交付成果分解为相对独立的、内容单一的、易于成本核算与检查的项目单元，并把各项目单元在项目中的地位与构成直观地表示出来。

WBS 图是项目所包含的全部活动的清单，也是进度计划、资源分配、费用预算的基础。它是一种在项目范围内分解和定义各层次工作包的方法，WBS 是按照项目发展的规律，依据一定的原则和规定进行系统化的、相互关联和协调的层次分解。WBS 最后构成层次清晰、可以具体作为组织项目实施的工作依据。

WBS 是由项目各部分构成的、面向"成果"的树型结构，其最底层是细化后的"可交付成果"，该结构定义并组成了项目的全部范围。

2. 工作分解结构的内容

WBS 包括以下三个方面的内容。

(1) 项目的结构分解。即按系统规则将一个项目分解开来，得到不同层次的项目单元。

(2) 项目单元的定义。将工作分解为相互关联的工作之后，还需对项目各工作具体内容进行详细的描述，以使实施过程中清晰地领会各工作的内容。这个工作应与相应的技术设计、计划、组织安排等工作同步进行。

(3) 项目单元之间逻辑关系的分析。将全部项目单元还原成一个有机的项目整体，这是进行网络分析、组织设计的基础工作。

3. 工作分解结构的目的和作用

WBS 的技术性非常强。它的基本目标包括以下四项。

(1) 保证项目结构的系统性和完整性。分析的结果应包括项目包含的所有工作(工程)，不能有遗漏，这样才可能在设计、计划、实施中保证项目的完整性。

(2) 通过结构分解，把项目分解开来，使人们对项目一目了然，使项目的概况和组成明确、清晰、透明。这使项目管理者，甚至不懂项目管理的业主、投资者也能把握整个项目，方便地观察、了解和控制整个项目过程，可以反过来分析可能存在的项目目标的不明确性。

(3) 建立完整的项目保证体系。将项目任务的重点、质量、工期、成本(投资)目标分解到各项目单元，这样可以进行详细的设计、计划，实行更有效的控制和跟踪，对项目单元进行工作量计算，确定实施方案。

(4) 项目结构分解能明确项目组织和相应的责任体系，划分各单元和各项目参加者之间的界限，能方便地进行责任的分解、分配和落实，即对每个项目单元应能具体地落实责任者，并进行各部门、各专业的协调。例如业主责任和各协助单位责任，使各方面能有效地合作。

4. 工作分解结构的层次

由于工作分解既可以按项目的内在结构，又可以按项目的实施顺序进行，而项目本身复杂程度、规模大小也各不相同，从而形成了 WBS 图的不同层次，如图 6-3 和图 6-4 所示。

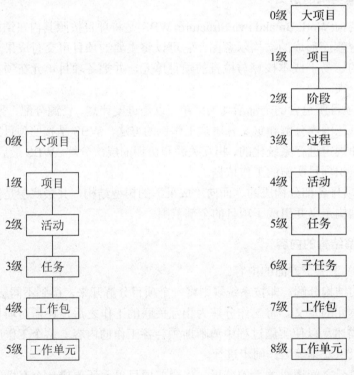

图 6-3　WBS 图的基本层次　　　　图 6-4　9 级 WBS 层次

5. 工作分解结构的形式

WBS 图是实施项目，创造最终产品或服务所必须进行的全部活动的一张清单，也是进度计划、人员分配、预算计划的基础，如图 6-5 所示。

项目结构分析表是将项目的 WBS 图用表来表示。它类似于计算机中文件的目录路径，如表 6-3 所示，可以列出各项目单元的编码、名称、负责人、成本项目等说明。

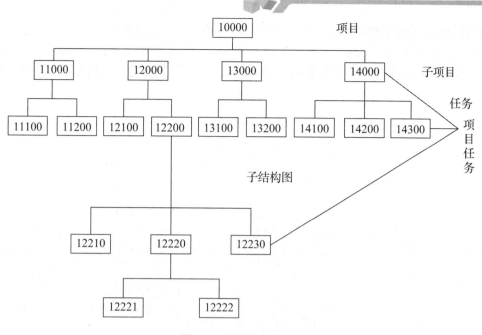

图 6-5 项目的 WBS 图

表 6-3 项目结构分析表

编 码	名 称	负 责 人	成 本	…	…
10000					
11000					
11100					
11200					
12000					
12100					
12200					
12210					
12220					
12221					
12222					
12230					
13000					
13100					
13200					
14000					
14100					
14200					
14300					

6. 工作分解结构的类型

(1) 功能型。即基于可交付成果的划分。这种分解方式上层一般以可交付成果为导向，下层一般为可交付成果的工作内容。如图 6-6 所示为船舶制造的 WBS 图。在图 6-6 中，上层(第二层)是按照轮船的构造划分的，即要建造一条轮船，必须要有动力系统、电气系统、管道系统、船体等。下层的划分是以工作为导向的，即为了完成上层的成果需要做哪些工作。例如，为了完成 E 段船体的建造，要做如下工作：钢材除锈、下料加工、小组装等。

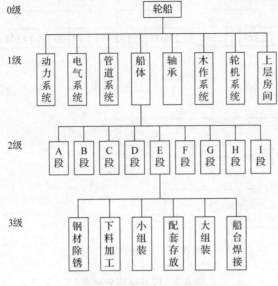

图 6-6　船舶制造的 WBS 图

(2) 要素型。即基于工作过程的划分。这种分解方式上层按照工作流程分解，下层是基于工作过程划分。如图 6-7 所示为新软件包安装的 WBS 图。在图 6-7 中，上层(第二层)是按工作流程划分的。即首先确定项目要求，然后进行系统设计，再进行软件开发，再后是测试，最后是安装。下层是为了完成上层的工作所要完成的工作。例如，为完成设计，要做功能设计和系统设计；为完成开发，要做修改外购软件包、修改内部程序和修改手工操作系统流程等。

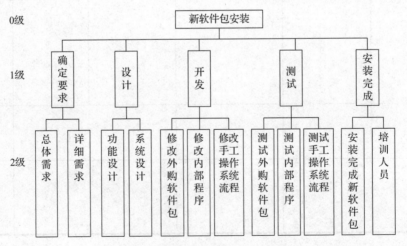

图 6-7　新软件包安装的 WBS 图

7. 工作分解结构的编码

为了简化 WBS 的信息交流过程，常利用编码技术对 WBS 进行信息转换。

WBS 工作编码的规则：由上层向下层用多位码编制，要求每项工作有唯一的编码。WBS 的编码结构如下所示。

工作结构分解的
编码示例

```
-1000
-1100
   -1110
      -1111
      -1112
      -1113
   -1120
      -1121
      -1122
      -1123
-1200
```

8. 工作分解结构的原则

(1) 功能或技术的原则。考虑每一阶段到底需要什么样的技术或专家。

(2) 组织结构。考虑项目的分解应适应组织管理的需要。

(3) 地理位置。主要是考虑处于不同地区的子项目。

(4) 系统或子系统原则。根据项目在某方面的特点或差异将项目分为几个不同的子项目。

9. 工作分解结构的步骤

WBS 分解的一般步骤包括：总项目，项目或主体工作任务，主要工作任务，次要工作任务，小工作任务或工作要素。

WBS 的基本思路是：以项目目标体系为主导，以项目的技术系统说明为依据，由上而下，由粗到细，直至确定的、相对独立的工作单元。分解的具体步骤如下。

1) 识别项目的主要组成部分

通常情况下，项目的主要组成部分即为项目的主要可交付成果。然而，项目的主要组成部分也可以根据项目的管理方式来定义。例如，项目寿命周期的不同阶段可以作为第一层次的分解，而项目的可交付成果可以作为第二层次的分解。

2) 确定每一组成部分的分解是否足够详细

为了进行费用和时间的估算，如果每一组成部分的分解已经足够详细，则可以进行第四步，否则进行第三步。这就是说，不同的组成部分可以有不同的分解水平。在 WBS 图中，分解的详细程度用级数的大小来表示，对于同一项目，级数越小，说明分解越粗略；级数越大，说明分解越详细。

3) 确定可交付成果的构成要素

根据工作分解的详细程度，将项目分解至确定的、相对独立的工作单元。构成要素应该是可以用有形的、可核查的结果来描述的，以便据此对项目绩效进行评价。有形的、可核查的结果既可以是产品，也可以是服务。例如，对某个制造项目，其构成要素可能包括几个单独的配件外加最后的装配。

4) 核对分解是否正确

核对分解是否正确可以通过以下几个问题的回答来确定。

(1) 低层次的要素对于被分解要素的完成是充分必要的吗？如果不是，则必须对该构成要素进行修改，如增加、删除或重新定义。

(2) 每个组成要素是否都被清楚、完全地定义？如果不是，则必须对组成要素的说明进行修改或补充。

(3) 对每一构成要素都已做了预算及时间安排了吗？是否对每一构成要素都分配了相应的部门或人员去保证完成？如果不是，需要进行修改以保证进行适当的管理控制。

四、项目范围定义的结果

范围定义的结果是形成工作分解结构(WBS)图。工作分解结构确定了项目的整个范围，也就是说，WBS 以外的工作不在项目范围之内。在项目范围说明的基础上，WBS 有助于加深对项目范围的理解。在项目分解结构中，每下降一层，就说明对项目组成部分说明的详细程度提高了一层。

第四节　项目范围确认

一、项目范围确认的概念

项目范围确认(project scope cofirmation)是项目的利益相关者，如项目发起人、客户等，对项目范围进行最终确认和接受的过程。核实过程要求重新审查项目产品和工作结果以确保一切都正确无误并令人满意地完成了。如果项目被提前终止，范围核实过程应确定项目完成的层次和程度，并将其形成文件。项目范围确认既可以针对一个项目的整体范围进行，也可以针对某个项目阶段的范围进行。

项目范围确认的主要工作如表 6-4 所示。

表 6-4　项目范围确认的主要工作

依　据	工具和方法	结　果
工作成果	项目范围的核检表	对项目范围定义工作的接受
成果说明	项目工作分解结构核检表	
项目范围说明书		
项目范围管理计划		
项目工作分解结构图		

二、项目范围确认的依据

项目范围确认的依据主要包括以下几项。

(1) 工作成果，即项目计划实施的结果或项目可交付成果的情况，反映了项目按计划执行的实际情况。

(2) 成果说明，即对项目成果的全面描述，如项目规划书、项目技术文件或项目图样等。

(3) 项目范围说明书。

(4) 项目范围管理计划。

(5) 项目工作分解结构图。

三、项目范围确认的工具和方法

项目范围确认的常用工具和方法有项目范围的核检表和项目工作分解结构核检表。检查包括为确定项目结果是否符合要求而进行的度量、考察和测试。

四、项目范围确认的结果

项目范围确认的结果即对项目范围定义工作的接受，同时还要编制经项目利益相关方确认并接受的项目范围定义和项目阶段性工作成果的正式文件。这些文件应该分发给项目利益相关方。如果项目范围没有通过项目利益相关方的核查，则项目宣告终止。

项目范围的核检表和
项目工作分解结构
核检表的内容

第五节 项目范围控制

一、项目范围控制的概念

项目范围控制(project scope control)是指为使项目朝着目标方向发展而对某些因素进行调整，所引起的项目范围变化的过程，以及当项目范围发生变化时，采取相应的策略和方法对其予以处理的过程。

项目范围控制的主要工作如表 6-5 所示。

表 6-5 项目范围控制的主要工作

依 据	工具和方法	结 果
项目工作分解结构	项目范围变更控制系统	范围变更文件
项目执行情况报告	绩效测量	纠正措施文档
项目范围的变更申请	范围计划调整	经验教训文档
项目范围管理计划		调整后的基准计划

二、项目范围控制的依据

项目范围控制的主要依据如下所述。

(1) 项目工作分解结构。项目工作分解结构是确定项目范围的基准，它定义了完成项目所需的所有工作任务。如果实际工作超出或没有达到工作分解结构的要求，就认为项目的范围发生了变化。这时，就要对工作分解结构进行修改和调整。

(2) 项目执行情况报告。项目执行情况报告包括两部分：一是项目的实际完成情况，二是项目范围、进度、成本和资源变化的有关情况。执行情况报告还能使项目团队注意到一些在未来可能会导致项目范围变化的因素。

(3) 项目范围的变更申请。项目范围的变更申请是指对扩大或缩小项目的范围所提出的申请。项目范围的变更申请可以采取很多形式，如口头的或书面的、直接的或间接的、从内部开始的或从外部开始的等。

(4) 项目范围管理计划。项目范围管理计划对如何控制范围的变化作了规定。它可以是正式计划或非正式计划，也可以是详细性描述或基于项目需要的大致约定。

三、项目范围控制的工具和方法

(1) 项目范围变更控制系统。项目范围变更控制系统规定了项目范围变更的基本控制程序、控制方法和控制责任等，它包括范围文件系统、项目执行跟踪系统、偏差系统、项目范围变更申请和审批系统等。在项目执行过程中，要对项目的进展情况进行监控，对实际与计划之间的偏差进行分析，如果出现不利于项目目标完成的偏差，就要及时采取纠偏措施。项目范围的变更会引起成本、进度、质量等项目目标的变化，因此，范围变更控制系统应该与项目的其他变更控制系统相结合，从而对项目进行整体管理。

(2) 绩效测量。绩效测量技术可以帮助项目团队评估发生偏差的程度，分析导致偏差的原因，并且作出相应的处理，一般包括偏差分析、绩效审查、趋势分析等技术。

(3) 范围计划调整。项目的范围随时都有可能发生变化，很少有项目能按其初始计划运作，因此就要根据范围的变动来随时调整、补充原有的工作分解结构图，并以更改后的工作分解结构图为基础，调整、确定新的项目计划，然后根据新的项目计划，对项目范围的变更进行控制。

四、项目范围控制的结果

(1) 范围变更文件。范围变更经常会涉及成本、进度、质量和其他项目目标的调整。项目范围变更一旦确定，就要对有关的项目文件进行更新，并将项目范围变更的信息和相应的文件及时通知或发送给项目利益相关方。

(2) 纠正措施文档。为了完成预定的项目目标，项目团队要对执行过程中的偏差采取有效的纠正措施，并形成纠正措施文档。纠正措施有两种情况：一是根据项目的实际执行情况，采取措施消除偏差的影响，使项目的进展情况与计划相一致；二是根据经过审批后的项目范围变更要求采取相应的纠正措施。

(3) 经验教训文档。项目范围变更后，项目团队要把各种变更的原因、选择纠正措施的理由以及从范围变更控制中得出的经验教训等以书面的形式记录下来，将其作为历史资料的一部分，为项目团队继续执行该项目以及今后执行其他项目提供参考。

(4) 调整后的基准计划。项目范围变更后，必须根据范围变更文件相应地修改项目的基准计划，从而反映已批准的变更，并作为未来范围控制的新基准。

本 章 小 结

本章包括以下主要内容。

(1) 项目范围和项目范围规划的定义和内容。项目范围是定义项目管理的工作边界，确定项目的目标和主要的项目可交付成果。项目范围规划就是确定项目范围，并形成项目的基本框架。

(2) 工作分解结构的定义、内容和方法。工作分解结构是将主要的项目可交付成果分解为相对独立的、内容单一的、易于成本核算与检查的项目单元，是按照项目发展的规律，依据一定的原则和规定进行系统化的、相互关联和协调的层次分解。工作分解结构包括项目的结构分解、项目单元的定义和项目单元之间逻辑关系的分析。由于工作分解既可以按项目的内在结构，又可以按项目的实施顺序进行，而项目本身复杂程度、规模大小也各不相同，从而形成了 WBS 图的不同层次。工作分解结构可分为功能型和要素型两种类型。

(3) 项目范围确认和控制的概念、依据和方法。项目范围确认是项目的利益相关者对项目范围的核检表和项目工作分解结构核检表进行最终确认和接受的过程；同时，当项目范围发生变化时，借助于项目范围变更控制系统、绩效测量和范围计划调整等方法，采取相应的策略和方法对其予以控制的过程。

思 考 题

1. 什么是项目范围和项目范围管理？
2. 项目范围管理的主要内容和作用是什么？
3. 什么是项目范围规划？其编制依据是什么？
4. 什么是项目范围规划和项目范围定义？它们有什么联系和区别？
5. 工作分解结构的概念是什么？具体有哪些类型？各有什么特点？
6. 工作分解结构的原则和步骤是什么？
7. 责任分配矩阵如何使用？
8. 项目范围控制的工具和方法是什么？
9. 项目范围控制的结果有哪些？
10. 项目范围管理和项目成本管理是什么关系？为什么？
11. 项目范围管理与项目工期管理是什么关系？为什么？
12. 项目范围管理与项目质量管理是什么关系？为什么？

第七章　项目时间管理

【学习要点及目标】

- 理解项目时间管理的定义和内容。
- 掌握项目活动界定和排序的定义、依据和方法。
- 熟悉单代号和双代号网络的运用。
- 了解项目活动时间估算的概念、依据和方法。
- 认知项目进度计划的编制和控制定义、依据和方法。

【核心概念】

项目时间管理　项目活动界定　项目活动排序　单代号网络　双代号网络　项目计划评审技术　责任分配矩阵　里程碑　甘特图

第一节　项目时间管理概述

一、项目时间管理的概念

项目时间管理(Project Time Management，PTM)，是指为了确保项目在达到既定质量和预算的前提下，为能够按时按期完成项目工作而开展的一系列项目管理活动和过程，包括项目工期管理(project duration management)和项目进度管理(project schedule management)两个方面。前者是指以项目时期指标为主的管理；后者是指以项目时点指标为主的管理。

二、项目时间管理的内容

项目时间管理既包含对项目时点性(schedule)指标的管理，也包括对项目时期性(duration)指标的管理，具体包括项目活动界定(definition)、项目活动排序(sequencing)、项目活动资源估算(resource estimating)、项目活动工期估算(duration estimating)、项目进度计划编制(project schedule development)和项目进度控制(project schedule control)六项工作。其中，项目活动资源估算直接决定了项目所需的工期和进度，既是项目活动工期估算的前提条件，也是项目时间管理的重要部分。

项目时间管理的内容(知识体系)如图 7-1 所示。

项目时间管理

活动界定

1. 依据
(1)事业环境因素
(2)组织过程资产
(3)项目范围说明书
(4)工作分解结构
(5)工作分解结构词汇表
(6)项目管理计划
2. 工具与技术
(1)分解
(2)样板
(3)滚动式计划
(4)专家判断
(5)规划组成部分
3. 成果
(1)活动清单
(2)活动属性
(3)里程碑清单
(4)申请的变更

活动排序

1. 依据
(1)项目范围说明书
(2)活动清单
(3)活动属性
(4)里程碑清单
(5)批准的变更请求
2. 工具与技术
(1)紧前关系绘图法(PDM)
(2)箭线图法(ADM)
(3)进度网络样板
(4)确定依赖关系
(5)利用提前量和滞后量
3. 成果
(1)项目进度网络表
(2)活动清单(更新)
(3)活动属性(更新)
(4)申请的变更

活动资源估算

1. 依据
(1)事业环境因素
(2)组织过程资产
(3)活动清单
(4)活动属性
(5)可利用资源情况
(6)项目管理计划
2. 工具与技术
(1)专家判断
(2)多方案分析
(3)出版的估算数据
(4)项目管理软件
3. 成果
(1)活动资源要求
(2)活动属性(更新)
(3)资源分解结构
(4)资源日历(更新)
(5)申请的变更

活动工期估算

1. 依据
(1)事业环境因素
(2)组织过程资产
(3)项目范围说明书
(4)活动清单
(5)活动属性
(6)活动资源要求
(7)资源日历
(8)项目管理计划
  • 风险登记表
  • 活动费用估算
2. 工具与技术
(1)专家判断
(2)类比估算
(3)参数估算
(4)三点估算
(5)后备分析
3. 成果
(1)活动持续时间估算
(2)活动属性(更新)

进度计划编制

1. 依据
(1)组织过程资产
(2)项目范围说明书
(3)活动清单
(4)活动属性
(5)项目进度网络图
(6)活动资源要求
(7)资源日历
(8)活动持续时间估算
(9)项目管理计划
  风险登记表
2. 工具与技术
(1)进度网络分析
(2)关键路径法
(3)进度压缩
(4)假设场景分析
(5)资源均衡
(6)关键链法
(7)项目管理软件
(8)根据日历调整
(9)调整时间提前与滞后量
(10)进度模型
(11)项目管理计划
3. 成果
(1)项目进度表
(2)项目模型数据
(3)进度基准
(4)自愿要求(更新)
(5)活动属性(更新)
(6)项目日历(更新)
(7)申请的变更
(8)项目管理计划(更新)
  进度管理计划(更新)

进度控制

1. 依据
(1)进度管理计划
(2)进度基准
(3)进度报告
(4)批准的变更请求
2. 工具与技术
(1)进度报告
(2)进度变更控制系统
(3)进度测量
(4)项目管理软件
(5)偏差分析
(6)进度压缩横道图
3. 成果
(1)进度模型数据(更新)
(2)进度基准(更新)
(3)进度测量
(4)申请的变更
(5)推荐的纠正行动
(6)组织过程资产(更新)
(7)活动清单(更新)
(8)活动属性(更新)
(9)项目管理计划(更新)

图 7-1 项目时间管理的内容

项目时间管理的核心工作过程如图 7-2 所示。

图 7-2 项目时间管理的核心工作过程

三、项目时间管理的目的

项目时间管理的目的如下。

(1) 保证按时获利以补偿已经发生的费用支出。

(2) 协调资源。

(3) 使资源在需要时可以利用。

(4) 预测在不同时间上所需的资金和资源的级别以便赋予项目不同的优先级。

(5) 满足严格的完工时间约束。

其中,第一个目的是最重要的,因为这是项目管理存在的目的。第二个目的是第二重要的,因为它使现有的项目可行。第三个和第四个目的只是第一个目的的变种。第五个目的常常被项目经理们重视:他们设置一个严格的完工时间,尽管有时没有必要,不过他们要用这个时间与项目的费用和质量进行折中权衡。

第二节 项目活动界定

一、项目活动界定的概念

项目活动界定是指为实现项目目标所开展的项目工作的分解和定义,即分解和识别出项目所必需的各种活动的项目时间管理工作。它是在项目工作分解的基础上进一步分解和界定出项目每个工作包中所包括的项目具体活动,其所生成的项目可交付物既可以是一种有形产品,也可以是一项有形的服务或管理工作的结果。

项目活动界定的主要工作如表 7-1 所示。

表 7-1 项目活动界定的主要工作

依 据	工具和方法	结 果
工作分解结构	项目活动分解法	更新项目工作分解结构
项目范围说明书	项目活动分解模板法	活动清单

续表

依　　据	工具和方法	结　　果
历史资料		辅助性说明
约束条件		
假设条件		

二、项目活动界定的依据

项目活动界定所需的依据如下所述。

(1) 工作分解结构。项目工作分解结构是项目活动界定的最基本依据，它给出了项目工作分解结构的详细说明和描述，尤其是有关项目各个工作包相互之间关系的说明和描述。其中，最重要的是理解和区分项目工作包、项目活动和项目活动步骤三者之间的关系，如图 7-3 所示。区分它们的关键在于每个工作包都能生成既定的项目产出物，而每个项目活动都会生成相应的项目可交付物，但是每个项目活动的步骤却不能独立生成项目可交付物。

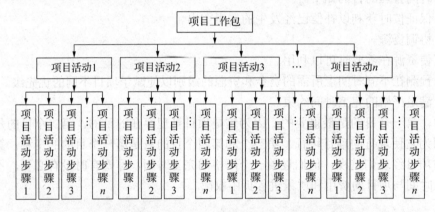

图 7-3　项目工作包、项目活动和项目活动步骤的关系

一个项目的分解包括项目阶段分解、项目工作分解和项目活动分解。在进行工作分解时，需要先将一个项目分解成一系列的项目阶段，然后再将这些项目阶段分解成项目工作包，最后将项目工作包分解成项目活动。

(2) 项目范围说明书。明确项目目标、项目产出物、项目可交付物和项目工作范围，以及这方面的相关信息和资料。

(3) 历史资料。既包括项目前期工作所收集和积累的各种信息，也包括项目组织或其他组织过去开展类似项目的各种历史信息。

(4) 约束条件。项目所面临的各种确定性的限制条件和因素。

(5) 假设条件。由于进行项目活动界定的时候，针对不确定的情况而必须作出的某种人为假定。项目的假定条件存在较高的不确定性，可能会给项目带来一定程度的风险。

三、项目活动界定的工具和方法

(1) 项目活动分解法。即根据项目工作分解结构，通过进一步向下分解给出每个项目工作包中的各项活动，从而得到项目活动清单的一种结构化和层次化的项目活动界定方法。

(2) 项目活动分解模板法。即使用历史项目的活动清单或标准的项目活动清单模板作为新项目活动界定的平台，然后根据新项目的具体限制条件与假定条件和要求，通过在项目活动平台上增减或修改项目活动的方法分解和界定出项目的全部活动。这种方法的优点是简单快捷。

活动清单是活动定义最重要的结果之一，它列出了一个项目所需开展的所有活动的清单，是对 WBS 进一步分解的结果，比 WBS 更为详细、具体。活动清单有两个隐含的重要要求：一是包括执行项目所需要进行的所有活动，二是不包括其他任何非项目范围内的活动。

活动清单中应该包括对每项活动的描述，而且一般附有编制说明，其中至少包括所有的假设前提和限制条件，如表 7-2 所示。

表 7-2 某建设项目活动分解的平台

项目阶段	工作包代码	工作包名称	活动代码	活动名称	责任人	活动描述	单位	单价	数量	成本	总成本
定义、决策	101	定义工作									11 000
1			101.1	提出提案	工程师	编写提案	小时	300	10	3 000	
			101.2	可行性分析	经济师	可行性分析研究	小时	400	20	8 000	
	102	决策工作								10 000	
			102.1	评估报告	咨询师	评价分析报告	小时	600	0	0	
			102.2	作出决策	经理们	制定项目的决策	小时	1 000	10	10 000	
设计、计划	201	设计工作									86 000
2			201.1	建筑设计	建筑师	建筑图纸设计	小时	600	40	24 000	
			201.2	结构设计	结构师	结构图纸设计	小时	500	60	30 000	
			201.3	施工设计	工程师	施工图纸设计	小时	400	80	32 000	
	202	计划工作									
			202.1	集成计划	经理	集成计划编制	小时	600	40	24 000	

四、项目活动界定的结果

(1) 更新项目工作分解结构。在项目活动界定过程中，项目团队对原有工作分解结构有遗漏、错误或不妥的地方进行修改和更新，同时对其他的相关项目管理文件进行更新。

(2) 活动清单。它是工作分解结构的补充，确保涵盖了项目所要进行的所有活动，并且排除了超出项目范围的活动，保证项目团队能够全面、正确地理解项目要进行的所有活动。

(3) 辅助性说明。项目活动界定中也会产生一些辅助性的详细资料，它与具体活动相关的假设和约束条件形成相应的文件。

第三节　项目活动排序

一、项目活动排序的概念

项目活动排序是识别项目活动清单中各项活动的依赖关系,合理安排与确定项目各项活动的顺序和先后关系的工作。为了制订项目进度计划,必须准确、合理地安排项目各项活动的顺序。

项目活动排序的主要工作如表 7-3 所示。

表 7-3　项目活动排序的主要工作

依　据	工具和方法	结　果
项目活动清单及其细节文件	网络计划技术	项目网络图
成果说明		更新后的项目活动清单
项目的约束条件与假设条件		
里程碑		
活动之间的逻辑关系		

二、项目活动排序的依据

项目活动排序的依据如下所述。

(1) 项目活动清单及其细节文件。项目活动界定的主要输出结果,同时也是项目活动排序的依据和基础。

(2) 成果说明。成果说明描述项目可交付成果的性质和特征,而产品的特征通常会影响到项目活动的排序,所以要根据成果说明对项目活动排序进行审查,以确保活动排序的准确无误。

(3) 项目的约束条件与假设条件。项目的约束条件是项目面临的时间、资源等方面的限制因素,这些因素对活动排序具有一定的限制和影响。项目假设条件是对开展项目活动所涉及的不确定性条件的假设,也同样影响项目活动的排序。

(4) 里程碑。里程碑是项目实施中的重大事件,通常指可交付主要成果的实现。

(5) 活动之间的逻辑关系。任何工作的执行必须依赖于一定工作的完成,也就是说它的执行必须在某些工作完成之后才能进行,这就是工作的先后依赖关系。工作的先后依赖关系有两种:一种是工作之间本身存在的、无法改变的逻辑关系;另一种是人为组织确定的,两项工作可先可后的组织关系。例如:生产—设计是逻辑关系;生产 A 产品—生产 B 产品是组织关系。确定工作先后关系的原则是从逻辑关系到组织关系,即先确定逻辑关系,再确定组织关系。

① 强制性逻辑关系的确定。这是工作相互关系确定的基础,工作逻辑关系的确定相对比较容易,由于它是工作之间存在的内在关系,通常是不可调整的,主要依赖于技术方

面的限制，因此确定起来较为明确，通常由技术人员和管理人员的交流就可完成。

②　组织关系的确定。对于无逻辑关系的那些工作，由于其工作先后关系具有随意性，从而将直接影响到项目计划的总体水平。工作组织关系的确定一般比较难，它通常取决于项目管理人员的知识和经验，因此组织关系的确定对于项目的成功实施至关重要。

③　外部制约关系的确定。在项目的工作和非项目工作之间通常会存在一定的影响，因此在项目工作计划的安排过程中也需要考虑外部工作对项目工作的一些制约及影响，这样才能充分把握项目的发展。

工作相互关系确定的最终结果是要得到一张描述项目各工作相互关系的项目网络图以及工作的详细关系列表。项目网络图通常是表示项目各工作的相互关系的基本图形，通常可由计算机或手工绘制，它包括整个项目的详细工作流程。工作列表中包括项目各工作的详细说明，是项目工作的基本描述。表 7-4 是工作列表的一个示例。

表 7-4　项目管理软件开发项目工作列表

序号	WBS 编码	任务名称	工期/天	紧后工作	搭接关系
1	1.1.1	用户需求调研		2	
2	1.1.2	用户需求确认		3	
3	1.2.1	系统概要设计		4	
4	1.2.2	系统详细设计		5	
5	1.2.3	设计评审确认		6	
6	1.3.1	项目及工作信息录入模块开发		7, 8, 9, 10	
7	1.3.2	网络计划图绘制模块开发		11	
8	1.3.3	项目时间计划安排模块开发		11	
9	1.3.4	甘特图计划制订模块开发		11	
10	1.3.5	项目执行信息录入与分析模块开发		11	
11	1.3.6	计划报表输出模块开发		12	
12	1.4.1	系统分模块测试		13	
13	1.4.2	系统总体测试		14	
14	1.5.1	系统初步验收		15	
15	1.5.2	系统试运行		16	
16	1.5.3	系统正式验收			

三、项目活动排序的工具和技术

1. 网络图

1)　网络图的定义和分类

网络图是由箭线和节点组成的用来表示工作流程的有向、有序的网状图形。它能表示一项工程或一项生产任务中各个工作环节或各道作业的先后关系和所需时间。按照网络的结构不同，网络图可以分为单代号网络和双代号网络。

单代号网络又可以细分为普通单代号网络和搭接网络；双代号网络又可以分为时间坐标网络和非时间坐标网络。

2) 网络图的组成

网络图是由作业、事件和路线三个因素组成的。

(1) 作业(或箭线)。作业(activity)或箭线指一项工作或一道作业，需要消耗人力、物力和时间的具体作业过程。

网络图中作业之间的逻辑关系是相对的，不是一成不变的。只有指定了某一确定作业，考察与之有关的各项作业的逻辑联系才是有意义的。

(2) 事件(或节点)。事件(event)是指某项作业的开始或结束。它不消耗任何资源和时间，在网络图中用"○"表示。同时，"○"又是两条或两条以上箭线的节点，主要作用是连接箭线。箭线尾部的节点称为箭尾节点，箭线头部的节点称为箭头节点。网络图中第一个事件(即○)称为网络的起始事件，表示一项计划或工程的开始；网络图中最后一个事件称网络的终点事件，表示一项计划或工程的完成；介于始点与终点之间的事件叫做中间事件，它既表示前一项作业的完成，又表示后一项作业的开始。为了便于识别、检查和计算，在网络图中往往对事件编号，编号应标在"○"内，由小到大，可用连续或间断的数字编号。

编号的原则是：每一项事件都有固定编号，号码不能重复，箭尾的号码小于箭头号码(即$i<j$，编号从左到右、从上到下进行)。在编号过程中，可采用连续编号或非连续编号的方式，而非连续编号的方式有利于网络计划的修改和调整。

(3) 路线。路线(path)是指自网络起始节点开始，顺着箭线的方向，经过一系列连续的作业(或箭线)和事件(或节点)直至网络终止节点的通路。一条路线上各项作业的时间之和是该路线的总长度(路长)。

根据路长的大小，线路可以分为关键路径、次关键路径和非关键路径。其中，总长度最长的路线称为关键路径，关键路径上的各事件称为关键事件，关键事件的周期等于整个工程的总工期。有时一个网络图中的关键路径不止一条，即若干条路线长度相等。除关键路径外，其他的路线统称为非关键路径。关键路径并不是一成不变的，在一定的条件下，关键路径与非关键路径可以相互转化。例如，当采取一定的技术组织措施，缩短了关键路径上的作业时间，就有可能使关键路径发生转移，即原来的关键路径变成非关键路径，而原来的非关键路径变成关键路径。

网络图的绘制
步骤和规则

2. 单代号网络图

节点法(Precedence Diagramming Method，PDM)，又称顺序图法或单代号网络图法，它用节点代表活动，用箭线表示各个活动之间的关系，如图7-4所示。单代号网络又可分为普通单代号网络和搭接网络，后者主要是为反映执行过程中工作之间的相互重叠关系而引入的一种网络计划表达形式。

1) 节点

在单代号网络图中，节点及其编号用于表达一项工作。该节点宜用圆圈或矩形表示，如图7-5所示。

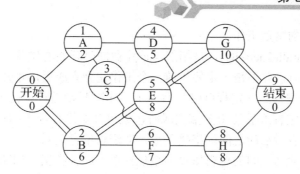

图 7-4　单代号网络图示例

图 7-5　单代号网络图中节点的表达方法

节点必须编号，节点号为工作的代号。一项工作必须有唯一的一个节点和唯一的一个编号。

2)　箭线

单代号网络图中的箭线表示相邻工作之间的逻辑关系。箭线可画成直线、折线，箭线应从左往右，表示工作的进展方向。单代号网络图中不设虚箭线。

3)　线路

根据网络图中有关作业之间的相互关系，线路可以划分为以下三类。

(1)　紧前作业(front closely activity)，是指紧接在该作业之前的作业。紧前作业不结束，则该作业不能开始。

(2)　紧后作业(back closely activity)，是指紧接在该作业之后的作业。该作业不结束，则紧后作业不能开始。

在网络图中，当几项工作相互衔接时，对其中某项工作(称为本工作)而言，顺箭头方向，与其紧密相连的工作就称为本工作的紧后工作，即表示与其相连的工作只有在本工作完成之后才能开始进行。反之，逆箭头方向，与该工作紧密相连的工作就称为本工作的紧前工作，即表示本工作只有在与其相连的工作完成之后才能开始进行，如图 7-6 所示。

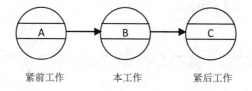

图 7-6　单代号网络图中作业之间的关系

注意，对于紧密相连的两项工作而言，其紧前紧后关系是相对的。一项工作可以有多个紧前工作，也可以有多个紧后工作，这要根据各工作之间具体的逻辑关系而定。

在单代号网络图中，箭尾节点表示的工作是箭头节点的紧前工作；反之，箭头节点表示的工作是箭尾节点的紧后工作。

(3) 平行作业(parallel activity)，是指能与该作业同时开始的作业。

在项目具体实施时，并不是一定要等前一个工作完全完成后，才开始进行下一个工作，常常是在前一个工作进行到一定程度时，后一个工作即开始进行。比如工程项目实施过程中，当设计进行到一定程度后还未全部完成时，就可开始进行施工招标的准备，等等。采用单代号网络图可以表示活动之间的搭接关系，即逻辑依存关系。

单代号网络图中活动之间的逻辑依存关系包括以下四种类型，如图 7-7 所示。

(1) 结束/开始型(Finish To Start，FTS)：B 在 A 结束之前不能开始。

(2) 结束/结束型(Finish To Finish，FTF)：B 在 A 结束之前不能结束。

(3) 开始/开始型(Start To Start，STS)：B 在 A 开始之前不能开始。

(4) 开始/结束型(Start To Finish，STF)：B 在 A 开始之前不能结束。

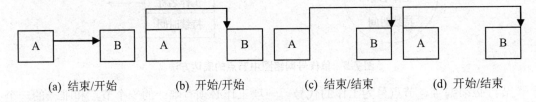

(a) 结束/开始　　(b) 开始/开始　　(c) 结束/结束　　(d) 开始/结束

图 7-7　四种类型的逻辑依存关系

其中，结束/开始型是最常见的。结束/结束型和开始/开始型节点式关系是最自然的，它允许某项工作和其紧后工作在某种程度上可以同时进行。使用结束/结束型和开始/开始型节点式关系，可以使项目跟踪和项目设施的建立更加快捷。开始/结束型节点式关系只是数学意义上的，现实生活中比较少见。

3. 双代号网络图

箭线图法(Arrow Diagramming Method，ADM)，又称双代号网络图法(AOA)，它用箭线代表活动，用节点表示活动之间的关系，如图 7-8 所示。双代号网络又可以分为双代号时间坐标网络和非时间坐标网络。这种方法没有节点法应用得广泛。

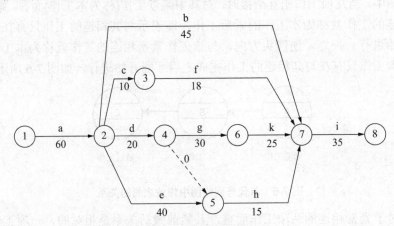

图 7-8　双代号网络图示例

1）节点

双代号网络图用箭线表示作业，用节点表示事件，如图 7-9 所示。

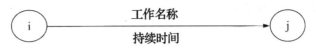

图 7-9 双代号网络图中箭线的表达方法

每一条箭线的箭头和箭尾各有一个节点，分别代表箭头事件和箭尾事件。节点上有编号，可以用一条箭线的箭头事件和箭尾事件的两个号码表示这项作业。箭尾 i 表示作业开始，箭头 j 表示作业结束，即每个工作都由字母(i, j)(i<j)(开始/结束)来定义。作业的名称标注在箭线的上面，该作业的持续时间(或工时) T_{ij} 标注在箭线的下面。由于可以使用前后两个事件的编号来表示这项作业的名称，故称之为双代号网络图。

双代号网络图中，所有节点必须编号且不能出现重复编号；箭尾节点的编号应小于箭头节点的编号。在编号过程中，可采用连续编号或非连续编号的方式，而非连续编号的方式有利于网络计划的修改和调整。

2）箭线

双代号网络图中的箭线表示工作，箭线所指的方向表示工作的前进方向。箭线的尾端表示工作的开始，箭头表示工作的结束，从箭尾到箭头表示一项工作的作业过程。

工作通常可以分为两种。

(1) 需要消耗时间和资源的工作。这类工作称为实工作，在网络图中用实箭线表示，如图 7-10 所示。一般在箭线的上方标出工作的名称，在箭线的下方标出工作的持续时间，箭尾表示工作的开始，箭头表示工作的完成，相应节点的号码表示该项工作的代号。

(2) 既不消耗工作，也不消耗资源的工作。这类工作称为虚工作(dummy activity)。在网络图中用虚箭线表示，如图 7-10 所示。

图 7-10 双代号网络图中箭线的表达方法

虚工作只是表示相邻工作之间的逻辑关系，由于实际上并不存在，不消耗时间，也不消耗和占用人力、物力、财力，所以虚工作的持续时间为零。如图 7-8 所示，虚作业④┈┈▶⑤表示在 d 作业结束后，h 作业才能开始。

虚工作的几种情况

3）线路

在双代号网络图中，节点对应的箭头事件表示的工作是节点对应的箭尾事件的紧前工作；反之，节点对应的箭尾事件表示的工作是节点对应的箭头事件的紧后工作，如图 7-11 所示。

图 7-11 双代号网络图中作业之间的关系

图 7-8 反映了双代号网络图中各作业之间的关系。其中，a 作业为 d 作业的紧前作业；b、c、d 三作业同时开始，b、c 作业为 d 作业的平行作业；g 作业在 d 作业完成之后才能开始，g 作业为 d 作业的紧后作业。

4. 条件图法

单代号网络图和双代号网络图都不允许存在回路或条件分歧，因此这两种方法在某些情况下难以较好地描述活动之间的依赖关系。而条件图法(Conditional Diagramming Methods，CDM)则允许诸如回路的非顺序性活动或条件分支。

5. 网络模板法

网络模板法(network templates)即指项目团队可以用一些标准的网络图或者过去完成的项目网络图作为新项目网络图的模板，根据新项目的实际情况来调整这些模板，可以准确、高效地画出新项目的网络图。网络图模板可能包括整个项目的网络，也可能只包括其中的子网络。子网络对整个项目网络图的编制十分有用，一个项目可能包括若干个相同的或者相近的部分，它们就可以用类似的子网络加以描述。

四、项目活动排序的结果

(1) 项目网络图。即表示项目活动及其逻辑关系的示意图。图中包括项目的所有具体活动，也可以只包括项目的主要活动，还应附有简单的说明，描述活动排序的基本方法，对于任何特别的排序都应进行详细的说明。

(2) 更新后的项目活动清单。在编制项目网络图的过程中，可能会发现必须对某些活动进行再分解或重新定义，才能编制出正确的逻辑关系图，从而更新原有的项目活动清单。

第四节　项目活动时间估算

一、项目活动时间估算的概念

项目活动时间估算是对既定项目活动所需工期(duration)长度的估计，既包括对每项项目活动工期的估算，也包括对整个项目工期的估算；同时，既要考虑活动所消耗的实际工作时间，也要考虑间歇时间。项目活动时间估算应由项目团队中熟悉项目活动特征的人或团队来进行。

项目活动时间估算的主要工作如表 7-5 所示。

表 7-5　项目活动时间估算的主要工作

依　据	工具和方法	结　果
项目活动清单	专家判断法	估算出的项目活动工期
约束条件	类比法	估算依据的文档
假设条件	仿真模拟法	更新后的项目活动清单及其细节

续表

依 据	工具和方法	结 果
资源需求和资源能力	德尔菲法	
历史资料	估算法	

二、项目活动时间估算的依据

(1) 项目活动清单。活动清单是在活动定义中得到的一份文件,它列出了项目所需开展的全部活动,是对工作分解结构的细化和扩展。

(2) 约束条件。即项目活动持续时间所面临的各种限制性因素。

(3) 假设条件。即项目活动时间估算假定的各种风险及可能发生的情况。

(4) 资源需求和资源能力。项目活动时间的长短直接受项目所需资源的数量和质量制约,所以项目所需资源的需求及其细节说明、资源的供给情况都是项目活动时间估算的主要依据。

(5) 历史资料。这类信息包括:事业环境因素和组织过程资产方面的信息、已完成相似项目的实际项目活动工期文件、商业性项目工期估算的数据库资料、项目团队成员掌握的有关项目时间估算的知识和经验教训等。

三、项目活动时间估算的工具和方法

1. 专家判断法

专家判断法主要依赖于历史的经验和信息,当然其时间估计的结果也具有一定的不确定性和风险。

2. 类比法

类比法也被称为自上而下的项目活动工期估算法,它以先前类似的实际项目来推测当前项目各工作的实际时间。当项目的一些详细信息获得有限的情况下,这是一种最为常用的方法。类比法可以说是专家判断法的一种形式。这种方法的结果比较粗略,所以一般仅用于最初的项目活动工期估算。但是如果参考的历史项目十分相似,则这种方法的估算进度也可以较高,但是使用这种方法需要有一定的经验和能力。

3. 仿真模拟法

仿真模拟法以一定的假设条件为前提,计算出多种活动时间的估算方法。最常用的模拟法是蒙特卡罗分析法,这种方法既可以用来计算和确定每项活动的可能历时(工期)的统计分布,也可以用来计算和确定整个项目的可能历时(工期)的统计分布,通常需要在计算机辅助下进行。

4. 德尔菲法

德尔菲法(Delphi)是一种群体技术,集中利用一个群体的知识来获得一种估计。在专家难以获得时，该方法是一种难以替代的方法。

5. 估算法

(1) 单一时间估算法。在确定作业持续时间时，只给出一个估计值。这种方法常用于具备劳动定额资料的条件下或者具备类似作业的作业时间消耗的统计资料的情况时。这种项目活动时间估算的精度较高，但是所需的劳动生产率等数据较难找到。

(2) 三点估算法。在作业持续时间较长且不可知因素较多或无先例可循的条件下，对某项作业先确定三种可以估计的时间，然后计算它们的平均值并以此作为该作业的持续时间。这三个估计时间为：最乐观时间，即在顺利情况下完成作业所需的最少时间，用符号 a 表示；最悲观时间，即在不顺利的情况下完成作业需要的最多时间，用符号 b 表示；最可能时间，即在正常情况下完成作业所需的时间，用符号 m 表示。根据经验，这些时间的概率分布可以近似于正态分布。为了确定最可能的时间估计，可将这三个时间合并为单个时间期望值，用符号 T 表示。最可能时间必须大于或等于乐观时间，悲观时间必须大于或等于最可能时间。

采用项目计划评审技术(Project Evaluation And Review Technique，PERT)进行项目活动时间估算时的计算公式如下：

$$T = (a + 4m + b) / 6 \qquad (7\text{-}1)$$

式中：T 为期望时间；a 为乐观时间；b 为悲观时间；m 为最可能时间。

【例 7.1】 假定模拟仿真得到某一工作在正常情况下的工作时间是 15 天，在最有利的情况下工作时间是 9 天，在最不利的情况下工作时间是 18 天，那么该工作的最可能完成时间由下式给出。

$$T = (a + 4m + b) \div 6 = (9 + 4 \times 15 + 18) \div 6 = 14.5(\text{天})$$

工作时间估计结果形成了各项工作时间的估计、基本的估计假设及工作列表的更新。例如，表 7-6 给出了项目管理软件开发项目工期估计后的更新表。

表 7-6　项目管理软件开发项目工期估计后的更新

WBS 编码	工作名称	资源名称	工作量/工时	工期/天	资源数/个
1.1	需求调研				
1.1.1	用户需求调研	系统分析员	256	8	4
		管理人员	128	8	2
1.1.2	用户需求确认	系统分析员	64	2	4
		管理人员	32	2	2
1.2	设计				
1.2.1	系统概要设计	系统分析员	112	7	2
1.2.2	系统详细设计	系统分析员	640	20	4
1.2.3	设计评审和确认	系统分析员	96	3	4
		管理人员	48	3	2
1.3	编码				

续表

WBS 编码	工作名称	资源名称	工作量/工时	工期/天	资源数/个
1.3.1	项目及工作信息的录入	程序员	1200	10	15
1.3.2	项目网络计划图的绘制	程序员	1800	15	15
1.3.3	项目时间计划的安排	程序员	1800	15	15
1.3.4	甘特图计划的制订	程序员	1440	12	15
1.3.5	项目执行信息的录入与分析	程序员	2400	20	15
1.3.6	计划报表输出	程序员	1200	10	15
1.4	测试				
1.4.1	模块测试	测试员	800	10	10
1.4.2	总体测试	测试员	200	5	5
1.5	试运行				
1.5.1	系统初验	系统分析员	64	2	4
		管理人员	32	2	2
1.5.2	试运行	程序员	2400	20	15
1.5.3	系统终验	系统分析员	96	3	4
		管理人员	48	3	2
合计			14 856		

四、项目活动时间估算的结果

(1) 估算出的项目活动工期。项目活动时间估算是对完成一项项目活动所需要时间及其可能性的定量估算，根据项目各项活动的持续时间估算可以进一步估算出整个项目的历时(工期)。估算出的项目活动工期应包括其可能变化范围的评估。

(2) 将活动持续时间估算的依据形成文档。包括有关项目工期估算的依据与支持细节的说明文件，如项目的活动清单、活动时间估算的约束条件和假设前提、资源需求的数量、资源能力水平、已识别的项目风险等。

(3) 更新后的项目活动清单及其细节。在项目活动时间估算的过程中，可能会发现工作分解结构和项目活动清单中存在一定的问题，这时应该对它们进行修正。

第五节　项目进度计划的编制

一、项目进度计划编制的概念

项目进度计划编制(schedule development)是根据项目活动定义、活动排序及活动时间估算的结果和所需资源进行的计划编制工作。其主要工作任务是确定各项活动的起始和完成日期、具体的实施方案和措施。

项目进度计划编制的主要工作如表 7-7 所示。

表 7-7 项目进度计划编制的主要工作

依　据	工具和方法		结　果
	工　具	方　法	
项目网络图	专家判断法	责任分配矩阵	资源计划说明书
项目活动时间估算	标准定额法	资源数据表	
资源需求与供应情况	工料清单法	资源甘特图	
项目作业制度的安排	统计资料法	资源柱状图	
约束条件			
假设条件			
提前或延后的要求			

二、项目进度计划编制的依据

项目进度计划编制的依据如下所述。

(1) 项目网络图。在项目活动时间估算过程中得到的有关各项活动的顺序以及这些活动相互之间的逻辑关系和依赖关系的示意图。

(2) 项目活动时间估算。在项目活动时间估算过程中得到的有关各项活动的可能持续时间的文件。

(3) 资源需求与供应情况。在项目活动资源估算工作中给出的结果,包括项目活动所需资源的种类、质量、数量,日历时间以及相应的供给情况等。

(4) 项目作业制度的安排。项目作业制度的安排直接关系到项目进度计划的编制。例如:项目团队一周的工作日是 5 天还是 6 天,将影响项目进度计划的编制。

(5) 约束条件。在项目进度计划的编制过程中,必须考虑限制日期、关键事件或主要里程碑等项目约束条件。

(6) 假设条件。即项目进度计划编制所假定的各种风险及可能发生的情况。

(7) 提前或延后的要求。提前或延后是活动的逻辑关系中允许提前或推迟后续活动,可能还需要规定提前或滞后的时间。

三、项目进度计划的种类和形式

1. 里程碑法

里程碑计划是以项目中某些重要事件的完成或开始时间作为基准所形成的计划,是一个战略计划或项目框架,以中间产品或可实现的结果为依据。里程碑法是最简单的一种进度计划,它只列出主要可交付成果的计划开始和完成的时间,而不是如何达到。

里程碑计划可用里程碑计划表(图)来表示。即根据项目的总工期、每个里程碑事件的工作内容及实施方案等因素编制里程碑计划,并以表格或图形的形式表达。

【例 7.2】 依据表 7-6 所示的项目管理软件开发项目进度计划,编制里程碑计划。

根据项目的目标要求,确定其里程碑事件有五个,即需求分析完成、系统设计完成、程序编码完成、软件测试完成、系统试运行完成。其基本形式如表 7-8 和表 7-9 所示。

表 7-8　里程碑计划表

序　号	里程碑事件	交付成果	完成时间
1	需求分析完成	需求分析说明书	2009.1.30
2	系统设计完成	系统设计方案	2009.3.10
3	程序编码完成	系统软件及编码文档	2009.4.15
4	软件测试完成	测试报告	2009.5.15
5	系统试运行完成	项目管理软件	2009.6.15

项目经理审核意见：

表 7-9　里程碑计划

项目名称	1 月	2 月	3 月	4 月	5 月	6 月
里程碑事件	上 中 下	上 中 下	上 中 下	上 中 下	上 中 下	上 中 下
需求分析	30/1 ▲					
系统设计			10/3 ▲	15/4 ▲		
程序编码					15/5 ▲	
软件测试						15/6 ▲
试运行						

里程碑的另一种形式如图 7-12 所示。

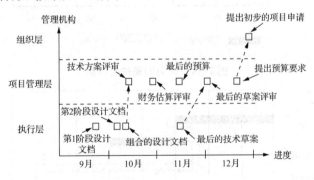

图 7-12　里程碑图

注：每一个"口"表示一个重要的里程碑；"－·－·－►"表示里程碑事件之间的关系。

2. 甘特图法

甘特图(Gantt chart)，也称为横道图或条形图。它是进度计划最常用的一种工具，最早由 Henry L. Gantt 于 1917 年提出。由于其简单、明了、直观，易于编制，能较好地显示出活动的开始日期、结束日期和预期活动时间，因此成为小型项目管理中编制项目进度计划的主要工具。即使在大型工程项目中，它也是高级管理层了解全局、基层安排进度时有用的工具。但是，甘特图的最大缺点是不能明确表示各项活动之间的依赖关系，也无法指出影响项目工期的关键所在，因此，对于复杂的项目来说，甘特图就显得不能适应。

图 7-13 是简单的甘特图，图 7-14 是显示时差的甘特图，图 7-15 是显示逻辑关系的甘特图。

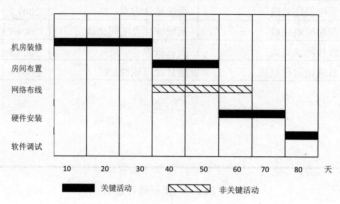

图 7-13 简单的甘特图

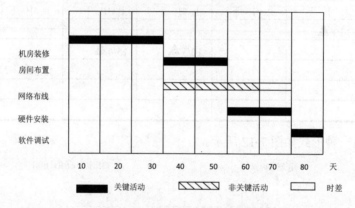

图 7-14 带有时差的甘特图

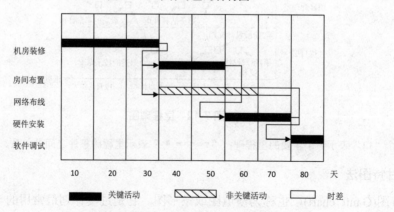

图 7-15 具有逻辑关系的甘特图

3. 网络计划图

网络图是描述项目进度计划的最主要方式。网络计划图是在网络图上加注工作的时间参数等而编制成的进度计划。所以，网络计划图主要由两大部分组成，即网络图和网络参数。网络图是由箭线和节点组成的用来表示工作流程的有向、有序的网状图形；网络参数是根据项目中各项工作的延续时间和网络图所计算的工作、节点、线路等要素的各种时间参数。

4. 时标网络图

时标网络图，将项目网络图和甘特图结合了起来，既表示项目的逻辑关系，又表示活动时间，如图7-16所示。

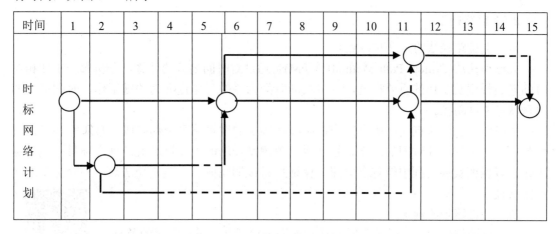

图 7-16 时间坐标网络图

四、项目进度计划编制的方法

在编制项目进度计划时，先用数学分析法计算出时间参数，得到时间进度网络图，再根据资源因素、活动时间等限制条件来调整活动的进度，最终形成活动进度计划。

1. 网络计划技术

随着现代化生产的不断发展，项目的规模越来越大，影响因素越来越多，项目的组织管理工作也越来越复杂。传统的进度管理方法已不能明确地表明各项工作之间相互依存与相互作用的关系，管理人员很难迅速判断某一工作的推迟和变化，无法确定项目中最重要的、起支配作用的关键工作及关键路径。

1956年，为了适应对复杂系统进行管理的需要，美国杜邦公司在制定企业不同业务部门的系统规划时，制订了第一套网络计划。这种计划借助于网络表示各项工作与所需要的时间以及各项工作的相互关系。通过网络分析研究工程费用与工期的相互关系，并找出在编制计划及计划执行过程中的关键路径。这种方法称为关键路径法(Critical Path Method，CPM)。1958年，美国海军武器部在制订研制"北极星"导弹计划时，同样应用了网络分析方法与网络计划，但它注重对各项工作安排的评价和审查，这种方法被称为计划评审法

(Program Evaluation and Review Technique，PERT)。鉴于这两种方法的差别，CPM 主要应用于以往在类似工程中已取得一定经验的承包工程，而 PERT 更多地应用于研究与开发项目。

在这两种方法得到应用推广之后，又陆续出现了类似的最低成本和估算计划法、产品分析控制法、人员分配法、物资分配和多种项目计划制订法等。虽然方法很多，各自侧重的目标有所不同，但它们应用的都是 CPM 和 PERT 的基本原理和基本方法。将这两种方法用于项目时间管理，并利用网络计划对项目的工作进度进行安排和控制，便形成了新的时间计划管理方法——网络计划技术，它是用网络计划对任务的工作进度进行安排和控制，以保证实现预定目标的科学的计划管理技术。

网络计划技术的发展

2. 关键路径法

1）关键路径法的定义和特点

关键路径法(Critical Path Method，CPM)是通过对时间参数的计算，分析每一工作相对时间紧迫程度及工作的重要程度，并将机动时间为零的工作定义为关键工作，时间最长的路径就是关键路径。

关键路径法的特点是：所有工作都必须按既定的逻辑关系全部完成，且对每项工作只估计一个肯定的持续时间的网络计划技术。关键路径法的主要目的就是确定项目中的关键工作，以保证实施过程中能重点关照，保证项目按期完成。关键路径法是一种确定型的网络分析技术。

2）关键路径的确定

在一个网络图中，总时差为零的活动称为关键活动，时差为零的节点称为关键节点。

关键路径法的时间
参数及其计算过程

一个从始点到终点，沿箭头方向由关键活动所组成的路线，就叫作关键路径。因此，一个活动(i, j)在关键路径上的必要条件为

$$\begin{cases} t_E(i) = t_L(i) \\ t_E(j) = t_L(j) \\ t_E(j) - t_E(i) = t_L(j) - t_L(i) = t(i, j) \end{cases} \tag{7-2}$$

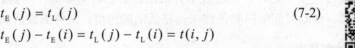

关键路径法的确定

(1) 从网络图起点开始到终点为止，工期最长的线路即为关键路径；

(2) 从网络图起点开始到终点工作总时差为零或从输入到输出经过的延时最长的逻辑路径，即为关键路径。

(3) 关键路径的长度为完成项目所需的最短时间，关键路径上的工作即为关键工作。在计划执行过程中关键作业是管理的重点，在时间和费用方面则严格控制。

关键路径通常是从始点到终点时间最长的路线，要想缩短整个项目的工期，必须在关键路径上想办法，即缩短关键路径上的作业时间；反之，若关键路径工期延长，则整个项目完工期就拖长。

3. 计划评审技术

计划评审技术(Program Evaluation and Review Technique，PERT)是项目进度管理的另一项网络分析技术。当项目的某些或者全部活动历时估算事先不能完全肯定时，需要综合运用关键路径法和加权平均历时估算法来对项目历时进行估算。这种网络分析技术适用于不可预知因素较多、从未做过的新项目和复杂项目。计划评审技术属于非确定型的网络分析技术。

计划评审技术网络图的画法与前面介绍的网络图画法是相同的，区别主要在于活动的时间估计和分析。

计划评审技术的活动工期的估计与项目活动时间估算方法中的三点法非常相似，它假设活动的时间是一个连续的随机变量，并且服从β概率分布，它一般涉及三个时间的估算。

(1) 乐观时间是指在顺利情况下完成活动所需要的最少时间，用符号a表示。

(2) 最可能时间是指在正常情况下完成活动所需要的时间，用符号b表示。

(3) 悲观时间是指在不顺利情况下完成活动所需要的最长时间，用符号c表示。

则活动时间的期望值

$$t = \frac{a + 4b + c}{6} \tag{7-3}$$

活动时间的标准差

$$\sigma = \frac{c - a}{6} \tag{7-4}$$

活动时间的期望值表示项目活动耗费时间平均值的多少，活动时间的标准差表示在期望的时间内完成该活动的概率。该标准差越小，表明在期望时间内完成该活动的概率(可能性)越大；该标准差越大，表明在期望的时间内完成该活动的概率(可能性)越小。

网络图中关键路径上各项活动完成的总时间的概率服从正态分布，且相互独立，其平均值等于各项活动时间期望值之和，方差等于各项活动时间方差之和。所以，可以利用这些关系估算出项目完成时间的平均值以及项目在规定时间内完成的概率。

在计算项目在规定时间内完成的概率时，可依据公式(7-5)：

$$Z = \frac{r - e}{\sigma} \tag{7-5}$$

式中：r表示项目要求的完工时间(最迟完成时间)；e表示项目关键路径所有活动时间的平均值(正态分布的均值)；σ表示项目关键路径所有活动时间的标准差(正态分布的标准差)。

通过查正态分布表就可以得到在平均值和要求完工的时间之内完成的概率，然后把这一概率加上在项目完工期望值内完成的概率50%，就得到在项目规定时间内完成的概率。

【例7.3】假设某项目的关键路径由三个活动A、B、C组成，如图7-17所示，活动A、B、C在正常情况下的工作时间分别为16天、18天、15天，在最有利的情况下工作时间分别是14天、15天、10天，在最不利的情况下工作时间分别是20天、22天、19天，试分析该项目在52天内完成的概率。

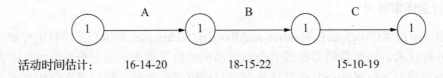

活动时间估计：　　　16-14-20　　　　18-15-22　　　　15-10-19

图7-17　项目时间估计示意图

解：活动 A 时间的期望值=(14+4×16+20)÷6=16.33(天)

活动 B 时间的期望值=(15+4×18+22)÷6=18.17(天)

活动 C 时间的期望值=(10+4×15+19)÷6=14.83(天)

该项目完成时间的平均值=(16.33+18.17+14.83)=49.33(天)

活动 A 时间的标准差=(20-14)÷6=1(天)

活动 B 时间的标准差=(22-15)÷6=1.17(天)

活动 C 时间的标准差=(19-10)÷6=1.5(天)

整个项目完成时间的标准差=$\sqrt{1^2+1.17^2+1.5^2}$ =2.15

于是有

$$Z=\frac{52-49.33}{2.15}=1.24$$

查表得到 $P_{(Z)}$=39.25%。

所以，在规定的 52 天内完成该项目的概率为 39.25%+50%=89.25%。

4. 图表评审技术

图表评审技术(Graphical Evaluation and Review Technique，GERT)，也称为随机网络技术或决策网络技术。它是一种广义的随机网络分析方法，可以对项目活动的逻辑关系和时间估算进行概率处理，并具有随机性。GERT 的应用范围更为广泛，不仅可以用它分析研制性和情况复杂多变的项目计划与控制的问题，还可将它用于排队论、存储论、可靠性问题、质量控制等统筹问题。

5. 风险评审技术

风险评审技术(Venture Evaluation and Review Technique，VERT)是对工作、工作之间的逻辑关系和工作持续时间都不肯定的计划，可同时就费用、时间、效能三方面作综合分析，并对可能发生的风险作概率估计的网络计划技术。

五、项目进度计划编制的步骤

项目进度计划的编制一般包含以下几个步骤：第一步，项目描述；第二步，项目分解；第三步，工作描述；第四步，工作责任分配的确定；第五步，工作先后关系的确定；第六步，工作时间估计；第七步，绘制网络图；第八步，进度安排。

1. 项目描述

项目描述是用表格的形式列出项目目标、项目的范围、项目如何执行、项目完成计划等内容。项目描述的目的是对项目的总体要求作一个概要性的说明。项目描述是制作项目计划和绘制工作分解结构图的依据。项目描述的依据是项目的立项规划书、已经通过的初步设计方案和批准后的可行性报告。项目描述一般由项目管理办公室或项目主管人员完成。

项目描述表格的主要内容有：项目名称、项目目标、交付物、交付物完成准则、工作描述、工作规范、所需资源估计、重大里程碑等。

表 7-10 是项目描述表的一个示例。

表 7-10 项目描述表

项目名称	项目管理软件开发
项目目标	25 周内开发出一套项目管理软件，开发费用 100 万元
交付物	满足性能要求的项目管理软件
交付物完成时间	试运行成功，验收通过
工作描述	项目及工作信息的录入、项目网络计划图的绘制、项目实践计划的安排、甘特图计划的制订、项目执行信息的录入与分析及各种计划报表的输出等功能
工作规范	依据行业规范
所需资源估计	人力、材料、设备(机时)的需求预计
重大里程碑	开始日期 1 月 1 日、完成日期 6 月 18 日
项目负责人审核意见	签名： 日期：

2. 项目分解

项目目标明确后，要制订出完善的项目进度计划，就必须对项目进行分解，以明确项目所包含的各项工作。项目分解是编制进度计划，进行进度控制的基础。

3. 工作描述

在项目分解的基础上，为了更明确地描述项目包含的各项工作的具体内容和要求，需要对工作进行描述。工作描述的依据是项目描述和项目工作分解结构，其结果是工作描述表及项目工作列表。表 7-11 是工作描述表的一个示例。

表 7-11 工作(任务)描述表

任务名	订购材料，D
任务交付物	签名并发出订单
验收标准	部门经理签字，订单发出
技术条件	本公司采购工作程序
任务描述	根据第 x 号表格和工作程序第 y 条规定，完成订单并报批
假设条件	所需材料存在
信息源	采购部、供应商广告等
约束	必须考虑材料的价格
其他	风险：材料可能不存在 防范计划：事先通知潜在的供应商，了解今后该材料的供货可能性
签名	项目成员 A

工作列表是项目所有工作的汇总，其所包含的主要内容如表 7-12 所示。

表 7-12　工作列表包含的内容

工作代码	用计算机管理工作时的唯一标识符，可看出工作之间的父子关系
工作名称	该工作的名称
输出	完成该工作后应输出的信息(包括产品、图纸、技术文件、工装及有关决策信息)以及对输出信息的规范和内容定义
输入	完成本工作所要求的前提条件(包括设计文档、技术文件、资料等)
内容	定义本工作要完成的具体内容和流程(包括应用文件、支撑环境、控制条件、工作流程)
负责单位	本工作的负责单位和部门
协作单位	完成本工作的协作单位和部门
子工作	WBS 树形结构中与本工作直接相连的下属工作

项目工作列表的基本形式如表 7-13 所示。

表 7-13　项目工作列表

工作编码	工作名称	输入	输出	内容	负责单位	协作单位	相关工作

4. 工作责任分配的确定

为了明确各单位或个人的责任，便于项目管理部门在项目实施过程中的管理协调，需要对项目的每一项工作分配责任者和落实责任。工作责任分配以工作分解结构图和项目组织结构图为依据，工作责任分配的结果形成工作责任分配矩阵/表。

5. 工作先后关系的确定

确定工作先后关系的原则是从逻辑关系到组织关系。即先确定逻辑关系，再确定组织关系。工作相互关系确定的最终结果是要得到一张描述项目各工作相互关系的项目网络图以及工作的详细关系列表。

6. 工作时间估计

工作持续时间是指在一定的条件下，直接完成该工作所需时间与必要停歇时间之和。工作延续时间的估计直接关系到各事项、各工作网络时间的计算和完成整个项目工作所需要的总时间。表 7-14 是工作列表更新后的内容。

表 7-14 项目工作列表更新后的内容

工作编码	工作名称	紧前工作(或紧后工作)	时间估计/天	负责人

项目负责人审核意见

签名：　　　　　日期：

7. 绘制网络图

网络图绘制的主要依据是项目工作关系表。通过网络图的形式可以将项目的工作关系表达出来。

8. 进度安排

在完成了项目分解，确定了各项工作和活动的先后顺序，估计出各项活动持续时间的基础上，即可安排项目的时间进度。时间进度安排的目标是制订项目的详细计划，明确每项工作的起始、终止时间，作为项目控制的有效手段。

9. 项目进度计划的优化

在前面的讨论中，通过绘制网络图、计算网络时间和确定关键路径，可得到一个初始的计划方案。但通常还要对初始计划方案进行调整和完善。根据计划的要求，综合考虑进度、资源利用和降低费用等目标，即进行网络优化。

项目进度计划
的优化

六、项目进度计划编制的结果

(1) 项目进度计划。项目进度计划包括各项活动的计划开始日期和预期完成日期。

(2) 项目进度计划补充说明。项目进度计划补充说明主要包括对假设条件和约束条件的说明、进度计划具体实施细节和进度风险的估算等方面的内容。

(3) 项目进度管理计划。项目进度管理计划是整体项目计划的一个附属部分。根据项目的需要，进度管理计划可以是正式的或非正式的、十分详细的或基本框架的。

(4) 更新的项目资源需求。在项目进度计划的编制中，会出现对初步估算资源需求的改动，因此在项目进度计划的编制过程中应对这些改动进行整理，重新编制项目资源需求文件。

第六节 项目进度计划的控制

一、项目进度计划控制的概念

项目进度计划只是根据预测对项目的实施做出的安排。但是，由于在项目进度计划编制时事先难以预测的问题很多，在计划执行过程中往往会发生或大或小的偏差。因此，在项目进程中，一要进行事前控制，必须不断监控项目的进程以确保每项工作都能按进度计划进行；二要进行事中控制，必须不断掌握计划的实施状况，并将实际情况与计划进行对比分析，必要时应采取有效的对策，使项目按预定的进度目标进行，避免工期的拖延。所以，项目进度计划控制是指对项目进度计划的实施及其变更所进行的管理控制工作。

项目进度计划控制的主要工作如表 7-15 所示。

表 7-15　项目进度计划控制的主要工作

依　据	工具和方法	结　果
项目进度基准计划	项目进度计划变更控制系统	项目进度计划的更新
项目进度计划实施情况报告	项目进度计划实施情况的度量方法	纠偏措施
获准的项目进度变更申请	追加计划法	经验教训
项目进度管理计划书	项目进度管理软件	
	偏差分析法	

二、项目进度计划控制的依据

1. 项目进度基准计划

项目进度基准计划是项目进度控制最根本的依据，为衡量项目进度的执行情况提供了基准尺度。

2. 项目进度计划实施情况报告

项目进度计划实施情况报告提供有关项目进度计划执行的实际情况，包括：哪些项目活动按期完成或未按期完成以及项目进度计划总体完成情况等。通过比较项目进度计划和项目进度计划实施情况报告，可以发现项目进度计划实施的问题和差距。

3. 获准的项目进度变更申请

变更申请是项目团队对项目进度计划提出改动的要求。获准的项目进度变更申请可以是要求延长或缩短项目工期，也可以是要求增加或减少项目活动。

4. 项目进度管理计划书

项目进度管理计划书提供了应对项目进度计划变更的措施和管理办法，甚至包括项目资源配置方面的安排以及各种项目进度方面的应急措施安排等。

三、项目进度计划控制的工具和方法

1. 项目进度计划变更控制系统

项目进度计划变更控制系统规定了改变项目进度计划应遵循的程序，包括：项目进度变更申请程序、批准程序和权限安排、项目进度变更实施程序和责任分配、项目进度变更的跟踪控制程序和方法等。

2. 项目进度计划实施情况的度量方法

这种方法是测定和评价项目进度计划的执行情况，确定项目进度计划的完成程度和项目实际完成情况与计划要求的差距，并判断是否应采取纠偏措施。

通常采用日常观测和定期观测的方法进行，并将观测的结果用项目进展报告的形式加以描述。

(1) 日常观测。随着项目的进展，不断观测进度计划中所包含的每一项工作的实际开始时间、实际完成时间、实际持续时间、目前状况等内容，并加以记录，以此作为进度控制的依据。记录的方法有实际进度前锋线法、图上记录法、报告表法等。日常观测间隔的时间因项目的类型、规模、特点和对进度计划执行要求程度的不同而异，可以是一日、双日、五日、周、旬、半月、月、季、半年等为一个观测周期。

(2) 项目进展报告。项目进度观测、检查的结果通过项目进展报告的形式向有关部门和人员报告。项目进展报告是记录观测检查的结果、项目进展现状和发展趋势等有关内容的最简单的书面形式报告。

(3) 追加计划法。项目团队根据出现的工期计划变动情况使用追加计划修订原有的项目进度计划。首先，分析项目实施进度并找出存在的问题；其次，确定应采取哪些具体的纠偏措施；再次，制订追加计划；最后，实施新的计划安排。

(4) 项目进度管理软件。对项目进度控制而言，项目管理软件是一种有效的工具。它可以追踪和对比项目进度计划的实施情况及其差距，预测和分析项目进度计划的变更等，自动分析、调整、更新或修订项目进度计划。

(5) 偏差分析法。偏差分析法是将项目实际和预期的活动起始时间、结束时间与项目进度目标进行比较，据此提供项目进度偏差信息以及纠偏的方案。它包括：项目进度的绝对偏差分析、项目进度的相对偏差分析以及项目进度偏差成因分析。偏差分析法具体包括：甘特图比较法、实际进度前锋线比较法、S 形曲线比较法和香蕉形曲线比较法等。

偏差分析法的
具体应用

四、项目进度计划控制的类型和步骤

1. 项目进度计划控制的类型

按照不同管理层次对进度控制的要求，可将进度控制分为三类，即总进度控制、主进度控制和详细进度控制。

(1) 项目总进度控制。项目总进度控制是项目经理等高层次管理部门对项目中各里程碑事件的进度控制。

(2) 项目主进度控制。项目主进度控制主要是项目部门对项目中每一主要事件的进度控制。在多级项目中，这些事件可能是各个分项目。通过控制项目主进度使其按计划进行，保证总进度的如期完成。

(3) 项目详细进度控制。项目详细进度控制是各作业部门对各具体作业进度计划的控制。这是进度控制的基础，只有详细进度得到控制，才能保证项目总进度得以顺利实现。

2. 项目进度计划控制的步骤

(1) 进行进度分析，找出存在偏差的地方。将项目实际进展情况与批准的项目进度计划进行比较，找出项目进展过程中存在的进度偏差。

(2) 进行偏差分析，找出需要纠偏的地方。对项目中存在的进度偏差和浮动偏差进行分析，主要关注关键路径和浮动时间为负值的路径，根据分析结果确定需要采取纠偏措施的地方。

(3) 确定应采取的具体纠偏措施。主要从以下三个方面考虑：增加资源投入以加速活动进程；缩小活动范围，降低活动要求；改进工作方法，提高劳动生产率。

(4) 估计实施纠偏措施后的效果。一般情况下，采取纠偏措施后通常会造成成本的增加或范围的缩小。因此，必须权衡和估计采取纠偏措施后的效果。

(5) 对项目进度计划进行更新。具体的纠偏措施一旦确定，就应该修正项目活动历时，对项目进度计划进行更新。

该过程如图 7-18 所示。

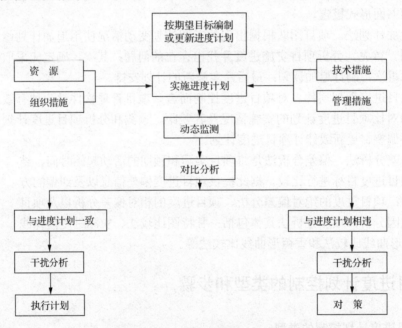

图 7-18　项目进度控制的过程

五、项目进度计划控制的结果

(1) 项目进度计划的更新。在项目进度计划实施的过程中根据各种变更和纠偏措施，对项目进度计划进行相应的修订和更新，并将更新的项目进度计划分发给有关的项目干系人。常见的项目进度计划更新方式包括：修订；重新确定基准计划；制订新的进度计划。

(2) 纠偏措施。纠偏措施是指纠正项目进度计划实施偏差所采取的具体行动，在项目进度计划控制中需要采取各种纠偏措施来保证项目的工期计划进度和项目的按时完工。

(3) 经验教训。在项目进度计划控制中所获得的各种经验教训包括：项目进度计划变更及其原因、项目进度控制所采取的纠偏措施、项目进度计划失控而造成的各种损失，以及从中吸取的经验和教训等。

本 章 小 结

本章包括以下主要内容。

(1) 项目时间管理的定义和内容。项目时间管理包括项目工期管理和项目进度管理两个方面，既包含对项目时点性指标的管理，也包括对项目时期性指标的管理。

(2) 项目活动界定和排序的定义、依据和方法。项目活动界定是在项目工作分解的基础上，依赖于项目活动分解法进一步分解和界定出项目每个工作包中所包括的项目具体活动。项目活动排序是识别项目活动清单中各项活动的依赖关系，主要包括强制性逻辑关系、组织关系和外部制约关系，合理安排与确定项目各项活动的顺序和先后关系的工作，以项目网络图以及工作详细关系列表的形式表现出来。

(3) 单代号网络和双代号网络的运用。网络图是由箭线和节点组成的用来表示工作流程的有向、有序的网状图形，由作业、事件和路线三个因素组成，可以分为单代号网络和双代号网络。

(4) 项目活动时间估算的概念、依据和方法。项目活动时间估算是对既定项目活动所需工期长度的估计，既包括对每项项目活动工期的估算，也包括对整个项目工期的估算；同时，既要考虑活动所消耗的实际工作时间，也要考虑间歇时间。主要采用项目计划评审技术进行估算。在此基础上，确定项目所需投入资源的种类，估计资源的数量和资源投入的时间。

(5) 项目进度计划的类型及其控制方法。项目进度计划的类型包括里程碑计划、甘特图、网络计划图和时标网络图，其编制步骤包括项目描述、项目分解、工作描述、工作责任分配的确定、工作先后关系的确定、工作时间估计、绘制网络图和进度安排。同时，项目进度计划控制是指对项目进度计划的实施及其变更所进行的管理控制工作，主要采用计划变更控制系统，采用日常观测、定期观测和偏差分析的方法，并将观测的结果用项目进展报告进行描述。项目进度计划控制是对项目总进度、主进度和详细进度进行控制。

思 考 题

1. 项目时间管理的概念和主要内容是什么？
2. 项目活动界定的概念和依据是什么？
3. 什么是项目活动分解模板法？
4. 项目活动排序的先后依赖关系包括哪些类型？
5. 网络图是由哪几个要素构成？
6. 网络图的绘制必须严格遵循的基本规则是什么？
7. 什么是单代号网络图？它的节点和箭线分别代表什么？
8. 单代号网络图中根据有关作业之间的相互关系，其线路可以划分为哪几类？

9. 单代号网络图中活动之间的逻辑依存关系包括哪几种类型？

10. 什么是双代号网络图？它的节点和箭线分别代表什么？

11. 简述双代号网络计划与单代号网络计划的区别。

12. 简述项目进度计划的种类和形式。

13. 什么是关键路径法？它有哪些特点？项目经理为什么应当关心它？

14. 关键线路是如何确定的？

15. 什么是计划评审技术？

16. 进度计划的优化包括哪些方面？

17. 项目进度计划编制包括哪些步骤？

18. 请比较分析不同类型的网络计划技术？

19. 简述项目进度计划实施情况的度量方法。

20. 简述项目进度计划控制的类型和步骤。

21. 甘特图和里程碑计划是项目进度计划常用的两种方法，它们各自有什么特点？

22. 如何利用工作分解结构 WBS 创建网络图？

23. 项目资源计划包括哪些内容？它和项目进度计划和项目成本计划是如何结合的？

第八章　项目成本管理

【学习要点及目标】

● 理解项目成本管理的定义和内容。
● 掌握项目成本估算的定义、依据和方法。
● 熟悉项目成本预算的特性、内容和方法。
● 了解项目成本控制的概念、依据和方法。

【核心概念】

项目成本管理　项目成本估算　项目成本预算　项目成本控制　自上而下　自下而上
挣值法

第一节　项目成本管理概述

一、项目成本管理的概念

狭义的项目成本管理(project cost management)，是指为了保障项目实际发生的成本不超过项目预算而开展的项目成本估算、项目预算和项目预算控制等方面的管理活动。广义的项目成本管理是指为实现项目价值的最大化而开展的各种项目成本管理活动和工作，涉及项目成本、项目功能和项目价值三个方面。

项目成本管理的实质是确保项目既定功能的前提下，以最小的成本去获得最大的价值。

二、项目成本管理的内容

项目成本管理的内容(知识体系)如图 8-1 所示。

项目成本管理的核心工作过程如图 8-2 所示，主要包括项目资源计划、项目成本估算、项目成本预算、项目成本控制四项工作。事实上，项目成本管理各项工作之间并没有严格而清晰的界限，它们多数是经常重叠和相互影响的。其中，项目资源计划是项目成本管理的首要工作，其实质是根据项目时间管理的项目活动工期估算中分析和确定的项目资源需求以及项目风险管理中确定的项目资源风险情况，通过分析和预测而确定项目资源计划安排。

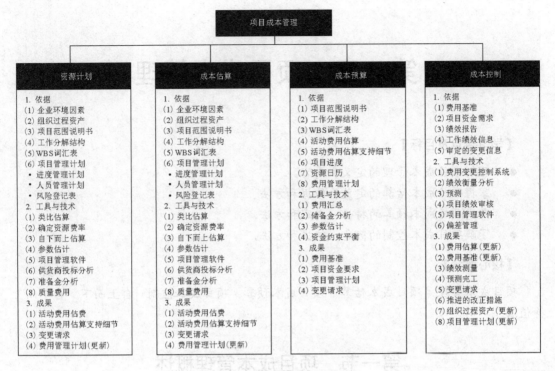

图 8-1 项目成本管理的内容

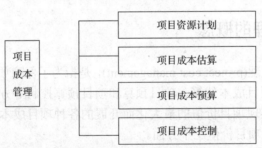

图 8-2 项目成本管理的核心工作过程

三、项目成本的影响因素

影响项目成本的因素主要有以下几个。

(1) 质量对成本的影响。质量总成本是由质量的故障成本和质量的保证成本组成。质量的故障成本与质量的关系是：质量越低，引起的质量不合格损失越大，即故障成本越大；反之，质量越高，故障越少，引起的质量损失越小，即故障成本越低。质量的保证成本是指为保证和提高质量而采取的保证措施所消耗的支出。一般来说，这类支出越大，质量保证越高；反之，则越低。

(2) 价格对成本的影响。在设计阶段对成本的影响主要反映在施工图的预算，而预算要取决于设计方案的价格，价格则直接影响工程的造价。因此，在作施工图预算时，应做好价格预测，特别是通货膨胀可能造成的材料、设备、工资等的涨价率，以便能较为准确地把握成本水平。

(3) 管理水平对成本的影响。管理水平的高低对项目成本有着很大的影响,高的管理水平可以有效地节约成本,反之则可能造成成本的浪费。具体地说,管理水平对项目成本的影响主要表现在:对预算成本估算不准确而影响项目的准确实现,造成项目成本的变更;资金供应紧张或材料、设备供应发生问题,从而影响项目工期的进展,造成成本增加;风险控制不当造成的额外损失;更改设计等给成本控制带来的不利影响。

第二节 项目成本估算

一、项目成本估算的概念

项目成本估算(project cost estimate)是指预估完成项目各工作所需资源(如人、材料、设备等)的费用的近似值,也是为实现项目的目标所需成本的估计和计划,是项目计划中的一个重要组成部分,是对完成项目活动所需的资源成本进行近似估算。要实行成本控制,首先要进行成本估算,它是项目成本管理的核心之一,其实质是分析和确定项目的成本,是成本估算和成本控制的依据。

项目成本估算的主要工作如表 8-1 所示。

表 8-1 项目成本估算的主要工作

依 据	工具和方法	结 果
工作分解结构	自上而下的项目成本估算法	项目成本估算书
资源需求计划	自下而上的项目成本估算法	项目成本估算的编制说明
资源单价	参数模型估算法	项目成本管理计划
活动持续时间估算		
历史信息		
会计科目表		
风险		

二、项目成本估算的依据

(1) 工作分解结构(WBS)。它是项目成本估算的依据,被用来组织成本估算并确保所有项目工作所需的资源都能得到估算。

(2) 资源需求计划。资源需求计划确定项目各个活动所需资源的种类、数量及质量,是成本估算的主要依据。

(3) 资源单价。估算成本必须知道所需资源的单价,若资源单价是未知的,则需要估算资源单价。

(4) 活动持续时间估算。由于资金具有时间价值,因而活动持续时间估算将在一定程度上影响到成本估算。项目活动时间的延长将会导致项目活动资源的增加。

(5) 历史信息。各类资源成本信息的获得可以通过项目文档、成本估算的商业数据库、项目团队的知识等途径来实现。

(6) 会计科目表。会计科目表是对项目成本进行分类监控的编码系统。项目成本的估算必须分配到相应的会计科目中去。

(7) 风险。项目各种已识别的风险和环境因素等信息对项目成本估算将产生一定的影响。

三、项目成本估算的工具和方法

1. 自上而下的项目成本估算法

自上而下估算法(top-down estimating)，又称类比估算法(analogous estimating)，它是在项目成本估算精度要求不高的情况下，通过比照已完成的类似项目实际成本，估算出新项目成本的方法，如图 8-3 所示。通常，当项目的详细资料难以获得时，这是一种估计项目总费用行之有效的方法。类比估算法是专家判断法的一种形式，简单易行、费用低，但是其准确性也较低，一般在±30%左右。

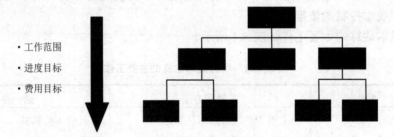

· 工作范围
· 进度目标
· 费用目标

图 8-3　自上而下的成本估算法

(1) 自上而下估算法适用于以下两种情况。

① 以前完成过类似的项目。

② 项目成本估算专家具有类比的技能，这种方法主要适用于机会研究。

自上而下估计的基础是收集上层和中层管理人员的经验和判断，以及可以获得的关于以往类似活动的历史数据。上层和中层管理人员对项目整体的费用和构成项目的子项目的费用进行估计，然后将这些估计结果传递给低层的管理人员，在此基础上他们对组成项目和子项目的任务和子任务的费用进行估计。然后继续向下一层传递他们的估计，直到项目组最底层。

这种过程和层级计划过程相似，费用和项目一样被分解为更丰富的细节，按照 WBS 过程从最上层或者最综合的层级一层层向下分解。

(2) 自上而下估算法的优点主要如下。

① 简单易行，费用低。

② 在总成本估算方面具有较强的准确性。总体费用估计往往比较困难，上、中层管理人员的丰富经验往往使得他们能够比较准确地把握项目整体的资源需要，从而使得项目的费用能够控制在有效率的水平上。

③ 清楚认识各项活动的重要程度。由于在过程中总是将一定的费用在一系列任务之间进行分配，这就避免有些任务被过分重视而获得过多费用，同时由于涉及任务的比较，所以也不会出现重要的任务被忽视的情况。

这种估计法的缺点是，当上层的管理人员根据他们的经验赋予费用估计时，分解到下层时可能会出现下层人员认为不足以完成相应任务的情况。这时，下层人员并不一定会表达出自己的观感，从而和上层人士理智地讨论以得出更为合理的费用分配方案。而现实中的情况往往是，由于下层人士很难提出上层人员的判断不合理的看法，而只能默默地等待上层人员自行发现其中的问题而进行纠正，这有时会使得项目的进行出现困难，甚至失败。

2. 自下而上的项目成本估算法

自下而上的估算(bottom-up estimating)，这是一种与活动资源估算法相对应的方法，也被称为 WBS 成本估算。它首先对项目工作分解结构中的具体工作包或活动所需要的资源进行估算，然后逐级累加向上汇集，最终汇总估算项目的总成本，如图 8-4 所示。

这种方法是通过估算个别工作或细节最详细的计划活动的费用，然后将这些详细费用汇总到更高层级，从而估算出整个项目费用的技术。这种技术估算的准确性取决于个别计划活动或工作包的规模及复杂程度。一般情况下，需要投入量较小的活动可提高计划活动费用估算的准确性。

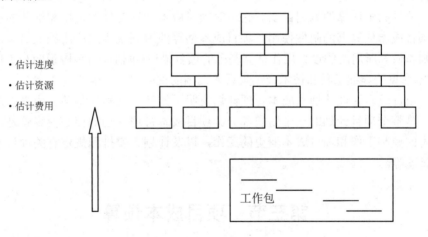

- 估计进度
- 估计资源
- 估计费用

工作包

图 8-4 自下而上的成本估算法

自下而上的项目成本估算法主要包括工料清单法、标准定额法和统计资料法。

自下而上估算法的优点主要是精确度高，便于实现财务监控；其缺点是费时费力，成本较高。项目管理班子必须权衡为提高估算精度而增加估算工作成本是否值得。

3. 参数模型估算法

参数模型估算法通常是将项目的特征参数作为预测项目费用数学模型的基本参数，通过建立一个数学模型来估算项目成本的方法。

参数模型估算法是一种建模统计技术，用数学模型来预测项目成本。模型可以是简单的(如居住房屋每平方米将花费多少金额)或复杂的(如某成本估算软件模型使用 13 个单独的调整因子，其中每个因子又有 5~7 个要素)。采用参数模型估算法时，建立一个合适的模型，对保证成本估算结果的准确性非常重要。为了保证参数模型估算法的实用性和可靠性，在建立模型时必须注意以下几点。

(1) 数学模型的正确性。

(2) 用来建模所参考的历史数据的精确性程度。

(3) 用来建模的参数是否容易定量化处理。

(4) 模型是否具有通用性。

四、项目成本估算的结果

(1) 项目成本估算书。项目成本估算书是对完成项目所有活动需要资源及其所需费用的估算，一般用货币作为单位，以便进行项目内和项目间的比较。在有些情况下，费用估算必须采用多种计量单位(如人/天或人/小时)，以利于适当的管理控制。

成本估算必须考虑所有在本项目账目上支出的资源，至少包括：人力、材料、设备，以及其他如差价预备费、管理预备费等专门类别。某些应用领域，常常规定估算应达到的精度。例如，美国国际造价工程师协会(ACE)定义了设计中工程造价估算的五种级别：量级估计、概念估计、初步估计、最终估计、控制估计。若没有公认的标准，则估算本身应当指明项目成本可能的变化范围，如项目估算成本 1 万元，可能的变化范围为 1000 元等。

(2) 项目成本估算的编制说明。它是对项目成本估算文件的依据和细节的说明，一般需作为项目成本估算书的附件使用。项目成本估算的编制说明因应用领域而异，一般包括基本规则和估算所用的假设、用作估算基础的项目描述(包括项目范围说明和工作分解结构等)、成本估算的详细工具和技术及结果误差范围的说明等。

(3) 项目成本管理计划。成本管理计划说明了如何管理和控制项目成本以及项目成本的变更，是整个项目计划的一个附属部分。项目成本管理计划的核心内容就是计划和安排项目成本的控制工作和项目成本变更的工作，以及计划、安排和规定有关项目不可预见费的使用管理等。

第三节　项目成本预算

一、项目成本预算的概念和特性

1. 项目成本预算的概念

项目成本预算(project cost budgeting)是将全部估算成本分配给各个项目工作包，或者为了确定测量项目实际绩效的基准计划而把整个成本估算按照时间段分配到具体工作包的活动的过程。其目的是确定项目各项活动的成本定额，并确定项目意外开支准备金的标准和使用规则以及为测量项目实际绩效提供标准和依据。

项目成本预算的内容主要包括：直接人工费用预算、咨询服务费用预算、资源采购费用预算和意外开支准备金预算。

2. 项目成本预算的特性

(1) 成本预算比成本估算更具权威性。各项目小组能够获得多少资源得到了项目班子的肯定，并以文件的形式下达确认。从一定意义上说，只有项目预算完成了，才是真正意义上的项目开始。

(2) 项目成本预算具有约束性和控制性。项目预算作为一种资源分配计划，其结果对项目管理人员来说是一种约束，所涉及人员只能在这种约束范围内活动。项目预算作为一种控制机制，可以作为一种比较标准而使用，用来比较资源实际使用量和计划使用量之间的差异。

项目成本预算的主要工作如表 8-2 所示。

表 8-2 项目成本预算的主要工作

依 据	工 具 和 方 法	结 果
项目成本估算书或合同造价	自上而下的项目成本估算法	项目预算文件
项目工作结构分解和项目活动清单	自下而上的项目成本估算法	项目筹资计划与安排
项目进度计划	参数模型估算法	项目预算管理计划
其他项目计划文件和项目资源日历		

二、项目成本预算的依据

范围定义和成本估算是成本预算编制的前期工作，项目成本预算编制的依据包括：项目成本估算文件、项目成本估算编制说明、工作分解结构和项目进度计划。其中，成本估算文件是最主要的依据。

(1) 项目成本估算书或合同造价。一般，项目成本预算是依据项目成本估算确定的。项目承包商的成本预算是根据他自己的项目成本估算制定的，而项目业主的成本预算是根据项目合同造价制定的。

(2) 项目工作结构分解和项目活动清单。它是在项目范围界定和确认以及在项目活动分解与界定中生成的项目工作分解结构文件和项目活动清单文件。项目成本预算的基本方法是基于活动的成本核算方法。

(3) 项目进度计划。项目进度计划通常是项目业主和客户、项目组织共同商定的，它规定了项目工作与活动必须完成的时间，从而决定了项目何时需要何种资源，也是项目预算编制的依据之一。

(4) 其他项目计划文件和项目资源日历。在编制项目成本预算时，还应考虑项目集成计划、项目成本管理计划和其他各种项目专项计划等项目计划文件。另外，项目资源日历也是制定项目成本预算的重要依据。

三、项目成本预算的原则和步骤

1. 项目成本预算的原则

准确的成本预算是每个项目成功的关键因素，为制定准确的成本预算，必须遵循下列原则。

(1) 项目成本与既定的项目目标相联系。项目的目标不同，项目成本也不一样。

(2) 项目成本与项目进度有关。一般情况下，项目的进度越快，项目成本越高。

(3) 项目成本取决于项目组成员对项目计划的理解和把握。项目组成员对项目计划的理解也极大地影响着项目的成本。

2. 项目成本预算的步骤

项目成本预算的步骤如下所述。

(1) 项目总成本估算的分摊。估算出项目总成本后，将其分摊到 WBS 的各个工作上。

(2) 工作包总额预算成本的分摊。就是确定工作包中各项活动的具体预算。

(3) 制定项目的累计预算成本。从时间上分配和安排各个工作包的预算。

四、项目成本预算的内容

(1) 确定项目预算中的风险储备。即根据项目风险的信息和项目估算结果，制定出项目的不可预见费及项目管理储备等各方面的比例额度，进而据此确定出项目成本的总预算。

(2) 确定项目成本的总预算。按照"留有余地"的基本原则，根据项目成本估算、项目不可预见费以及项目管理储备等，确定项目成本的总预算。

(3) 确定项目各项活动预算的投入时间。根据项目、项目具体活动的预算以及项目进度计划安排，确定出项目各项具体活动预算的投入时间和累计的项目预算成本。

(4) 确定出项目成本预算的"S 形"曲线。项目成本预算的"S 形"曲线一般是指项目成本累积负荷曲线，它是项目成本预算的基准线，将作为度量和监控项目实施过程中成本支出的依据，如图 8-5 所示。通常，成本基线与时间的关系呈现"S 形"曲线，可以用来检测和控制项目的成本绩效。

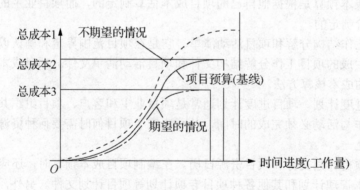

图 8-5　项目成本预算的"S 形"曲线(预算基准线)

五、项目成本预算的工具和方法

编制成本估算的方法也可以用来进行成本预算，包括自上而下、自下而上、参数模型及计算机辅助计算等。其中进行成本预算的两种基本策略是自上而下的预算和自下而上的预算。

六、项目成本预算的结果

1. 项目预算文件

项目预算文件包括项目总规模的规定、项目各工作包的预算计划安排、项目各项具体活动的预算计划安排、项目不可预见费的计划安排和项目成本预算控制基线("S形"曲线)等。

(1) 成本预算表。在成本预算表中,应列出项目所有工作或任务的名称、成本预算值、需要的时间等。表8-3是某项目成本预算表的一个示例。

表8-3 某项目成本预算表

工作名称	预算值	进度日程预算(项目日历表)										
		1	2	3	4	5	6	7	8	9	10	11
A	400	100	200	100								
B	400		50	100	150	100						
工作名称	预算值	进度日程预算(项目日历表)										
		1	2	3	4	5	6	7	8	9	10	11
C	550		50	100	150							
D	450			100	100	100	100					
E	1100					300	300	300	200	200	200	
F	600								100	100	100	200
月计	3500	100	300	400	500	400	400	300	300	300	300	200
累计		100	400	1300	1800	2200	2500	2500	2800	3100	3300	3500

(2) 成本负荷曲线图。它是成本预算表的一种图形表达形式,具体示例如图8-6所示。

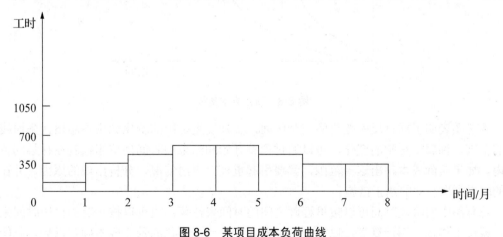

图8-6 某项目成本负荷曲线

(3) 成本基线(cost baseline)。成本基线是成本基准计划的核心内容,原始的成本预算就是成本基线。成本基线是一项面向阶段时间的预算,主要用于测量和监控项目成本执行情况，这是将按阶段估算的成本叠加起来后制定的，一般以"S形"曲线表示，具体示例如图 8-7 所示。

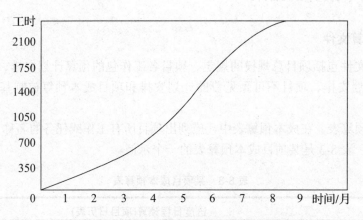

图 8-7 某项目费用累积负荷曲线(成本基线)

当进度计划按所有活动的最早开始或最晚开始或在两者之间的某个时点开始来安排时，就形成了不同形状的"S形"曲线，所以又称之为香蕉图，它反映了项目进度允许调整的余地，如图 8-8 所示。项目成本预算的结果包括两个因素：一是项目成本预算额的多少，二是项目预算的投入时间。需要注意的是，项目成本预算并不是越低越好，因为成本预算过低会造成预备金或管理储备不足从而无法应对项目实施过程中出现的各种突发事件，最终造成项目不必要的损失。

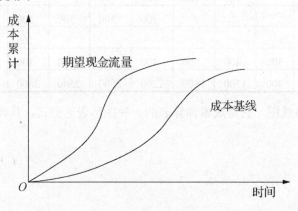

图 8-8 项目成本基线

香蕉图表明了项目反应变化的安全区间，实际发生费用的变化如果不超出两条曲线限定的范围，都属于正常的变化，可以通过调整开始和结束的时间使费用控制在计划的范围之内。如果实际成本超出这一范围，就要引起重视，查清情况，分析出现的原因，并在必要的时候采取有效的纠正措施。

香蕉图中的阶段时间可以按里程碑之间的时间来计算，也可以按一定的日历时间来计算，或按工作包工期计算等。以工作包工期为例，当工作包的预算成本确定以后，就能继而确定在何时需要多少预算，这个值是通过截止到某一时期的每期预算成本累积而得出的，称为累积预算成本，也就是到某一时期为止按进度计划完成的工程预算值，作为费用开销绩效的基准。

香蕉图不仅可以用于项目的成本控制，还可以在进度控制方面发挥有效的作用。

2. 项目筹资计划与安排

它包括项目总的筹资、各个时段的筹资要求和计划安排，这是根据项目预算结果给出的。通常，每个项目阶段的筹资都应该再给出一定的富余量以应对各种不确定性情况的发生，所以项目筹资的数额在项目总成本之上应再有一定的储备。

3. 项目预算管理计划

它是一份项目预算管理的相关规定文件。在这一文件中应该明确规定有关项目预算管理的各种规定和要求，包括有关项目预算的管理、项目不可预见费和管理储备的使用规定等。

第四节　项目成本控制

一、项目成本控制的概念和内容

项目成本控制(project cost control)就是在整个项目的实施过程中，根据事先确定的项目成本预算基准计划对项目成本进行管理，定期和经常性地收集项目的实际成本数据，进行成本计划值和实际值的动态比较分析，并进行成本预测；如果发现偏差，则及时采取纠偏措施。项目成本控制是在成本预算的基础上开展的，关键是能找到可及时分析成本绩效的方法，以便在项目失控之前及时采取纠正措施。

项目成本控制涉及对那些可能引起项目成本变化因素的控制(事前控制)、项目实施过程中的成本控制(事中控制)和当项目成本变动实际发生时对项目成本变化的控制(事后控制)。要实现对项目成本的全面控制和管理，最根本的任务是要控制项目各方面的变动(项目变更)，从而实现全面控制成本变动的目标。

项目成本控制一般包括以下内容。

(1) 监督成本实际发生情况。

(2) 查明实际成本与计划成本的偏差及其原因。

(3) 将已核准的有关变更都准确地记录在成本基准计划之中，并将变更后的项目成本计划通知相关的利益相关者。

(4) 阻止不正确、不合理或未经核准的变更纳入成本之中。

(5) 分析成本绩效从而确定哪些活动需要采取纠正措施，并确定采取哪些有效的纠正措施，将以后预期的成本限制在可以接受的范围之内。

项目成本控制的主要工作如表 8-4 所示。

表 8-4　项目成本控制的主要工作

依　据	工具和方法	结　果
成本基准计划	成本变更控制系统法	修正的成本估算

续表

依 据	工具和方法	结 果
进展报告	补充计划编制法	预算更新
变更请求	偏差分析法	纠正措施
成本管理计划		完工估算
		经验和教训

二、项目成本控制的依据

(1) 成本基准计划。成本基准计划将项目的成本预算与进度预算联系起来，可以用来测量和监督项目成本的实际情况，是进行项目成本控制最基本的依据。

(2) 进展报告。进展报告记录了有关项目范围和成本实施情况的资料，如预算计划的完成情况。同时它还能提醒项目团队注意将来可能出现的问题。

(3) 变更请求。项目有关各方提出的变更请求有可能增加或减少预算。其形式多种多样：口头的或书面的、直接的或间接的、外部的或内部的、强制性的或选择性的。一般情况下，口头请求必须在变更之前形成书面文件。

(4) 成本管理计划。项目成本计划提供了如何对项目成本进行事前控制的计划和安排，是确保在预算范围内实现项目目标的指导性文件。它包括项目成本事前控制的计划和安排、项目成本事中控制的具体措施和方法、项目成本控制中的应急措施以及项目成本控制的具体责任分配等。

三、项目成本控制的原理

在项目管理中，成本控制和质量控制、进度控制、安全控制一起并称为项目的四大目标控制。如图 8-9 所示，这种目标控制是动态的，并且贯穿于项目的始终。成本控制的循环过程包括以下几方面。

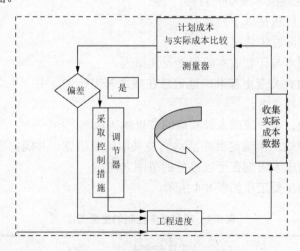

图 8-9　项目成本动态控制原理

(1) 项目投入，即把人力、物资和资金投入项目施工中。

(2) 在施工、安装和采购等环节实施的过程中，受到设计变更等各种各样的干扰，导致项目实际成本偏离预算成本。

(3) 收集实际成本数据，即对项目的实际成本活动情况做出评估。

(4) 把成本目标的计划成本值与实际成本发生值进行比较。

(5) 检查实际值与计划值有无偏差，如果没有偏差，则项目施工继续进展，继续投入人力、物资和资金等；如果有偏差，则需要采取控制措施。

四、项目成本控制的工具和方法

1. 成本变更控制系统法

成本变更控制系统法是指通过建立和使用项目变更控制系统对项目成本进行有效控制的方法，包括从提出项目变更请求到变更请求获得批准，一直到最终修订项目成本预算的全过程。成本变更控制系统包括书面文件、跟踪系统和变更审批制度。这一系统规定了改变项目成本基线的程序，包括文档工作、跟踪系统和批准更改所必需的批准级别。要实施有效的变更控制，项目团队必须建立一套完善的变更控制系统，成立一个变更控制委员会。变更控制系统应明确变更控制委员会的责任和权限，并得到所有项目干系人的认可。

2. 补充计划编制法

大多数项目在实施过程中不能准确地按照预定计划进行，当项目存在可预见的变更时，就需要对项目的成本基准计划进行相应的修订或替代方案的变更说明。

3. 偏差分析法

项目挣值法与
成本预测

偏差分析法也称为挣值法(Earned Value Analysis，EVA)，其基本思想是通过引进一个中间变量即"挣值"(Earned Value，EV，也称为赢得值)，来帮助项目管理者分析项目的成本和工期的变动情况并给出相应的信息，以便使项目管理者能够对项目成本的发展趋势作出科学的预测与判断，并提出相应的对策。

1) 项目挣值的定义

项目挣值(EV)是表示已完成作业量的计划价值的中间变量，是使用预算成本表示的给定时间内已完成实际作业量的中间变量，也可称为获得值或赢值等。简言之，挣值就是表明截至目前，实际完成工作量的预算值是多少。

项目挣值(EV)通过测算计划工作预算成本、已完成工作的实际成本和已完成工作的预算成本，得到有关计划实施的进度和费用偏差，从而达到衡量项目成本进度执行情况的目的。

2) 项目挣值法的三个基本变量

(1) 项目计划的预算成本(Budgeted Cost of Work Scheduled，BCWS)。BCWS表示按照预算价格和预算工作量计算的某项工作的成本，也称为计划值(Planned Value，PV)。BCWS主要是反映进度计划应完成的工作量，而不是反映应消耗的费用，它是衡量项目进度和项目费用的基准。其计算公式如下：

$$\text{BCWS}=\text{计划工作量}\times\text{预算定额} \tag{8-1}$$

(2) 项目已完成部分的实际成本(Actual Cost of Work Performed，ACWP)。ACWP 表示按照实际发生的价格计算得到的项目实施过程中某阶段实际已完成部分的成本，也称实际费用(Actual Cost，AC)。ACWP 是反映项目执行的实际消耗的指标。

(3) 项目已完成部分的预算成本(Budgeted Cost of Work Performed，BCWP)。BCWP 表示按照预算价格所计算的某个项目实际已完成部分的成本。由于业主正是根据这个值对承包商完成的工作量进行支付，也就是承包商挣得的金额，故也称之为挣值(EV)。EV 反映了满足质量标准的项目实际进度，其计算公式如下：

$$\text{BCWP}=\text{实际已完成的工作量}\times\text{预算定额} \tag{8-2}$$

项目挣值法的三个基本变量实际上是三个关于进度(时间)的函数，即

$$\begin{cases} \text{BCWS}(t), & (0\leqslant t\leqslant T) \\ \text{BCWP}(t), & (0\leqslant t\leqslant T) \\ \text{ACWP}(t), & (0\leqslant t\leqslant T) \end{cases}$$

其中：T 表示项目完成时点；t 表示项目进展中的监控时点。

理想状态下，上述三条函数曲线应该重合于 $\text{BCWS}(t)$, $(0\leqslant t\leqslant T)$。如果管理不善，$\text{ACWP}(t)$ 会在 $\text{BCWP}(t)$ 曲线之上，说明费用已经超支；$\text{BCWP}(t)$ 若在 $\text{BCWS}(t)$ 曲线之下，则说明进度滞后。

3) 项目挣值法分析中的差异分析变量

(1) 项目挣值法分析中的两个绝对差异分析变量包括以下内容。

① 项目成本绝对差异(Cost Variance，CV)，是指在某个检查点上 BCWP 和 ACWP 之间的差异，其计算公式如下：

$$\text{CV}=\text{BCWP}-\text{ACWP} \tag{8-3}$$

这一指标的含义是：项目实际已完成作业量的预算成本与项目实际已完成作业量的实际成本之间的绝对差异。

当 CV<0 时，说明项目执行效果不好，实际费用超过预算费用，即超支，如图 8-10(a)所示。

当 CV>0 时，说明项目执行效果较好，实际费用低于预算费用，即节支，如图 8-10(b)所示。

当 CV=0 时，实际消耗费用等于预算值。

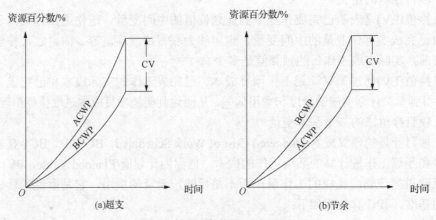

图 8-10　费用偏差示意图

② 项目进度绝对差异(Schedule Variance，SV)，是指在某个检查点上 BCWP 和 BCWS 之间的差异，其计算公式如下：

$$SV=BCWP-BCWS \qquad (8\text{-}4)$$

这一指标的含义是：按预算价格计算的已完成工作量与计划工作量之间的绝对差异，即项目计划作业量的预算成本与挣值之间的绝对差异。

当 SV<0 时，说明项目进度延误，如图 8-11(a)所示。

当 SV>0 时，说明项目进度提前，如图 8-11(b)所示。

当 SV=0 时，实际进度与计划进度一致。

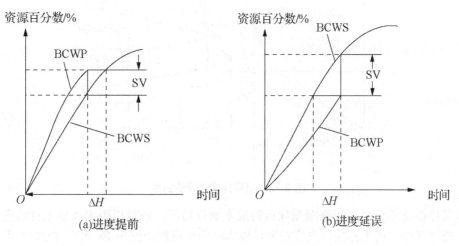

图 8-11　进度偏差示意图

(2) 项目挣值法分析中的两个指数差异分析变量包括以下内容。

① 项目进度绩效指数(Schedule Performed Index，SPI)，是指项目挣值与计划值之比，其计算公式如下：

$$SPI=BCWP \div BCWS \qquad (8\text{-}5)$$

这一指标的含义是：按预算价格计算的已完成工作量与相应的计划工作量之间的相对关系，即项目挣值与项目计划作业的预算成本(或造价)的相对数。它衡量的是正在进行的项目的完工程度。

当 SPI>1 时，表示进度提前，即实际进度比计划进度快。

当 SPI<1 时，表示进度延误，即实际进度比计划进度慢。

当 SPI=1 时，表示实际进度等于计划进度。

② 项目成本绩效指数(Cost Performed Index，CPI)，是指预算费用与实际费用值之比，其计算公式如下：

$$CPI=BCWP \div ACWP \qquad (8\text{-}6)$$

这一指标的含义是：已完成工作量的实际成本与预算成本的相对关系。它衡量的是正在进行的项目的成本效率。

当 CPI>1 时，表示节支，即实际成本低于预算成本。

当 CPI<1 时，表示超支，即实际成本高于预算成本。

当 CPI=1 时，表示实际费用与预算费用吻合。

4) 项目挣值法评价分析

项目挣值法评价曲线如图 8-12 所示。图 8-12 中横坐标表示时间,即项目进度;纵坐标表示费用的累计(以实物工程量、工时或金额表示)。图 8-12 中三条曲线都是 S 形曲线,同样都是项目进度的函数,而且 CV>0,SV<0,表示项目的运行效果不好,费用超支,进度延误,应该采取相应的补救措施。

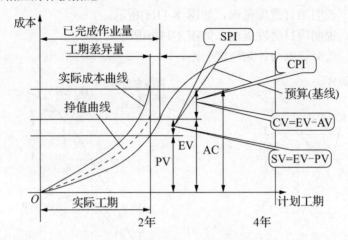

图 8-12　项目挣值法评价曲线

项目挣值法不仅可以用来衡量项目的成本执行情况,还可以用来衡量项目的进度。在项目实施过程中,可根据项目进度在项目成本时间坐标图中画出 BCWS、BCWP 和 ACWP 三条曲线,在每个检查日均可得到三个参数的值进而求出评价指标。

在项目的实际操作过程中,最理想的状态是 BCWP、BCWS、ACWP 三条 S 形曲线靠得很紧,平稳上升,预示着项目朝着良好的方向发展。如果三条曲线的偏离度和离散度很大,则表示项目实施过程中有重大问题隐患或已经发生了严重的问题,应该对项目进行重新评估和安排。

5) 项目挣值法参数分析与应对措施

挣值法是一种比较准确的事后评价方法,可以采用一些预测手段来对项目的发展进行评价,但准确性会大大降低。基于此方法事后评价的特性,可以根据以往的经验,分析费用超支或进度延误的原因,并根据挣值法参数分析给出应对措施,具体如表 8-5 所示。

【例 8.1】　某一工程建设项目混凝土工程合同总价款为 800 万元,按照施工方案,计划 10 个月完成。在第 5 个月检查时发现:计划工作的预算成本为 290 万元,实际成本累计为 310 万元,挣值为 280 万元。

(1) 根据挣值法的计算步骤,可以计算出费用偏差和进度偏差。

费用偏差(CV): CV=BCWP−ACWP=280−310=−30(万元),CV< 0,说明超支,即在执行到第 5 个月时,成本超支 30 万元。

进度偏差(SV): SV=BCWP−BCWS=280−290=−10(万元),SV< 0,说明进度滞后,即在执行到第 5 个月时,进度滞后。

(2) 为了检验结果的准确性,再另求两指标进行判断。

费用执行指标(CPI): CPI=BCWP÷ACWP=280÷310=0.9,CPI<1,费用超支。

进度执行指标(SPI)：SPI=BCWP÷BCWS：290÷310=0.94，SPI<1，进度滞后。

该指标所判断结果与采用偏差法所得结论一致，综合可得如下结论：该项目执行到第5个月时，实际成本已经超出了预算成本，而实际进度又落后于计划进度，应进行分析找出原因。

表8-5 挣值法参数分析与应对措施表

序　号	图　例	参数关系	分　析	措　施
1		ACWP>BCWS>BCWP CV<0，SV<0	效率低 进展较慢 投入超前	用高效率人员替换低效率人员
2		BCWS >ACWP>BCWP CV<0，SV<0	效率较低 进展慢 投入延后	增加高效人员的投入
3		BCWP>ACWP>BCWS CV>0，SV>0	效率较高 进展快 投入超前	抽出部分人员放慢进度
4		BCWP>BCWS>BCWP CV>0，SV>0	效率高 进展较快 投入延后	如果偏离不大，可以维持原状
5		ACWP>BCWP>BCWS CV<0，SV>0	效率较低 进展较快 投入超前	抽出部分人员，增加少量骨干人员
6		BCWS>BCWP>ACWP CV>0，SV<0	效率较高 进展较慢 投入延后	迅速增加人员投入

注：———BCWS；—·—·—BCWP；- - - - -ACWP。

五、项目成本控制的输出

(1) 修正的成本估算。修正的成本估算是对项目的成本信息所进行的修正。必要时，必须通知有关的项目干系人，修正后的成本估算可能要求，也可能不要求对整体项目计划的其他方面进行调整。

(2) 预算更新。预算更新是一种特殊类型的修改成本估算，是对已经批准的成本基准计划的修改，一般须在范围变更之后才能修改。在某些情况下，项目成本偏差可能非常严重，所以需要重新确定基准计划才能提供测量成本执行所需要的真实数据。

(3) 纠正措施。为了将项目未来预期的成本执行控制在项目计划范围内而采取的所有行动均称为纠正措施。

(4) 完工估算。完工估算是指在项目绩效和风险量化的基础上，对项目总成本的预测值。

(5) 经验和教训。偏差的原因、所选纠正措施的理由及从成本控制工作中汲取的教训都应形成文档，以作为本项目及执行组织其他项目时的历史数据的组成部分。

本 章 小 结

本章包括以下主要内容。

(1) 项目成本管理的定义和内容。项目成本管理,实质是确保项目既定功能的前提下,以最小的成本去获得最大的价值。项目成本管理的核心工作过程包括项目资源计划、项目成本估算、项目成本预算、项目成本控制四项工作。

(2) 项目成本估算的定义、依据和方法。项目成本估算是对完成项目活动所需的资源成本进行近似估算,主要采用自上而下项目成本估算法、自下而上项目成本估算法和参数模型估算法。

(3) 项目成本预算的特性、内容和方法。项目成本预算是根据项目的成本估算为项目各项具体工作分配和确定预算、成本定额,以及确定整个项目总预算的管理工作,包括项目成本的总预算、风险储备、投入时间和"S"曲线,比项目成本估算更具有权威性、约束性和控制性,主要采用自上而下、自下而上项目成本预算方法。

(4) 项目成本控制的概念、依据和方法。项目成本控制涉及对各种能够引起项目成本变化因素的控制(事前控制)、项目实施过程中的成本控制(事中控制)和项目实际成本变动的控制(事后控制)三个方面,依据成本基准计划、进展报告、变更请求等,主要采用偏差分析法(挣值法或赢值法)来进行,以便使项目管理者能够对项目成本的发展趋势作出科学的预测与判断。

思 考 题

1. 项目成本管理的概念和主要内容是什么?项目成本管理所要考虑的因素有哪些?
2. 简述项目成本估算的步骤和依据。
3. 简述各种成本估算方法(包括自上而下估算法、自下而上估计法、参数模型估计法)的适用情况。
4. 项目成本预算的概念和特性是什么?
5. 项目成本预算的原则和步骤是什么?
6. 项目成本的估算和预算有什么区别,各自有什么用途?
7. 什么是项目挣值?简述偏差分析法的基本变量和差异分析变量。
8. 从统计学的角度说明项目成本控制中"挣值"这一中间变量的特性。
9. 挣值分析法对于项目成本与项目工期(时间)的集成管理有什么作用?
10. 用挣值分析法对项目成本进行预测有哪些要求和前提条件,为什么?
11. 分析挣值分析法中几种预测 EAC 的方法与实际完成时成本的偏差。

第九章　项目质量与安全管理

【学习要点及目标】

● 理解项目质量和安全管理的概念和内容。
● 掌握项目质量计划的概念、依据和方法。
● 熟悉项目质量保证的概念、依据和方法。
● 了解项目质量控制的概念、依据和方法。
● 认知项目健康、安全与环境管理的概念、内容和方法。

【核心概念】

项目质量管理　　项目安全管理　　项目质量计划　　项目质量保证　　项目质量控制
项目健康、安全与环境管理

第一节　项目质量与安全管理概述

项目质量表现在两个方面：一是项目过程质量，二是项目成果质量。如果未能满足这两个方面中的任何一个，均会对项目产品、部分或全部项目干系人造成消极后果。项目质量管理包括为保证项目满足目标要求，指导、组织和控制项目质量的活动过程。

一、项目质量的概念和特点

1. 项目质量的概念

国际标准化组织(ISO)对质量的定义是"质量是反映实体(产品、过程或活动等)满足明确和隐含的需要能力和特性的总和。"由这一定义可看出质量包括两个方面的含义。

(1) 承载质量属性的是实体，而所谓实体包括产品、过程和活动。

(2) 质量是指实体能够满足用户需求的能力和特性的总和。因此，质量的高低取决于实体的各种能力特性总和能否满足用户的需求。

根据上述定义，我们认为质量的内涵包括以下内容。

(1) 质量的实体涉及产品、过程和活动三个方面。产品是能够为人们提供某种享用功能的有形实物；过程是为人们带来某种享受的服务或劳务；活动是人们在生产产品或提供服务中所开展的具体作业。

(2) 质量是一个相对的概念。质量的高低取决于实体的能力特性能够满足用户的需要。这里的需要包括"明确的和隐含的"两类。"明确的需要"一般是指在标准、规范、图样、技术要求或其他文件(如合同)中明确标示的需要。"隐含的需要"一般是指用户期望和被人们公认的、不言而喻的、不必明确的需要或国家法律明确的规定，如钻机必须具备石油开采钻井的基本功能。这类需要通常是通过市场调查或用户调查来加以识别和确定的，在项目范围内，质量管理的重要方面是通过项目管理把隐含的需要转变成明确的需要。

(3) 对于不同的实体，质量的实质内容不同。对于产品而言，质量是指产品能够满足用户使用要求的各种功能特性，包括产品的性能、寿命、可靠性、安全性、经济性和外观特性等。对于过程而言，质量主要是由此提供的服务或劳务过程和活动满足顾客要求或期望的程度。服务或劳务质量一般体现为服务或劳务结果能够满足顾客要求或期望的程度。对于活动而言，质量一般是由工作的结果来衡量的，工作的结果既可以是产品，也可以是服务。工作质量可以用产品或服务的质量来度量。

2. 项目质量的特点

(1) 项目质量的双重性。这是指项目质量既具有产品质量的特性，又具有服务质量的特性。项目的产品性成果具有有形性、可储存性和可预先评估等特性，而项目的服务性成果则具有无形性、不可储存性和无法预先估计等特性。例如：油田地面建设项目最终形成的建筑物和管线等就属于产品质量的范畴，但其中图纸设计和监理或施工管理等质量就属于服务质量的范畴。而且，每个项目中所包含的服务和产品的比重会有所不同。

(2) 项目质量的过程特性。这是指项目质量是由整个项目活动的全过程形成的，受项目全过程工作质量的直接和综合影响。项目质量与产品或服务质量的最大差别：一是周而复始不断重复生产出的产品或提供的服务的质量都能够在产品和服务开始之前就明确确定下来，而项目质量在绝大多数情况下只有在项目全过程完成以后才能最终形成；二是产品生产和服务提供在周而复始中有持续改善和提高的余地与可能性，而项目的一次性和独特性使得人们在项目实施过程中可以通过项目变更去不断改变项目质量，但在项目全过程结束后则需要开展一个全新的项目才有改善质量的机会。

二、项目质量管理的概念和理念

1. 项目质量管理的概念

国际标准化组织(ISO)认为，"质量管理是确定质量方针、目标和职责并在质量体系中通过诸如质量策划、质量控制和质量改进使质量得以实现的全部管理活动"。这一定义是从质量管理活动所涉及的内容和方法等角度定义的，质量管理是具有广泛含义的企业管理活动，其内容包括从企业质量方针的制定到用户对质量的最终体验这一过程中的全部管理活动。

项目质量管理(project quality management)是为了保障项目产出物能够满足项目业主或用户以及项目其他相关利益者的需要所开展的对项目产出物质量和项目工作质量的全面管理工作。

国际标准化组织有关
质量管理的定义

2. 项目质量管理的理念

项目质量管理强调全面质量管理的理念，具体包括以下内容。

(1) 项目质量管理贯穿从企业质量方针政策的制定到用户对项目产品质量的最终检验的全过程。它是一个组织以质量为中心，以全员参与为基础，目的在于通过让顾客满意和本组织所有成员及社会受益而达到长期成功的一种质量管理模式。

（2）项目质量管理是全团队成员的责任。项目质量管理的责任属于项目全体成员，一是项目客户、项目所属公司和项目经理等关于质量目标、方针和职责的制定；二是项目管理人员所制定的质量目标、方针和项目质量计划；三是项目团队关于项目质量计划的具体实施方案。

（3）项目质量管理的关键在于全过程的监控和改进。项目质量管理不仅包括项目产品的质量管理，而且还包括制造项目产品过程中工作质量的管理。因为，项目最终产品的质量是由产品生产过程来保证的，只有保证高质量水平的生产过程，才能生产出高质量的产品。如在项目质量管理 PDCA 循环中更多的是使用项目工作核检清单而不是产品检验清单。

（4）项目质量管理是全要素的管理。项目质量管理的主要目的是确保项目的可交付成果满足业主或用户的需求，项目团队必须与用户建立良好的关系，深入沟通，理解他们明确的以及隐含的需求，因为项目管理的目标是提供能够满足业主或用户需要的项目产出物。

三、项目安全管理的概念

项目安全管理，就是在项目实施过程中，组织安全生产的全部管理活动。通过对项目实施安全状态的控制，使不安全的行为和状态减少或消除，以使项目工期、质量和费用等目标的实现得到充分的保证。

安全管理的中心问题是保护项目实施过程中人的安全与健康，保证项目顺利进行。安全管理过程中，应正确处理以下六种关系。

（1）安全与危险的并存。安全与危险在同一事物的运动中是相互依存的。因为有危险，才需要进行安全管理，以防止危险的发生。安全与危险并非是等量并存，而是随着事物的运动变化而不断变化。

（2）安全与过程的统一。在项目实施过程中，如果人、物、环境等都处于危险状态，则项目无法顺利进行。所以，安全是项目实施的客观要求，项目有了安全保障才能持续、稳定地进行。

（3）安全与质量的关系。从广义上看，安全与质量交互作用，互为因果。安全第一，质量第一，这两种说法并不矛盾。安全第一是从保护生产要素的角度出发，而质量第一则是从关心产品成果的角度出发。安全为质量服务，质量需要安全来保证。

（4）安全与速度的互保。速度应以安全作保障，安全就是速度。在项目实施过程中，应追求安全加速度，尽量避免安全减速度。当速度与安全发生矛盾时，应暂时减缓速度，保证安全。

（5）安全与效益、环保的兼顾。安全技术措施的实施，会改善作业条件，同时也会带来环境保护的问题，带来经济效益。所以，安全与效益、环保是完全一致的，安全促进效益的增长。当然，在安全管理中，投入应适当，既要保证安全，又要经济合理。

（6）预防与控制的关系。项目安全管理的方针是"安全第一，预防为主"。安全管理首先是针对项目的特点，事先对生产要素采取管理措施，有效地控制不安全因素的发展和扩大，将可能发生的事故消灭在萌芽状态。其次是重在控制，要对项目过程实施全过程动态管理，做到安全管理的全员参与，实现全过程、全方位、全天候的动态管理。

四、项目质量和安全管理的内容

项目质量和安全管理的内容(知识体系)如图 9-1 所示，包括项目质量计划、项目质量保证、项目质量控制以及健康、安全和环境管理。

图 9-1 项目质量和安全管理的内容

项目质量和安全管理的核心工作过程如图 9-2 所示。

项目质量和安全管理的工作涉及从计划到监控的全过程，通过制定质量方针和安全计划、建立质量目标和标准以及健康、安全、管理体系，并在项目生命周期内持续反复使用质量计划、质量控制、质量保证和质量改进、项目安全控制、项目现场管理与环境保护等措施来落实质量方针和安全计划的执行，确保质量和安全目标的实现，最大限度地使客户满意。

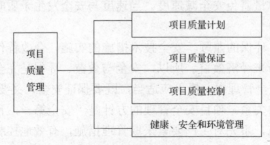

图 9-2 项目质量和安全管理的核心工作过程

第二节 项目质量计划

一、项目质量计划的概念

项目质量计划是一项确定项目所要达到的质量标准以及如何达到该质量标准的计划安排。项目质量是通过项目质量计划的制订、项目质量计划的实施以及根据项目质量计划所开展的项目质量保障与项目质量监控活动来实现的。项目质量管理的首要工作就是项目质量计划的制订。

项目质量计划的主要工作如表 9-1 所示。

表 9-1 项目质量计划的主要工作

依　据	工具和方法	结　果
项目质量方针	成本/收益分析法	项目质量管理计划
项目范围说明书	质量标杆法	项目质量技术文件
成果说明	流程图法	项目质量管理工作说明
标准和规范	因果分析图	项目质量的衡量标准
其他信息	实验设计	质量检查表
		其他管理的信息

二、项目质量计划的依据

质量管理计划的确定是保证项目成功的条件之一，应当同项目其他计划的制订过程结合起来。项目质量计划的依据包括以下几个方面。

(1) 项目质量方针。质量方针就是"项目实施组织领导层就质量问题明确阐明的所有打算和努力方向"，它体现了该项目组织成员的质量意识和质量追求，是组织内部的行为准则，也体现了客户的期望和对客户的承诺。项目质量方针主要包括三个部分：项目设计的质量方针、项目实施的质量方针和项目完工交付的质量方针。项目团队可以根据项目的实际情况对项目的质量方针进行适当的调整。

(2) 项目范围说明书。项目范围说明书是项目范围计划的结果，包括项目目标说明和项目任务说明，不但规定了主要的项目成果，而且也规定了项目的目标，是项目质量计划编制的关键依据。

(3) 成果说明。成果说明是对范围说明书中项目成果的进一步说明，详细地描述了项目可交付成果的特征、技术要求和其他注意事项等。成果说明经常包含可能影响质量计划的技术要点和其他注意事项的详细内容。

(4) 标准和规范。标准是一个公认组织批准的文件，是为了能够普遍和重复使用，为产品、过程或服务提供的准则、指导方针或特征，它们不是强制执行的。规范是规定产品、过程或服务特征的文件，包括适用的行政管理文件，是强制执行的。一般来说，编制项目质量计划依据的标准是目前国际通用的 ISO 9000 系列标准。

(5) 其他信息。除了范围说明和成果说明之外，其他知识领域的成果也可能成为项目质量计划编制的依据。如采购计划中可能包括对承包商的质量要求和物料标准，而该质量要求应该在总体质量管理计划中有所反映。

三、项目质量计划的工具和方法

1. 成本/收益分析法

成本/收益分析法也称为经济质量法，它要求在制订项目质量计划时必须考虑项目质量的经济性，即成本和收益问题。其中，项目质量成本是开展项目质量管理活动所需的开支，项目质量收益是开展质量活动带来的好处，如减少返工、提高生产效率和降低成本等。质量成本/收益分析法的实质就是通过运用这种方法编制出能够保障项目质量收益超过项目质量成本的项目质量管理计划。

任何项目的质量成本可分解为质量保障成本和质量纠偏成本，两者的关系是：质量保障成本越高，质量的纠偏成本就越低；反之亦然。项目的质量收益就是通过努力降低这两种成本即质量成本而获得的收益。

2. 质量标杆法

质量标杆法是指利用其他项目实际或计划质量的结果作为新项目的质量参照体系和比照目标(标杆)，通过对照比较这种标杆的方法制订出新项目的质量计划。其中，其他项目可以是执行组织内的项目，也可以是组织外的项目；可以是同一个应用领域的项目，也可以是其他应用领域的项目。其通常的做法是以标杆项目的质量方针、质量规范和标准、质量管理计划、质量核查清单、质量工作说明、质量改进记录和原始质量凭证等文件为蓝本，运用相关技术和工具，结合新项目的特点来制订新项目的质量计划文件。在使用这一方法时，应充分注意"标杆项目"质量计划和管理中实际发生的各种问题和教训，在制订新项目质量计划时考虑采取相应的防范措施和应急计划，以避免类似问题的再次发生。

3. 流程图法

流程图法提供了项目的工作流程以及各活动之间的相互关系。流程图法有助于项目团队发现可能产生质量问题的工作环节，有助于明确项目质量管理的责任，寻找解决质量问题的方法和措施。图 9-3 是设计复查项目的流程图。

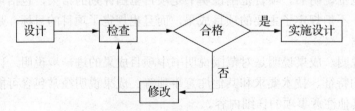

图 9-3　设计复查项目的流程图

4. 因果分析图

因果分析图也称为鱼刺图或石川图，是反映系统各组织部分之间相互关系的图示。这种图直观地表现了各种原因及其构成因素同各种可能出现的问题之间的关系，反映了潜在问题或结果与各种因素之间的联系，主要用于分析产生质量问题或缺陷的可能原因。因此，因果分析图可帮助项目班子事先估计可能会发生哪些质量问题，有助于提出具体处理措施。其基本样式如图9-4所示。

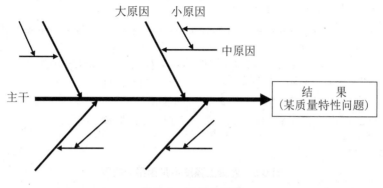

图9-4　因果分析图

按表示问题的体系不同，因果分析图的基本类型一般可分为以下三种类型。

(1) 结果分解型。这种类型的因果分析图的特点是沿着为什么会产生这种结果进行层层解析，可以系统地掌握纵的关系，但易遗漏或忽视横的关系或某些平行关系。

(2) 工序分类型。首先按工序的流程，将各工序作为影响项目质量的平行的主干原因，然后将各工序中影响工序质量的原因填写在相应的工序中。这种类型的因果分析图简单易行，但有可能会造成相同的因素出现在不同的工序中，难以表现数个原因交结在一起的情况，即反映不了因素间的交互作用。

(3) 原因罗列型。采用"头脑风暴法"等方法，使参与分析的人员无限制地自由发表意见，并将所有观点和意见都一一罗列起来，然后再系统地整理出它们之间的关系，最后绘制出一致同意的因果分析图。这种类型的因果分析图，反映出的因素比较全面，在整理因素间的关系时，对各因素的深入分析，有利于问题的深化，但工作量较大。

【例 9.1】　不同类型的因果分析图的绘制步骤有所不同。现以混凝土强度不足的质量问题为例说明原因罗列型因果分析图的绘制步骤。

(1) 决定特性
特性就是需要解决的质量问题，放在主干箭头的前面。本例的特性是混凝土强度不足。
(2) 确定影响质量特性的大原因(大枝)
① 影响混凝土强度的大原因主要是人、材料、工艺、设备和环境等五个方面。
② 进一步确定中、小原因(中、小、细枝)。围绕着大原因进行层层分析，确定影响混凝土强度的中、小原因。
③ 补充遗漏的因素。发扬技术民主，反复讨论，补充遗漏的因素。
④ 制定对策。针对影响质量的因素，有的放矢地制定对策，并落实到解决问题的人和时间，以对策计划表的形式加以表达，并限期改正。
具体的因果分析图和对策计划表分别如图9-5和表9-2所示。

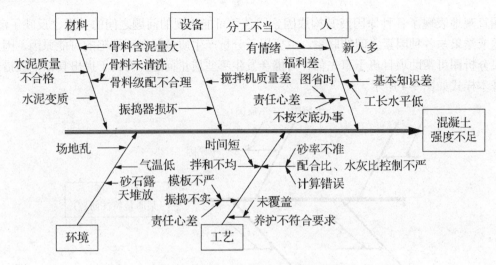

图 9-5　混凝土强度不足因果分析图

表 9-2　对策计划表

项目	序号	原　因	对　策	负责人	期限
人	1	基本知识差	对工人进行教育培训；做好技术交底工作；学习操作规程及质量标准		
	2	责任心不强，有情绪	加强组织工作，明确责任，建立工作岗位责任制；关心工人生活		
工艺	3	配合比不准	重新设计试配		
	4	水灰比控制不严	严格计量		
材料	5	水泥用量不足	严格水泥计量		
	6	骨料含泥量大	清洗过筛，用前检查		
设备	7	振捣器、搅拌机常坏	加强维修，增加设备		
环境	8	场地乱	清理现场		
	9	气温低	采取保温措施		

5. 实验设计

实验设计是一种统计分析技术，它有助于鉴定哪些因素对项目质量产生影响，并找出对项目质量影响最大的关键因素，为编制项目质量计划提供方便。这种技术常用于项目产品分析，也可用于项目管理，解决成本和进度计划平衡问题。例如，采用高级工程师一般比采用初级工程师单位成本高，但却可在较短的时间内完成任务。借助实验设计可计算出初级工程师和高级工程师的不同组合方案下项目的成本和工期，从而可从相关有限的几种情况中决定最佳方案。所以，这种方法最广泛的应用范畴是用于寻找解决项目质量问题的措施和方法，特别适用于开放性和独特性很高的首创性项目质量计划的编制，以及质量管理方案的优化分析。

四、项目质量计划的结果

(1) 项目质量管理计划。质量管理计划主要描述项目管理组应该如何实施它的质量方针。在 ISO 9000 中，项目质量管理体系被描述为包括对组织结构、责任、方法、步骤及资源等实施质量管理。质量管理计划提供了对整个项目进行质量控制、质量保证及质量改进的核心性和指导性文件。

(2) 项目质量技术文件。项目质量技术文件主要是描述保证和提高项目质量的技术支持内容，包括与项目质量有关的设计文件、工艺文件、研究实验文件等。质量技术文件应准确、完整、协调和一致。

(3) 项目质量管理工作说明。项目质量管理工作说明是对项目质量管理工作的具体描述以及对项目质量控制方法的具体说明。通常包括执行项目质量管理计划时使用的具体方法、工具、图表和程序等的规定和说明、如何检验项目质量的执行情况、如何确定项目质量控制规定等内容。它是项目质量管理计划的辅助性文件和支持性文件。

(4) 项目质量的衡量标准。项目质量的衡量是用来描述项目产出物和工作各方面的质量特征以及在质量控制过程中是如何对它们进行测量的文件。它可以是关于缺陷度、故障率、可用性、可靠性等的衡量标准。如项目团队在规定满足计划进度要求的基础上，必须指明每一个活动是必须按时开始，还是只需要按时完成；是要对单个活动进行测量，还是仅仅对某些可交付成果进行测量，若是后者，还需指明是哪些可交付成果。

(5) 质量检查表。质量检查表是用以核实项目质量计划的执行和控制是否得到实施的结构化工具。该表的具体内容因行业而异，其用途是检查和核对某些必需的步骤是否已经付诸实施。检查表通常由详细的条目组成，可以是简单的，也可以是复杂的。通常的描述包括命令和询问两种形式。国外许多组织都编制有标准的检查表，以便保证经常进行的活动使用一致的做法。在某些应用领域，项目检查表来自专业协会或商业服务组织。

(6) 其他管理的信息。项目质量计划的另外一个输出结果是给出了一系列可用于其他管理的信息，这主要是在制订项目质量计划的过程中，通过分析与识别所获得的有关项目及其他活动管理所需的信息，这些信息对项目集成管理和其他专项管理都是非常有用的。

第三节　项目质量保证

一、项目质量保证的概念

项目质量保证是在执行项目质量计划的过程中，经常性地对整个项目质量计划执行情况所进行的评估、核查和改进等方面的工作。这是一项确保项目质量计划能够得以执行和完成的工作，并使项目质量能够最终满足项目质量要求的系统性工作。从本质上讲，质量保证是对质量计划和质量控制过程的控制。

项目质量保证包括两个方面：一是向项目管理组织和执行机构的管理层提供的内部质量保证，二是向用户和有关人员提供的外部质量保证。内部质量保证是为了使项目领导班子"确信"所完成的项目能满足质量要求所开展的一系列活动，是一种管理手段。而外部质量保证是从外部向质量控制系统施压，使其更加有效地运行，并向对方提供信息，以便及时采取改进措施，将问题尽早解决，以避免更大的经济损失。

项目质量保证的主要工作如表 9-3 所示。

表 9-3　项目质量保证的主要工作

依　据	工具和方法	结　果
项目质量管理计划	项目质量计划的方法和技术	项目质量的改进措施
项目质量衡量标准	项目质量审计方法	项目变更的全面优化
项目过程改进计划	项目过程分析法	获得的各种文件和信息
项目质量度量结果	质量改进和提高的方法	
获准项目变更请求	项目配置管理	
项目质量工作说明		
项目质量核检清单		

二、项目质量保证的依据

(1) 项目质量管理计划。项目质量计划指的是有关项目质量保证的目标、任务和要求的说明文件，它是项目保证工作最根本的依据。

(2) 项目质量衡量标准。项目质量衡量标准提供了一套可操作的指标，是进行质量评估和核查的基础，也是项目质量保证的重要依据。

(3) 项目过程改进计划。项目质量改进活动具有复杂性和循环性，它要求根据事先制订的过程改进计划来逐步实施这些改进活动。因此，项目过程改进计划也是项目质量保证工作的重要依据。

(4) 项目质量度量结果。项目实际质量的度量结果是有关项目质量保证和控制工作情况和绩效的测试与度量结果，是一种给出实际质量情况和相应的事实分析与评价的报告。

(5) 获准项目变更请求。由于任何项目要素的变更都会影响项目质量保证工作，所以所有认可的项目变更请求是项目质量保证工作的依据。

(6) 项目质量工作说明。项目质量工作说明是指对项目质量管理具体工作的描述，以及对项目质量保证与控制方法的说明。

(7) 项目质量核检清单。项目质量核检清单是用于检查项目流程中各个工作及步骤的项目质量计划执行情况和质量控制的实际结果，也是项目质量计划编制过程中生成的项目质量保证工作的依据。

三、项目质量保证的工具和方法

(1) 项目质量计划的方法和技术。项目质量保证工作主要是一种运用事先控制的思想开展的项目质量管理工作，所以这一工作中最主要的工具和方法是项目质量的计划管理方法。在编制项目质量计划时就应预先提出针对出现质量问题的纠正措施，并单独形成质量保证大纲，乃至形成质量标准，从而避免因项目质量问题给业主或实施组织带来不必要的损失。

（2）项目质量审计方法。质量审计是按照审计程序对特定的质量管理活动进行的结构化的审核。质量审计的目标是找出可改进项目质量的问题，从而开展项目的改善与提高。项目质量审计可定期进行，也可随机抽查；可由项目组织的人员实施核查，也可由第三方或专业机构完成。

（3）项目过程分析法。项目过程分析是指针对项目、项目阶段或项目活动的过程，按照过程改进计划中列明的步骤和方法，从组织、管理和计划等角度识别出所需的改进，然后通过改进来保证项目质量的方法。过程分析的主要内容包括根源分析和行动方案分析。

（4）质量改进和提高的方法。质量改进和提高的方法包括：质量改进建议和质量改进行动两种方法。项目质量改进建议方法是通过要求和倡导项目团队成员提出项目质量改进建议，从而更好地保证项目质量的方法。项目质量改进和提高的行动方法多数是根据项目质量改进建议而确定的具体工作方法。

（5）项目配置管理。配置管理是一种变更控制技术，是对变更进行控制，特别是对变更的相关信息进行控制。它主要用于对项目中的变更进行正式的评审和审批。配置管理的基本假设是：构成项目的各个组件，同时也构成了定义项目的结构。这个结构只能通过正式的、系统化的方式来更改。如果实施得当的话，一个好的配置管理系统能够提供一个全面的变更控制和管理系统，同时，它还是变更提案所考虑的核心内容，也是客户和承包商进行响应和沟通的接口。采用有效的配置管理系统的主要优势在于；它不仅可以对变更进行管理，而且，在这个过程中，还能够控制每个变更对整体项目的影响。项目配置管理的过程如图 9-6 所示。

项目配置管理的
步骤

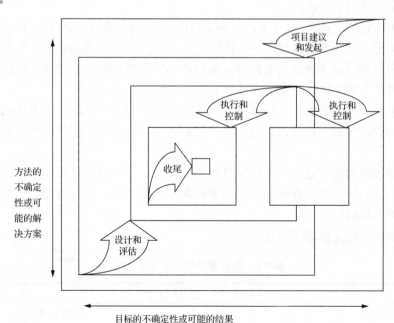

图 9-6　项目配置管理的过程

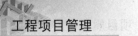

四、项目质量保证的结果

1. 项目质量的改进措施

质量改进包括采取行动提高项目的效率和效果，为项目利益相关方增加收益。

2. 项目变更的全面优化

通过项目质量保证工作，可以对项目变更的请求和变更方案进行全面的优化，由此提高项目质量和价值，使得整个项目的利益和每个相关利益主体的利益都得以扩大。

3. 获得的各种文件和信息

在项目质量保障工作中发现原有的项目质量标准、组织过程资产、项目集成计划、项目各个专项计划、项目实施方法等存在的问题和不足之处，据此进行项目文件和资料更新，为项目管理工作提供相应保障。

第四节　项目质量控制

一、项目质量控制的概念

项目质量控制是项目实施过程中，监督和管理项目质量的实际情况，判断它们是否符合相关的质量标准，进而制定措施消除导致项目质量不符合标准的因素。项目质量控制贯穿于项目质量管理的全过程。

项目成果既包括项目产品，如各阶段和最终阶段可交付成果(建设项目建成的具体工程，如电站、桥梁等，软件开发项目研制的软件等)，又包括项目过程的结果，如编制的项目计划、绘制的网络图以及各种合同文件等。项目产品的质量控制一般由质量控制职能部门负责，而项目过程的质量控制一般由项目班子负责。

项目质量控制活动包括：不断监控项目实施过程，识别和消除产生质量问题的原因，利用统计过程控制来减少可变性，增加这些过程的效率。质量控制能够保证组织的质量目标得以实现。

项目质量控制的内容包括：度量项目质量的实际情况，将项目质量的实际情况与质量标准进行比较，识别出项目存在的质量问题和偏差，分析项目质量问题产生的原因和采取纠偏措施消除质量问题。

项目质量控制的主要工作如表 9-4 所示。

表 9-4　项目质量控制的主要工作

依　据	工具和方法	结　果
项目质量管理计划	质量检验法	项目质量改进
项目质量工作说明	控制图法	验收决定
项目质量控制标准和要求	帕累托图法	返工

续表

依　据	工具和方法	结　果
项目工作质量核检清单	统计抽样法	质量检查表的完善
项目可交付成果	项目质量趋势分析法	过程调整
项目质量计划的实际执行情况	检查表法	认可的项目交付成果

二、项目质量控制的依据

1. 项目质量管理计划

项目质量管理计划包括整个项目质量管理工作的计划和安排。

2. 项目质量工作说明

项目质量工作说明是有关项目质量管理工作的细节文件，它规定了项目质量管理中所要开展的各项工作与活动的要求和规定。

3. 项目质量控制标准和要求

这是根据项目质量计划和项目质量工作说明，结合项目质量目标和计划指标，分析和设计而生成的项目质量控制的具体标准。

4. 项目工作质量核检清单

根据工作质量核检清单所开列的内容，严格核对项目实施者的工作内容和质量。

5. 项目可交付成果

项目可交付成果既包括过程结果，也包括项目成果。在实施质量控制之前一定要准备好有关计划或预期结果和实际结果的资料，保证项目产出物质量与计划安排的项目质量相符。

6. 项目质量计划的实际执行情况

项目质量计划的实际执行情况包括项目技术考核信息、项目可交付成果的度量信息、项目所需纠正措施的信息、项目绩效报告包含的信息等。这些信息可用于项目质量控制、项目质量审计、项目质量评估和项目质量过程分析等。

三、项目质量控制的工具和方法

1. 质量检验法

质量检验法是指通过测量、检验和测试等手段保证项目产出物与项目质量要求相一致的质量控制方法。质量检验法可在项目的任何层次上使用，也可在项目的各个方面上使用，其对象可以是一个单项活动的结果，也可以是整个项目的最终成果。具体检验方法有自检、互检和专检三种。

2. 控制图法

控制图法是通过描述各样本的质量特征所在的区域来进行质量控制的方法，其用途是判断项目质量是否处于控制之中。这种方法给出了控制界限、实际结果和实际过程，所以可以用来确认项目过程和结果是否处于受控状态。控制图中给出的上下控制界线是根据项目质量规定制定的项目控制的最大界限，上下限与项目质量目标或指标之间的空间是项目质量的容忍区间。

如图 9-7 所示，当项目质量特征在上控制界限和下控制界限范围内时，说明质量处于受控状态；如果落在上控制界限和下控制界限之外，则说明质量处于失控状态，应该采取纠偏措施，使它回到受控状态。

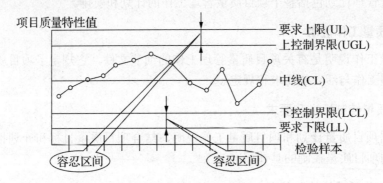

图 9-7　控制图法示意图

控制图一般有三条控制界限。

(1) 上控制界限，用 UCL(upper control limit)表示。

(2) 中心线，用 CL(central line)表示。

(3) 下控制界限，用 LCL(lower control limit)表示。

确定控制界限是制作控制图的关键。控制界限可根据数理统计原理计算得到。目前采用较多的是"三倍标准差法"，即用"3σ"方式确定控制界限。"3σ"方式，是以质量特性值(统计数据)的平均值作为中心线；以中心线为基准向上 3σ作为控制上限；以中心线为基准向下 3σ作为控制下限。若设质量特性值均值为μ，标准差为σ，则

$$\begin{cases} UCL=\mu+3\sigma \\ CL=\mu \\ LCL=\mu-3\sigma \end{cases} \quad\quad (9\text{-}1)$$

正态分布中，数据落在$\mu\pm3\sigma$之间的概率为 99.73%，落在$\mu\pm3\sigma$范围之外的概率仅为0.27%，属小概率事件。数据在$\mu\pm3\sigma$之间波动，这是一种正常波动，可判断项目实施过程处于正常状态；反之，则可判断实施过程出现了异常。

控制图用于项目质量控制的基本思路是：为了使项目实施过程处于正常状态，项目实施应实现标准化。只要操作者按标准作业，控制图上的点子越出控制界限或排列有缺陷的可能性就非常小。一旦点子超出控制界限或排列有缺陷，即认为维持正常作业的良好状态和标准作业条件被破坏的可能性极大。因此，就应对工序作仔细观察、调查研究，查清产生异常的原因，采取措施，消除异常因素，使工序回复和保持良好的状态，避免大量产生

不合格品，真正起到"预防为主"和"控制"的作用。

3. 帕累托图法

帕累托图是一种按发生频率排序的直方图，主要用于对问题的优先次序进行划分，是表明"关键的少数和次要的多数"的一种统计图。其原理是 20/80 规则，即：20%的因素造成了 80%的问题。因此，必须对有关质量问题的要素进行分类，从而找出关键的少数和次要的多数，并对这些要素分类排列管理，进而按排列顺序指导纠偏行动——项目团队采取行动时应当首先解决造成缺陷最多的那些问题。

图 9-8 是帕累托图的一个示例。图中的帕累托曲线，把影响质量的因素分为三类。

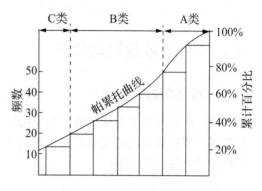

图 9-8　帕累托图法示意图

(1) A 类是关键的少数，是主要因素，其影响程度的累计百分数在 70%～80%范围内。

(2) B 类是一般因素，其影响程度的累计百分数在 20%～30%范围内。

(3) C 类为次要因素，其影响程度的累计百分数仅在 0～10%范围内。

B 类和 C 类构成了次要的多数。因此，帕累托图法又称为 ABC 分析图法，在对这些因素进行 ABC 分类管理时，应对 A 类实行严格的质量控制，对 C 类实行较为宽松的质量控制。

帕累托图的要点如下。

(1) 按不同的项目(因素)进行分类，分类项目要具体明确，尽量使各个影响质量的因素之间的数据有明显差别，以便突出主要因素。

(2) 数据要取足，代表性要强，以确保分析判断的可靠性。

(3) 适当合并一般因素。通常情况下，不太重要的因素可以列出很多项。为简化作图，常将这些因素合并为其他项，放在横坐标的末端。

(4) 对影响因素进行层层分析。在合理分层的基础上，分别确定各层的主要因素及其相互关系。分层绘制排列图可以步步深入，最终确定影响质量的根本原因。

4. 统计抽样法

统计抽样法就是选择一定数量的样本进行检验，从而推断总体的质量情况，并以此获得质量信息和开展质量控制。统计抽样包括：简单随机抽样、系统抽样、分层抽样和整群抽样等。这种方法适用于大批量生产的质量控制，可大大降低质量控制成本。

5. 项目质量趋势分析法

项目质量趋势分析是在散点图中确定拟合数据最优方程的统计方法。通过量化数据之间的关系确定方程，以及测度数据和方程之间的拟合度。趋势分析最主要的作用是预测，常用于监控质量的实际情况并预测质量的未来情况。趋势分析经常用于监控项目质量的以下两个指标。

(1) 技术绩效。已鉴定出了多少错误或缺陷，还剩多少没有得到纠正。

(2) 成本进度绩效。每个时期有多少活动在完成时出现了显著偏差。

6. 检查表法

检查表法就是使用一份开列有用于检查项目各个流程、各项活动和各个活动步骤中所需核对和检查科目与任务的清单，并对照清单，按照规定的核检时间和频率去检查项目的实施情况，最终给出相关核查结果和相应的应对措施。

四、项目质量控制的结果

1. 项目质量改进

项目质量改进是指通过项目质量的管理和控制所带来的项目质量提高，从而提高项目的效率。项目质量改进是项目质量控制和项目质量保障工作共同作用的结果，是项目质量控制最重要的一项成果。

2. 验收决定

接受项目质量的决定包括两种情况：一种情况是项目控制人员根据项目质量标准对已完成的项目工作结果进行检验后对该项目结果的接受和认可的决定；另一种情况是项目干系人根据项目总体质量标准对完成的整个项目结果进行检验后对项目作出的接受和认可的决定。如果接受项目质量的决定，表示该项目的一个阶段已完成，或该项目已经完成；如果不接受项目质量的决定，就应要求返工。

3. 返工

返工是指在项目质量控制中发现某项工作存在质量问题且其工作结果无法接受时，通过采取行动将有缺陷的或不符合要求的项目工作变成符合要求或规范的工作。在项目质量管理中返工是最严重的质量问题，项目团队和组织应尽力避免返工。

4. 质量检查表的完善

完善后的质量检查表是项目质量控制工作的一种结果。当使用检查表开展项目质量控制时，已完成核检的工作清单也是项目质量控制报告的一部分。其结果通常可以作为历史信息使用，以便下一步能够对项目的质量控制作出必要的调整和改进。

5. 过程调整

过程调整是指根据质量控制测量的结果立即采取的纠正和预防措施。在有些情况下，过程调整一般需要按照集成变更控制的程序处理。

6. 认可的项目交付成果

项目质量控制的直接结果就是获得一个在质量方面被各相关利益主体认可的项目交付物。另外，各种更新后的项目计划文件也属于这一范畴，具体包括：更新后的项目集成计划、项目专项计划和项目质量管理计划及其变更结果。

第五节　项目健康、安全与环境管理

一、项目 HSE 管理体系的概念

健康、安全与环境管理体系(Health，Safety and Eenvironment Management System，HSE)，是国际上一种为减轻和消除工业生产中可能发生的健康、安全与环境方面的事故风险，保护人身安全和生态环境而制定的一套系统的管理方法。其中，健康的实质是职业卫生；环境，一方面是指项目或生产进程中的劳动环境，另一方面是指生产对人类生存环境的作用。

HSE 管理体系的目的是通过一系列的管理程序和规范化，将健康、安全和环境事故控制在政府和社会公众可以接受的水平之内。

二、项目 HSE 管理体系的构成

(1) 领导和承诺。企业高层管理者和项目经理应直接抓 HSE 管理工作，在 HSE 管理方面提出明确的承诺，并将其作为企业文化的一部分，成为项目团队的共同理念。

(2) 方针和战略目标。方针和战略目标是指企业对其在 HSE 管理方面的意向和原则声明，它指明了公司在健康、安全与环境方面的努力方向，提供了规范行为的准则。它包括遵守有关的法律、法规，以及其他内、外部要求；树立对健康、安全与环境管理体系进行持续改进的指导思想；遵循预防为主、防控结合、重在提高的原则；切实把项目安全问题当作头等大事来抓等。

(3) 组织结构、资源和文件，包括组织机构和职责、资源、能力、承包方、信息交流、文件及控制等。

(4) 评价和风险管理。对项目可能产生的危害和影响建立判别准则，并进行评价，建立说明危害和影响的文件，确定项目安全的具体目标和行为准则，制定风险削减措施等。

(5) 规划。规划是指通过设施的完善，责任的明确，工作程序、应急反应计划的制订、评价及不断完善等活动，达到既定目标，实现项目承诺。它包括总则、设施的完整性、程序和工作指南、变更管理、应急反应计划等。

(6) 实施和监测，包括活动和任务、监测、记录及纠正措施、事故报告、事故调查处理等。

(7) 审核和评审。审核是对 HSE 管理体系是否按照预定要求运行的检查和评价活动，对公司是否符合 HSE 管理体系的要求进行验证；评审是指公司的最高管理者对 HSE 管理体系进行全面评价，目的是确定 HSE 管理体系的适宜性、充分性和有效性，实现持续改进。

三、项目 HSE 管理的原则和内容

(1) 管项目同时管安全。安全管理是项目管理的重要组成部分，安全与项目实施两者存在着密切的联系，存在着进行共同管理的基础。管项目同时管安全是各级有关人员的安

全管理责任。

(2) 坚持安全管理的目的性。安全管理的内容是对项目中人、物、环境因素状态的管理，有效地控制人的不安全行为和物的不安全状态，消除和避免事故，达到保护劳动者的安全和健康的目的。安全管理必须明确其目的，无明确目的的安全管理是一种盲目行为。

(3) 贯彻预防为主的方针。安全管理的方针是"安全第一，预防为主"。安全管理不仅是处理事故，更重要的是在项目活动中，针对项目的特点，对生产要素采取管理措施，有效地控制不安全因素的发展和扩大，将可能发生的事故消灭在萌芽状态。

(4) 安全管理重在控制。安全管理的目的是预防、消灭事故，防止或消除事故危害，保护人员的安全与健康。安全管理有多项内容，但对生产因素状态的控制，与安全管理目的直接相关。所以，对项目中人的不安全行为和物的不安全状态的控制，是安全管理的重点。

(5) 坚持"四全"动态管理。安全管理与项目的所有人员有关，涉及项目活动的方方面面，涉及项目的全部过程及一切生产要素。因此，应坚持全员、全过程、全方位、全天候的"四全"动态管理。

(6) 实施综合性管理。HSE 管理既包括目标性管理，又包括生产要素管理，还有组织协调、现场文明管理和环境保护管理等。所以，HSE 管理是综合性管理，应运用系统的观点，按目标管理的方法，认真执行有关标准，全面地进行管理，达到整体优化。

项目健康、安全和环境管理的主要工作如表 9-5 所示。

表 9-5 项目健康、安全和环境管理的主要工作

依　据	工具和方法	结　果
安全计划	安全系统工程	项目 HSE 管理体系文件
安全控制体系	安全心理学	HSE 教育与训练
作业标准化	检查和考核方法	HSE 技术措施
安全管理的相关法律、法规和制度	标准化管理方法	HSE 检查与考核
		现场管理措施
		环境保护目标责任制

四、项目 HSE 管理的依据

(1) 安全计划。针对项目的特点、项目实施方案及程序，依据安全法规和标准等进行安全策划，规划安全作业目标，确定安全技术措施，最终所形成的文件称为安全计划。安全计划应在项目开始实施之前制订，在项目实施过程中不断加以调整和完善。安全计划是进行安全控制和管理的指南，是考核安全控制和管理工作的依据。

项目安全计划的
主要内容

(2) 安全控制体系。在项目实施过程中，通过采用计划、组织、技术、控制等手段，依据并适应项目进行中人、物、环境等因素的运动规律，使其既能充分发挥自身作用，又有利于控制安全事故不致发生的行为过程称为安全控制。

安全控制的目的是保证项目实施中能避免危险、避免事故、避免造成人身伤亡和财产

损失。安全是为质量服务的，质量应以安全为保证。

建立安全控制组织机构，形成安全组织系统；明确各部门、人员的职责，形成安全控制责任系统；配备必要的资源，形成安全控制要素系统，最终形成具有安全控制和管理功能的有机整体。

(3) 作业标准化。作业标准应明确规定操作程序、步骤，并尽量使操作简单化、专业化；作业标准必须符合生产和作业环境的实际情况，不能将作业标准通用化；作业标准还应考虑到人的身体运动特点和规律，作业场地布置、使用工具设备、操作幅度等，应符合人机学的要求。

(4) 安全管理的相关法律、法规和制度。项目实施人员应熟悉相关的法律法规，并在项目实施过程中严格执行；同时，应针对项目的特点，制定自己的安全管理制度，并以此为依据，对项目实施过程进行经常性的、制度化和规范化的管理。

五、项目 HSE 管理的工具和方法

(1) 安全系统工程。安全是项目目标之一，但该目标并不是孤立存在的，它与其他目标之间存在着相互统一又相互矛盾的关系。项目实施的各个环节、各个要素都有可能产生不安全因素，所以，安全管理和控制是一个系统工程。安全系统工程就是采用系统的理论、观点和方法对安全进行管理和控制。这是安全管理和控制中的一种重要方法。

(2) 安全心理学。不安全行为是人表现出来的，是与人的心理特征相违背的、非理智的行为。人的自身因素是人的行为内因，环境因素是人的行为外因。非理智行为是引发安全事故的重要因素。非理智行为的产生是由于侥幸、逆反、凑巧等心理所支配的。安全心理学就是运用心理学原理研究人的心理特征及其受环境因素影响变化的规律，以达到控制人的非理智行为的目的。

(3) 检查和考核方法。检查和考核方法是通过下述过程实现的：在现场管理过程中，不断检查管理的实际情况；将实际情况与计划或标准相对比，以找出差距；根据对比的结果对现场管理状况进行评价和考核并改进管理工作。

(4) 标准化管理方法。标准化管理就是按标准和制度进行现场管理，使管理程序标准化、管理方法标准化、管理效果标准化、场容场貌标准化、考核方法标准化等。为了实现标准化管理，首先应制定各种标准，然后按标准执行，最后根据标准对执行的结果进行考核和评价。

六、项目 HSE 管理的结果

1. 项目 HSE 管理体系文件

项目 HSE 管理体系包括以下三个层次的文件。

(1) 政策性文件(HSE 管理手册)。它规定了企业为实现健康、安全与环境管理总目的而确定的具体政策、方针等。

(2) 程序文件。它规定了项目中有关健康、安全与环境管理工作的内容及相关程序，在程序文件中具体规定了由谁负责管理、管什么、如何管、书面记录什么内容等。

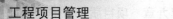

(3) 作业文件。作业文件是基层从事实际作业的健康、安全与环境指导书，用于指导项目各岗位人员所从事的作业，对每一项作业的程序、各环节人员的配合等均要具体说明。

2. HSE 教育与训练

对全体员工进行 HSE 培训教育，制定 HSE 管理目标，作业前进行隐患分析评估，制订切实可行的措施计划，作业过程中严格监督与检查，定期考核等，精心"编织"起一张"安全网"。提高安全生产素质，有效地防止人的不安全行为，减少人的失误。进行安全教育、训练要适时、宜人，内容合理、方式多样，形成制度。组织安全教育、训练应做到严肃、严格、严密、严谨，讲求实效。

3. HSE 技术措施

针对项目实施中已知的或已出现的危险因素，采取的一切消除或控制的技术性措施，统称为技术性措施。针对项目的不安全状态的形成与发展，采取安全技术措施，将物的不安全状态消除在生产活动进行之前，或引发事故之前，这是安全管理的重要任务之一。安全技术措施是改善生产工艺，改进生产设备，控制生产因素不安全状态，预防与消除危险因素对人产生伤害的有效手段。安全技术措施包括为使项目安全实现的一切技术方法与措施，以及避免损失扩大的技术手段。安全技术措施应针对具体的危险因素或不安全状态，以控制危险因素的生成与发展为重点，以控制效果的好坏作为评价安全技术措施的唯一标准。

4. HSE 检查与考核

安全检查与考核的目的是及时发现、处理、消除不安全因素，检查执行安全法规的状况等，从而进行安全改进，清除隐患，提高安全控制水平。

安全检查的形式有定期安全检查、突击性安全检查和特殊检查。定期安全检查是指列入安全管理活动计划，有较一致时间间隔的安全检查；突击性安全检查是指无固定检查周期，对特别部门、特殊设备等进行的安全检查；特殊检查是指对预料中可能会带来新的危险因素的新安装设备、新采用的工艺、新完成的项目，以发现危险因素为专题的安全检查。

安全检查的内容主要是查思想、查管理、查制度、查现场、查隐患、查事故处理。

5. 现场管理措施

现场管理是指对从事项目活动的场地进行科学安排，合理使用，并与各种环境保持协调关系。现场管理措施主要是开展"5S"(整理、整顿、清扫、清洁和素养)活动。现场管理的目标是规范场容、文明作业、安全有序、整洁卫生、不损害公众利益。项目现场管理直接关系到各项专业活动的技术经济效果。而且，项目现场管理的好坏，涉及人流、物流和财流是否畅通，涉及项目活动是否顺利进行。

6. 环境保护目标责任制

环境保护目标责任制是指将环境保护指标以责任书的形式层层分解到有关部门和人员，并列入岗位责任制，形成环境保护自我监控体系。项目经理是环境保护的第一责任人，是项目环境保护自我监控体系的领导者和责任者。

本 章 小 结

本章包括以下主要内容。

(1) 项目质量管理和安全管理的定义和内容。项目质量表现在两个方面：一是项目过程质量，二是项目成果质量。因此，项目质量具有双重性和过程特性，项目质量管理强调全面质量管理的理念。项目安全管理，就是在项目实施过程中，组织安全生产的全部管理活动，其中心问题是保护项目实施过程中人的安全与健康。

(2) 项目质量计划的定义、依据和方法。项目质量计划不同于日常运营中的产品或服务质量计划，随着项目的进展，采用成本/收益分析法、质量标杆法、流程图法、因果分析图、实验设计等方法，持续修订、逐步明确和完善。

(3) 项目质量保证的定义、依据和方法。项目质量保证是在执行项目质量计划的过程中，经常性地对整个项目质量计划执行情况所进行的评估、核查和改进等方面的工作，具体包括内部质量保证和外部质量保证。

(4) 项目质量控制的定义、依据和方法。项目质量控制是项目质量实际与项目质量标准的比较，项目质量误差与问题的确认，项目质量问题的原因分析和采取纠偏措施以消除项目质量差距与问题等一系列活动。有效的项目质量控制应该采取质量检验法、控制图法、帕累托图法、统计抽样法、项目质量趋势分析法和检查表法等。

(5) 项目健康、安全与环境管理的定义、内容和方法。项目健康、安全与环境管理的目的是通过一系列的管理程序和规范化，将健康、安全和环境事故控制在政府和社会公众可以接受的水平，强调安全与项目并存、讲究安全管理的目的性、预防为主、重在控制。

思 考 题

1. 项目质量的概念和特点是什么？

2. 项目质量管理的理念有哪些？

3. 项目安全管理的定义和中心问题是什么？

4. 项目质量和安全管理的主要内容是什么？

5. 简述项目质量计划的工具和方法。

6. 项目质量管理中的流程图法对项目质量、成本与时间的集成管理有什么作用？

7. 简述因果分析图的绘制步骤。

8. 项目质量管理计划的结果是什么？

9. 项目质量保证的概念和内容是什么？

10. 项目质量控制的方法有哪些？

11. 从统计学的角度说明项目质量控制图的主要作用。

12. 你认为质量保证与项目质量控制有没有区别？如果有，主要区别在哪里？

13. 项目的健康、安全与环境管理体系是如何构成的？其主要作用是什么？

14. 项目健康、安全与环境管理的原则是什么？

15. 项目健康、安全与环境管理的依据是什么？

16. 你认为应从哪些方面做好安全计划的实施工作？

第十章　项目资源管理

【学习要点及目标】

● 理解项目资源管理的定义和特点。
● 掌握项目资源规划与活动资源估算的定义、依据和工具。
● 认知项目资源获取与控制的定义、依据和方法。
● 熟悉项目团队建设的定义、依据和团队绩效评价。
● 了解项目团队管理的概念、依据和方法。

【核心概念】

项目资源管理　　项目资源规划　　活动资源估算　　资源获取与控制　　项目团队绩效

第一节　项目资源管理概述

一、项目资源管理的概念

项目资源管理(project resource management)包括识别、获取和管理所需资源以成功完成项目的各个过程，是对项目的资源所开展的规划、开发、合理配置、准确评估、适当激励、团队建设、资源能力提高等方面的管理工作。这种管理的根本目的是充分发挥项目组织各方面的主观能动性，以实现既定的项目目标，提高项目的综合效益。

项目资源管理包括团队资源管理和实物资源管理。实物资源包括设备、材料、设施和基础设施，而团队资源或人员指的是人力资源；团队资源管理相对于实物资源管理，对项目经理提出了不同的技能和能力要求。项目团队成员可能具备不同的技能，可能是全职或兼职的，可能随项目进展而增加或减少。

二、项目资源管理的内容

项目资源管理的内容(知识体系)如图 10-1 所示。项目资源管理的核心工作过程如图 10-2 所示。

(1) 项目资源规划与活动资源估算：是指估算、获取、管理和利用实物以及团队项目资源，并估算执行项目所需的团队资源，以及材料、设备和用品的类型和数量的过程。

(2) 项目资源获取与控制：是指获取项目所需的团队成员、设施、设备、材料、用品和其他资源的过程，并确保按计划为项目分配实物资源，以及根据资源使用计划监督资源实际使用情况，并采取必要纠正措施的过程。

图 10-1　项目资源管理的内容

图 10-2　项目资源管理的核心工作过程

（3）项目团队建设：提高工作能力，促进团队成员互动，改善团队整体氛围，并建立一套科学、合理、可行的工作业绩考核体系，激励团队提高绩效。

（4）项目团队管理：是指跟踪团队成员的绩效，提供反馈信息，解决当前项目团队存在的问题，以优化项目绩效的过程。

此外，项目经理是项目管理的关键角色，也是项目人力资源管理的主要责任者，其角色与职责的定位、素质与能力的要求以及管理的行为方式都将影响到项目的成败。

三、项目资源管理的特点

（1）团队性。项目工作是以一种团队合作的形式完成的，项目团队的工作是全体成员为实现项目目标而同心协力、协调一致，共同努力完成的。项目工作的绩效很大程度上取决于项目团队所具有的团队精神和团队合作的工作与管理模式。

（2）临时性。项目工作是一次性的，所以项目团队在项目完成以后就会解散，因此项目团队具有临时性。一般项目完成后项目团队即告解散，项目团队成员会重新回到原来的工作岗位或者组成新的项目团队去从事新的项目。

（3）阶段性。项目所处的进展阶段不同，其需要的资源在数量和能力方面也有所不同。因此，项目资源构成要随着项目进展阶段的不同而进行相应的调整。

（4）复杂性。项目资源的种类多、供应量大，供应过程必须有合理的供应方案、采购方案和运输方案，并对全过程进行监督和控制。而且，由于工程项目生产过程的不均衡性，使得资源的需求和供应不均衡，资源的品种和使用量在实施过程中大幅度地起伏，从而造成项目资源管理的极其复杂。

第二节　项目资源规划与活动资源估算

一、项目资源规划与活动资源估算的概念

项目资源规划与活动资源估算是指估算、获取、管理和利用团队以及实物资源，并根据项目活动界定和排序所获得的信息，为满足项目活动工期估算、项目成本估算和项目进度计划安排等方面工作的需要，而对每项项目活动所需资源作出的估计和预测。即确定项目所需投入资源的种类(如人力、设备、材料、资金等)，估计资源的数量和资源投入的时间。

项目资源规划与活动资源估算的主要工作如表 10-1 所示。

表 10-1　项目资源规划与活动资源估算的主要工作

依　据	工具和方法		结　果
	工　具	方　法	
工作分解结构	责任分配矩阵	专家判断法	资源管理计划
项目活动清单及其细节	资源数据表	标准定额法	团队章程
历史资料	资源甘特图	工料清单法	项目文件更新

续表

依　据	工具和方法		结　果
	工　具	方　法	
项目资源库信息 项目进度计划 项目组织的管理政策和原则	资源柱状图	统计资料法	

二、项目资源规划与活动资源估算的依据

(1) 工作分解结构(WBS)。通过 WBS 的工作单元级,将得到项目最基本的资源需求说明。

(2) 项目活动清单及其细节。项目活动清单是项目团队在项目实施过程中要完成的全部工作,而项目活动清单的细节是对项目活动清单的说明。两者是开展项目资源估算的主要依据。

(3) 历史资料。过去完成的项目中相似工作的资源使用情况对项目团队确定资源需求具有重要的参考价值。

(4) 项目资源库信息。项目活动资源估算还必须考虑各种项目活动所需资源供给的可行情况。项目资源库就是项目组所拥有的可供使用的资源的描述集合,是一个关于本项目资源的数据库。资源计划编制应得到的资源都应在资源库中予以说明。

(5) 项目进度计划。项目进度计划是控制项目进程最主要的纲领性文件,也是其他项目计划的基础和指导性文件。资源计划编制必然要依赖项目进度计划的制订,以便项目组能够适时地、有计划地安排合适的资源。项目进度计划是制订资源计划的基础。

(6) 项目组织的管理政策和原则。在进行项目活动资源估算时,必须考虑项目组织的资源管理政策、企业文化、组织结构、人员聘用、设备采购、定额标准以及资源消耗量的计算。

三、项目资源规划与活动资源估算的工具

1. 责任分配矩阵

用来确定项目组成员的责任,即"谁做什么"的问题。该矩阵一般在左侧列出项目的任务,右侧列出任务的责任人。

1) 责任分配矩阵的基本概念

责任分配矩阵是一种将所分解的工作任务落实到项目有关部门或个人,并明确表示出他们在组织工作中的关系、责任和地位的一种方法和工具。责任分配矩阵是一种矩阵图。一般情况下,它以组织单元为行,工作单元为列;矩阵中的符号表示项目工作人员在每个工作单元中的参与角色或责任。

2) 工作任务参与类型的表示符号

用来表示工作任务参与类型的符号有多种形式,如数字式、字母式或几何图形式。这里建议采用字母来代表工作参与角色或责任,这样便于加强彼此的联络。项目管理中通常

有 8 种角色和责任，分别如下：X 为执行工作；D 为单独或决定性决策；d 为部分或参与决策；P 为控制进度；T 为需要培训工作；C 为必须咨询的；I 为必须通报的；A 为可以建议的。

3） 责任分配矩阵的特点和适用对象

用责任分配矩阵来确定项目参与方的责任与利益关系，目前应用已非常广泛。由于责任是由线条、符号和简洁的文字组成的图表，它不但易于制作和解读，而且能够较清楚地反映出项目各工作部门或个人之间的工作责任和相互关系。责任分配矩阵可以使用在 WBS 的任何层次，如战略层次的里程碑责任矩阵、项目分级的程序责任矩阵以及战术级的日常活动责任矩降。表 10-2 为一个以符号表示的责任分配矩阵的实例，表 10-3 为一个以字母表示的责任分配矩阵的实例。

表 10-2 以符号表示的责任分配矩阵

WBS	组织责任者	项目经理	项目工程组	程 序 员
确定要求		○	▲	
设计		○	▲	
开发	修改外购软件包	□	○	▲
开发	修改内部程序	□	○	▲
开发	修改手工操作流程	□	○	▲
测试	测试外购软件包	□	○	▲
测试	测试内部程序	□	●	▲
测试	测试手工操作流程		●	▲
安装完成	完成安装新软件包	●	▲	
安装完成	培训人员		▲	

注： ○负责　▲审批　●辅助　□通知　△承包

表 10-3 以字母表示的责任分配矩阵

活动/任务名称	职能部门领导	管理者	团队领导	项目经理	项目支持办	地产管理者	网络管理者	信息技术	作业者	全体人员
提出项目构想	D	D	DX	PX	A	A	A	A	A	A
召开项目定义会议	DX		X	PX	X					
确定收益	D	DX		PX	X					
草拟项目定义报告	D	DX		PX	X	I	I	I	I	I
召开项目启动会议	X	X		PX	X	X	X	X		
完成里程碑计划	D	D	D	PX	X	C	C	C	A	C
完成责任图	D	D	D	PX	X	C	C	C	A	A
准备时间估算			A	P	X	A	A	A	A	
准备费用估算			A	P	X	A	A	A	A	A
准备收益估算	A	A	A	P						
评价项目活力	D	D	D	PX						
评价项目风险	D	D	DX	PX	X	C	C	C	C	C
完成项目定义报告	D	D	DX	PX	X	C	C	C	C	C
项目队伍动员	D	D	DX	PX	X	X	X	TX		I

2. 资源数据表

资源数据表主要表现整个项目资源的项目进度阶段的资源使用和安排情况，用以说明各种资源在项目周期内各时间段上数量的需求情况。资源矩阵如表 10-4 所示，资源数据表如表 10-5 所示。

表 10-4　资源矩阵

任　务	方法学家	课程专家	评估员	科学专家	数学专家	印刷设备	计算机主机
设计预备课程	d	P		d	d		
评论设计	d	d	P				
开发科学课程		d		P			
开发数学课程		d			P		
测试综合课程	d	d	P				
印刷与分析		d				P	d

表 10-5　资源数据表　　　　　　　　单位：人

时间 / 资源	1	2	3	4	5	6	7	8	9	10	11	12	13
方法科学	1.5	1.5	1.5			1	1	1	1	1	1	2	2
课程学家	1	1	1	1	1	1	1	1	1	1	1	1	1
评估员												2	2
科学家						0.7	0.7	0.7	0.7	0.7	0.7		
数学家						0.7	0.7	0.7	0.7	0.7	0.7		
印刷设备													
计算机设备													

时间 / 资源	14	15	16	17	18	19	20	21	22	23	24	25	26
方法科学	1.5	1.5	1.5			1	1	1	1	1	1	2	2
课程学家	1	1	1	1	1	1	1	1	1	1	1	1	1
评估员												2	2
科学家						0.7	0.7	0.7	0.7	0.7	0.7		
数学家						0.7	0.7	0.7	0.7	0.7	0.7		
印刷设备												0.3	0.3	0.3
计算机设备							0.1	0.1	0.1				

3. 资源甘特图

资源甘特图借助甘特图的原理，直观反映各种资源在项目周期内各个阶段用于完成哪些工作的情况。资源甘特图如图 10-3 所示。

序号	任务	月份	1	2	3	4	5	6	7	8	9	10	11	12	13	14	15	16	17	18	19	20
100	扩建																					
110	设计																					
111	工艺设计	5	■	■	■	■	■															
112	土建设计	3	■	■	■																	
113	设备设计	4	■	■	■	■																
120	工程建设																					
121	总承包商确定	1						■														
122	物资采购	2							■	■												
123	土建及设备安装	3									■	■	■									
130	生产准备																					
131	人员培训	3							■	■	■											
132	原材料准备	2													■	■						
133	技术准备	3							■	■	■											
134	中交及试车投运	2															■	■				
140	竣工验收																					
141	生产考核	2																	■	■		
142	设备考核	2																	■	■		
143	HSE考核	4																	■	■	■	■
150	项目管理																					

图 10-3　资源甘特图

4. 资源柱状图

资源柱状图也称资源负荷图。资源负荷是指在项目周期内的各个阶段所需资源的数量。资源负荷图就是利用垂直柱状图显示项目各个时间所需资源的数量。图 10-4 所示为项目人力资源负荷图的一个示例。

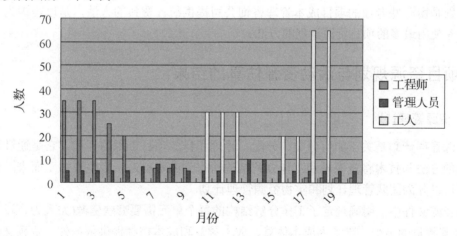

图 10-4　项目人力资源负荷图

四、项目资源规划与活动资源估算的方法

（1）专家判断法。专家判断法即指由项目成本管理专家根据经验进行判断，最终确定并编制出项目资源计划的方法。专家可以从具有专业知识或经过特殊培训的组织或个人中选择，其来源可能是：专家技术协会、咨询顾问公司、本行业的专家和教授、本项目组的

专业技术人员。该方法的优点是不需要历史信息资料,适合于创新性强的项目;缺点是由于专家的专业水平和对项目理解程度存在差异,使编制出的项目资源计划某些部分不甚合理。

(2) 标准定额法。这种方法中使用的统一定额是企业或行业按照自己多年积累和不断修订的各种统一定额(包括人工定额、材料定额、费用定额等)去计划、安排项目的资源计划,而这种企业或行业的统一定额实际上是企业或行业劳动生产率的实际测定水平,所以这种套用企业或行业统一定额进行项目资源计划的方法还是比较科学的。

(3) 工料清单法。这种方法首先要给出项目的工程量清单(即项目活动的规模和内容),然后再使用项目的工程量清单进行项目资源的计划安排。这种方法的优点是使用项目工程量清单作为项目工料测量的主要依据,使用工程测量和科学计算作为主要方法,由此给出的项目资源需求和计划的精确度相对较高。这种方法的缺点是相对比较烦琐且需要大量的科学计算,同时还要求有详细的项目工程量清单信息。英国等国家的工程项目规定必须使用这种项目资源计划方法编制工程项目的工料清单,我国根据英国的这种方法编写了自己的《建设工程工程量清单计价规范》(GB 50500)。这种方法的估算精度较高,其精确度可以达到±10%左右甚至可高达±5%左右;缺点是要求有详细的项目工程量清单信息,需要大量的时间和经费支持。

(4) 统计资料法。这种方法包括两类:①使用企业自己的历史项目统计资料进行项目资源计划的方法;②使用市场上存在的商业数据库的统计资料进行项目资源计划的方法。

两种方法都必须给出具有统计意义的各种资源消耗或占用量的平均水平和先进水平,同时还应该给出各种项目活动资源消耗和占用的平均水平、最高水平等数据,从而人们可以使用它们去编制项目资源计划。实际上第一种方法也是制定企业统一定额的方法,而第二种多数是由一些专业的项目成本管理咨询公司提供统计资料的方法,是以美国为主的市场型国家使用最多的项目资源计划的方法。

五、项目资源规划与活动资源估算的结果

1. 资源管理计划

资源管理计划是关于如何分类、分配、管理和释放项目资源的计划。它是通过资源计划编制的方法与技术将资源库和工作分解结构所得到的资料进一步整理加工而来。资源管理计划可以分为团队管理计划和实物资源管理计划。

在资源文件中,明确规定了工作分解结构的每个单元需要哪些资源(如人力、设备、材料等)及其数量的多少。除了为成本估算、成本预算和成本控制提供依据外,资源文件还可以为项目人力资源管理和项目采购管理提供重要的参考信息等。

资源计划输出包括以下内容。

(1) 资源种类、质量和用量的确定。

(2) 确定各种资源的使用限制。

(3) 确定各种资源的单价。

(4) 在工期计划的基础上,确定资源使用计划。

(5) 确定项目的后勤保障体系。

(6) 确定各个资源的供应方案、供应过程和相应的计划。

2. 团队章程

团队章程是为团队创建团队价值观、团队共识和工作指南的文件，具体包括：团队价值观、沟通指南、决策标准和过程、冲突处理过程、会议指南和团队共识。

3. 项目文件更新

项目文件更新包括：假设日志，是关于实物资源的可用性、物流要求和位置信息以及团队资源的可用性；风险登记册，是关于团队和实物资源可用性的风险，以及其他已知资源的相关风险；以及经验教训登记册。

第三节 项目资源获取与控制

一、项目资源获取与控制的概念

项目资源获取与控制是指获取项目所需的团队成员、设施、设备、材料、用品和其他资源，并确保按计划为项目分配实物资源，以及根据资源使用计划监督资源实际使用情况并采取必要纠正措施的过程，并将其分配给相应的活动，确保所分配的资源适时、适地用于项目。项目所需资源可能来自项目执行组织的内部或外部。内部资源由职能经理或资源经理负责获取(分配)，外部资源则是通过采购过程获得。

项目资源获取与控制的主要工作如表 10-6 所示。

表 10-6 项目资源获取与控制的主要工作

依 据	工具和方法	结 果
项目管理计划	人际关系与团队技能	物质资源分配单
项目文件	数据分析	项目团队派工单
事业环境因素	问题解决	资源日历
组织过程资产	项目管理信息系统	项目管理计划更新
工作绩效数据		项目文件更新

二、项目资源获取与控制的依据

(1) 项目管理计划。项目管理计划包括资源管理计划、采购管理计划和成本基准，主要涉及如何获取项目资源、如何将采购与其他项目工作整合起来等。

(2) 项目文件。项目文件包括项目进度计划、资源日历、资源需求和相关方登记册。

(3) 事业环境因素。事业环境因素是指能够影响获取资源过程的事业环境因素，包括现有组织资源信息、市场条件、组织结构和地理位置。

(4) 组织过程资产。组织过程资产是指能够影响获取资源过程的组织过程资产，包括

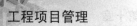

有关项目资源的采购、配置和分配的政策和程序，历史信息和经验教训知识库。

(5) 工作绩效数据。工作绩效数据包含项目状态的数据，如已使用的资源的数量和类型。

三、项目资源获取与控制的工具和方法

(1) 人际关系与团队技能。主要是在资源分配谈判中，项目管理团队影响他人的能力。例如，说服职能经理，让他/她看到项目具有良好的前景，会影响他/她把最佳资源分配给这个项目而不是竞争项目；掌握与供应商的谈判技巧等。

(2) 数据分析。数据分析主要包括备选方案分析、成本效益分析、绩效审查和趋势分析。进行数据分析有助于选择最佳解决方案以纠正资源使用偏差，在项目成本出现差异时确定最佳的纠正措施，并测量、比较和分析计划的资源使用和实际资源使用的不同，指出可能影响资源使用的问题。同时，检查项目绩效随时间的变化情况，以确定绩效是在改善还是在恶化。

(3) 问题解决。解决问题的步骤包括识别和定义问题、调查、分析、解决和检查解决方案。

(4) 项目管理信息系统。项目管理信息系统可包括资源管理或进度计划软件，可用于监督资源的使用情况，帮助确保合适的资源适时适地用于合适的工序。

四、项目资源获取与控制的结果

(1) 物质资源分配单。物质资源分配单主要是记录项目使用的材料、设备、用品、地点和其他实物资源。

(2) 项目团队派工单。项目团队派工单主要是记录团队成员及其角色和职责，可包括项目团队名录。

(3) 资源日历。识别了每种具体资源可用时的工作日、班次、正常营业的上下班时间、周末和公共假期。它规定了在项目期间确定的团队和实物资源何时可用、可用多久。

(4) 项目管理计划更新。项目管理计划的任何变更都以变更请求的形式提出，且通过组织的变更控制过程进行处理，具体包括资源管理计划和成本基准。

(5) 项目文件更新。更新的文件主要包括经验教训登记册、项目进度计划、资源分解结构、资源需求、风险登记册和相关方登记册。

第四节　项目团队建设

一、项目团队建设的概念

项目团队建设是指通过对人力资源进行培训、绩效考核和激励等方式，提高项目团队成员的能力以及整个项目团队的绩效。建设一个高效的项目团队是项目成功的关键。

项目团队建设的主要工作如表 10-7 所示。

表 10-7　项目团队建设的主要工作

依　据	工具和方法	结　果
成员清单	项目团队的团队成员培训	团队成员能力的改进
人员配备计划	项目团队的团队开发	团队协作能力的改进
可用资源分析	项目团队的绩效评价与激励	团队文化的改善

二、项目团队建设的阶段

一个项目团队从开始到终止，是一个不断成长和变化的过程，这个过程可以描述为五个阶段，即组建阶段、磨合阶段、正规阶段、成效阶段和解散阶段，如图 10-5 所示。

图 10-5　项目团队的发展阶段

1. 组建阶段

在组建阶段，团队成员从原来不同的组织调集在一起，这一时期的特征是队员们既兴奋又焦虑，而且还有一种主人翁感，他们必须在承担风险前相互熟悉。一方面，团队成员收集有关项目的信息，试图弄清项目是干什么的和自己应该做些什么。另一方面，团队成员谨慎地研究和学习适宜的举止行为。他们从项目经理处寻找或相互了解，以期找到属于自己的角色，承担起团队的任务，并确定自己在完成这一任务中的参与程度。当解决了定位问题后，团队成员就不会感到茫然而不知所措，从而有助于其他各种关系的建立。

2. 磨合阶段

团队发展的第二阶段是磨合阶段。团队形成之后，队员们已经明确了项目的工作以及各自的职责，于是开始执行分配的任务。在实际工作中，现实可能与当初的期望发生较大的偏离。在此阶段，工作气氛趋于紧张，问题逐渐暴露，团队士气较组建阶段明显低沉。

团队的冲突和不和谐是这阶段的一个显著特点。成员之间由于立场、观念、方法、行为等方面的差异而产生各种冲突。这些冲突可能是情感上的，或是与事实有关的，或是建设性的，或是破坏性的，或是争辩性的，或是隐瞒的，不管怎样，应当力图采用理性的、无偏见的态度来解决团队成员之间的争端，而不应当采用情感化的态度。

在这一时期，团队队员与周围的环境之间也会产生不和谐，如队员与项目技术系统之间的不协调，团队队员可能对项目团队采用的信息技术系统不熟悉，经常出差错。另外，在项目运行过程中，与项目外其他部门要发生各种各样的关系，也会产生各种各样的矛盾冲突，这需要进行很好的协调。

3. 正规阶段

经受了磨合期的考验，团队成员之间、团队与项目经理之间的关系已确立好了，绝大部分个人矛盾已得到解决。总的来说，这一阶段的矛盾程度要低于磨合时期。同时，随着个人期望与现实情形——要做的工作、可用的资源、限制条件、其他参与的人员相统一，队员的不满情绪也就减少了。项目团队接受了已有的工作环境，项目规程得以改进和规范化。控制及决策权从项目经理移交给了项目团队，凝聚力开始形成。这一阶段，随着成员之间开始相互信任，团队的信任得以发展，合作意识增强。

4. 成效阶段

经过前一阶段，团队确立了行为规范和工作方式。项目团队积极工作，急于实现项目目标。这一阶段的工作绩效很高，团队成员有集体感和荣誉感。团队成员能开放、坦诚、及时地进行沟通。在这一阶段，团队根据实际需要，以团队、个人或临时小组的方式进行工作，团队成员之间相互依赖度高。相互的理解、高效的沟通、密切的配合、充分的授权，这些宽松的环境加上队员们的工作激情使得这一阶段容易取得较大成绩，实现项目的创新。团队精神和集体的合力在这一阶段得到了充分的体现。

5. 解散阶段

对于完成某项任务，实现了项目目标的团队而言，随着项目的竣工，该项目团队面临解散。这时，团队成员们开始考虑自身今后的发展，并开始做离开的准备。此阶段，需要加强项目团队管理，否则可能会影响目标的成功实现。

三、项目团队建设的依据

(1) 项目团队成员的清单。项目团队建设首先从项目团队成员清单开始，项目团队成员清单明确表示了每项工作的负责人和执行者。

(2) 人员配备计划。人员配备计划描述了何时以何种方式来满足项目人力资源需求，其中包括人员培训策略及项目团队的建设计划。随着团队绩效评估的进行，可在其中加入奖励、反馈、额外培训以及惩戒措施。

(3) 可用资源分析。可用资源分析说明项目团队成员能够参加团队建设活动的时间安排。

四、项目团队建设的工具和方法

1. 项目团队成员培训

项目团队成员培训是指为使项目团队成员具备完成各自任务所需的知识、技能和能力等而进行的培训活动。虽然对人员进行培训可能会增加项目的成本，但是这远比由于人员缺乏技能或效率低下给项目造成的损失要小得多。适当的人员培训不仅可以提高项目团队的工作效率，而且还可以鼓舞团队成员士气、留住人才。项目人员培训一般包括如下几个过程。

(1) 培训需求分析。

培训需求分析是指通过项目的任务分析和工作绩效分析来确定人员的实际技能和要求技能之间的差距，并据此选择项目人员需要参加的培训。如在一个财务软件的开发项目中，项目团队成员具有一定的编程技术，但是缺乏财务方面的知识，因此就需要对他们进行财务知识方面的培训。

(2) 培训目标的确定。

培训目标为培训者和受训者确定了一个共同的努力方向，为培训效果评价提供了依据。因此，培训目标应该尽量具体、清晰并且可以度量。如某项目的质量监控人员经过技能培训后，其质量达标率应该达到 95%。这既是受训者应达到的培训目标，也是评价培训效果的标准。

(3) 选择适当的培训方式。

项目团队成员培训主要是一些短期的和针对性强的专业培训，很少有长期的、使用正规教育体系的培训。项目团队成员培训的主要形式有以下两种。

① 岗前培训。项目团队成员培训的首要方式是岗前培训。这种培训多数以短训班的形式开展，专业针对性强，方式灵活多样，内容具有鲜明的针对性，花费不大，易于组织，见效较快，所以在项目团队成员培训中被广泛采用。项目员工在开始项目工作以前，多数人都需要进行岗前培训。例如，建设项目的团队成员在上岗前都需要进行一些岗前培训，至少要进行上岗前的安全培训。

② 在岗培训。项目员工的在岗培训是指员工在自己岗位职务或工作上所获得的培训。这种培训是以职务或工作的实际需要为出发点，围绕职务或岗位的特点而进行的针对性培训。这种培训偏重于专门技术知识和能力的培训。

(4) 评价培训的效果。

培训结束后，项目团队应该按照预先制定的培训目标对培训的实际效果进行评价。评价培训效果时，通常采用控制实验法。控制实验法一般设置两个组，即控制组(没有经过培训的小组)和培训组，然后采集控制组和培训组在培训前、后知识、技能、行为等方面的相关数据，进行比较，从而来评价培训的效果。

2. 项目团队开发

由于项目团队是为实现项目目标而建立的开展项目工作的特定组织，为使项目团队成员发展成为有效合作的项目团队，项目团队开发的目标涉及项目团队成员对项目目标的清晰理解、清楚自己的角色和职责、为实现项目目标而努力、彼此之间高度合作、信任与互助。项目团队开发活动旨在改善人际关系，如制定项目基础行为规范，开展团队集中办公，加强团队成员的沟通，进行团队精神与文化建设。

3. 项目团队的绩效评价与激励

项目团队的绩效评价与激励是项目人力资源管理的一项重要工作，它是调动项目员工积极性和创造性最有效的手段之一。绩效评价是通过对项目员工工作绩效的评价，去反映员工的实际能力及其对工作职位的适应程度。激励则是运用有关行为科学的理论和方法，对项目员工的需要予以满足或限制，从而激发员工的行为动机，充分发挥自己的潜能，为实现项目目标服务。

1)　项目团队的绩效评价

(1)　项目团队绩效评价的定义。项目团队的绩效评价是按照一定的标准，采用科学的方法，检查和评定项目员工对职务或岗位所规定职责的履行程度，以确定其工作成绩的一种管理方法。绩效评价是以项目员工的工作业绩为评价对象，通过对项目员工工作的评价，判断其是否称职，并以此作为采取激励措施和项目人力资源管理活动的基本依据。这一工作的主要目的是切实保证项目员工的报酬、奖励、惩罚、辞退等项工作的科学性。

(2)　项目团队绩效评价的作用。项目员工绩效评价对项目人力资源管理工作具有很重要的作用，具体体现在三个方面。

①　绩效评价是项目组织编制和修订项目工作计划与员工培训计划的主要依据。只有通过绩效评价，项目组织才能对员工的情况和项目的情况有比较全面和深入的了解，并根据员工实际绩效去编制和修订项目工作计划和培训计划，解决薄弱环节和有针对地对员工进行培训。

②　绩效评价是合理确定工作报酬与奖励的基础。通过绩效评价可以制定或修订工资报酬办法和奖励政策，进一步修订项目员工绩效标准以使它们更符合实际。

③　绩效评价是判断员工是否称职，以及惩罚、调配或辞退的重要依据。通过绩效评价对员工实际表现做出客观反映和评价，并以此为基础做出提职、惩罚、调配或辞退等决定。

(3)　项目团队绩效评价的原则。为了充分发挥绩效评价的作用，达到绩效评价的目的，在绩效评价中必须遵循以下三项原则。

①　公开原则。项目组织要公开绩效评价的目标、标准、方法、程序和结果，并应该接受来自各方面人员的参与和监督。绩效评价结束之后，项目人力资源管理部门应把评价的结果通报给每一位被评价的项目员工，这有利于项目人员认清问题和差距，找到目标和方向以便改进工作和提高素质。

②　客观与公正原则。即在制定绩效评价标准时应该客观和公正，通过定量和定性相结合的方法，建立科学的绩效评价标准体系，以减少矛盾和维护项目团队的团结，否则会引发被评价者对评价结果的怀疑和被评价者之间、被评价者与人力资源管理部门之间的矛盾。

③　多渠道、多层次和全方位评价的原则，因为员工在不同时间和场合往往有不同的表现，因此在进行绩效评价时，应该多收集信息，建立多渠道、多层次、全方位的评价体系。

(4)　项目团队绩效评价的内容。由于绩效评价的对象、目的和范围复杂多样，因此绩效评价的内容也比较复杂。一般绩效评价的基本内容包括以下三个方面。

①　工作业绩评价。这是员工绩效评价的核心，其结果反映了员工对项目的贡献大小。工作业绩评价的主要内容有：工作量的大小、工作效果的好坏、对部下的领导作用以及通过改进与提高而获得的创造性成果。

②　工作能力评价。这一评价的结果反映了员工完成项目工作的能力。工作能力评价包括基本能力、业务能力和素质的评价，其中素质评价主要是对员工适应性的考察和评价。

③　工作态度评价。这一评价的结果反映了员工对项目工作的认真程度和积极性。其

内容主要包括工作积极性、遵纪守法自觉性、对待本职工作的态度、对项目组织与其他成员的热情和责任感等几个方面。

(5) 项目团队绩效评价的工作程序与方法。

① 绩效评价的程序。一般来讲，项目团队的绩效评价工作大致需要按照以下程序进行：首先要制订评价工作计划，然后要制定评价标准和评价方法，再需要进行数据资料的收集，然后要开展分析与评价，最后是公告和运用绩效评价的结果。项目团队绩效评价程序如图 10-6 所示。

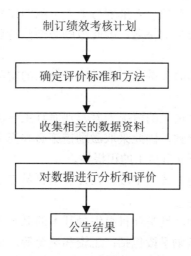

图 10-6 项目团队绩效评价程序

② 绩效评价的方法。项目组织绩效评价的方法有很多，不同方法的侧重点不同，所适用的考核目标和考核对象也不同。在开展绩效评价时，要根据具体项目的实际情况，综合使用各种评价方法。具体包括以下几种方法。

评分表法。这种方法用一系列工作绩效的构成指标以及工作绩效的评价等级，在绩效评价时针对每一位员工的工作实际情况对每项评价指标进行打分，然后将得到的分数相加，最终得到工作绩效的评价结果。

工作标准法。这种方法是把项目员工的工作与项目组织制定的工作标准相对照，从而评价并确定出员工的绩效。所以工作标准法需要先有标准，然后才能对照标准进行绩效评价。

排序法。这种方法是把一定范围内的同类员工，按照一定的标准进行评价，然后将评价结果采用由高到低，或者由低到高进行排序。

描述法。这是一种使用一篇简短的书面鉴定给出绩效评价结果的方法。这一方法的评价结果描述从内容、格式、篇幅、重点上是多种多样的，绩效评价者需根据情况予以确定。

目标管理法。这是根据团队成员对具体目标的完成情况来进行绩效考核。

关键事件法。这是把团队成员在工作过程中表现出来的关键行为记录下来，如工作态度、投诉率、违纪行为、次品率、缺勤率、加班率等，并与绩效的相应指标进行对比，从而对团队成员的绩效进行评价。这种方法可以让考核者将注意力放在能够区分工作绩效的关键行为上。

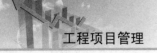

2) 项目团队成员的激励

项目团队成员激励就是管理者通过采用各种满足项目团队成员需要的措施和手段，去激发项目团队成员的工作动机，调动项目团队成员潜在的能力和创造性，从而高效地实现项目组织目标的过程。

(1) 项目团队成员激励的原则。项目团队成员的激励原则如下。

① 目标原则。激励是为了鼓励项目员工为实现组织目标而做出更大努力的一种管理手段，如果激励措施不当反而会引起员工相反的行为，危及项目组织目标的实现。

② 公平原则。项目员工常把个人报酬与个人贡献的比率同他人的报酬与他人的贡献比率相比较，判断是否受到公平的待遇，因此激励必须坚持公平原则，坚持按照贡献大小予以激励的原则。

③ 按需激励原则。激励的关键在于满足项目员工的实际需要，通过满足员工的主导需求使项目实施绩效获得提高。

④ 因人而异原则。项目员工的情况千差万别而且主导需求各不相同，每个员工对各种激励措施的反应程度也不一致，因此采取激励措施必须充分考虑员工各自的情况，区别对待，力争通过激励提高每个项目员工的积极性。

(2) 项目团队成员激励的方式与手段。在开展项目员工激励时，通常采用的激励手段有以下几种。

① 物质激励与荣誉奖励。这是项目组织最基本的激励手段，也是项目组织采用最多的一种激励手段。其中物质激励手段包括：工资和奖金等。荣誉奖励是众人或组织对个体或群体的高度评价，是满足人们自尊需要，激发人们奋力进取的重要手段。

② 参与激励与制度激励。这是指尊重员工、信任员工，让他们了解项目组织的真实情况，使其在不同层次和深度上参与决策，从而激发主人翁的精神。同时，项目组织的各项规章制度，一般都是与物质利益相联系，因此对员工消极行为也是个约束。但另一方面，规章制度又为员工提供了行为规范和评价的标准。员工遵守规章制度的情况，还与自我肯定、组织舆论等相联系，所以其激励作用是综合的。

③ 目标激励与环境激励。目标激励是项目组织凝聚力的核心，它体现了员工工作的意义，能够在理想和信念的层次上激励全体团队员工。另外，创造一个良好的工作和生活环境，一方面直接满足了员工的某些需要，另一方面良好的环境可以形成一定的压力，这对推动员工努力工作，也具有很强的激励作用。

五、项目团队建设的结果

项目团队建设的结果是改善团队的绩效，具体包括以下内容。

(1) 团队成员能力的改进。团队成员个人能力的提升，有利于有效地完成所分派的任务。

(2) 团队协作能力的改进。项目团队协作精神与整体协作能力的提高，可激发项目成员以更高的热情，将更多的精力投入到技术和管理活动中，从而改善团队工作的绩效。

(3) 团队文化的改善。形成良好的团队氛围，可降低团队成员的流动性。

第五节　项目团队管理

一、项目团队管理的概念

项目团队管理是指跟踪团队成员绩效，提供反馈信息，解决存在的问题并协调各种变更，以提高项目绩效的过程。通过项目团队管理应将项目人员配备管理计划适时更新，提出变更请求，解决相应的问题，同时为组织绩效评价提供依据，并为组织积累新的经验教训。

项目团队管理的主要工作如表 10-8 所示。

表 10-8　项目团队管理的主要工作

依　据	工具和方法	结　果
组织过程资产	观察与访谈	更新后的人员配备计划
项目团队成员清单	绩效评估	建议的纠正措施
项目组织图	冲突管理	建议的预防措施
人员配备计划	问题登记簿	
团队绩效评估		

二、项目团队管理的依据

(1) 组织过程资产。在项目绩效考核评估过程中，项目管理团队应利用组织的政策、程序和系统，如证书、简报、公告栏、网站、奖金等机制，对团队或成员进行奖励和表彰。

(2) 项目团队成员清单。项目团队成员清单为项目监控过程的项目团队成员评估提供了成员清单，用来监督并考核员工绩效。

(3) 项目组织图。项目组织图以图形的方式展示了项目团队成员及其汇报关系。根据项目的需要，项目组织图可以是正式的、非正式的、详尽的或宽泛的。

(4) 人员配备计划。人员配备计划列明了项目的人力资源需求状况，以及相关的培训计划、奖惩记录等信息。

(5) 团队绩效评估。团队绩效评估结合相关的预测信息将有助于确定未来的人力资源需求、奖励与惩罚，以及对人员配备计划的更新。

三、项目团队管理的工具和方法

(1) 观察与访谈。通过观察与交谈可以随时了解项目团队成员的工作情况和态度。项目管理团队将监测一些相关的指标，如项目应交付成果的完成情况、团队成员引以为傲的事件，以及人际关系的问题。

(2) 绩效评估。在项目过程中进行绩效评估的目的在于重新确定角色与职责，发掘未知或未解决的问题，制订个人培训计划，并为后续阶段制定具体的目标。

(3) 冲突管理。详见第五章第二节。

(4) 问题登记簿。在项目团队管理过程中如果出现问题，可通过书面登记簿来记录负责解决待定问题的人员，以及问题解决的时间要求。问题登记簿有助于团队成员监控问题解决的进展情况。问题的解决可以消除团队实现目标的各种障碍。

四、项目团队管理的结果

(1) 更新后的人员配备计划。随着项目的进行，人员配备计划的一些项目细节需要随之进行变更，如人员配备的变化，需要调整任务的分派，进行额外的培训和奖励，对一些工作进行外包，并更换已经离职的人员。这些都可导致作为项目管理计划组成部分的人员配备计划的更新。

(2) 建议的纠正措施。人力资源管理的纠正措施可包括改变人员配备、提供额外的培训、采取惩戒措施等。

(3) 建议的预防措施。项目管理团队在识别潜在的或正在暴露的人力资源问题后，可制定预防措施及方案以降低问题发生的概率或影响。预防措施可包括进行交叉培训，以便在成员缺勤时有人替代工作而避免出现问题；角色澄清，以确保所有职责都得以履行；在预见到额外的工作量时增加工作时间，以确保工期。

本 章 小 结

本章包括以下主要内容。

(1) 项目资源管理的定义和特点。项目资源管理要在对项目目标、规划、任务、进展以及各种变量进行合理、有序的分析、规划和统筹的基础上，为了降低项目成本，而对项目所需的人力、材料、机械、技术、资金等资源所进行的计划、组织、指挥、协调和控制等活动。项目资源管理的全过程包括项目资源的计划、配置、控制和处置。项目资源管理的特点是团队性、临时性、阶段性和复杂性。

(2) 项目资源规划与活动资源估算的定义、依据和工具。项目资源规划与活动资源估算是通过分析和识别项目的资源需求，依据工作分解结构、项目活动清单、项目资源库信息、项目进度计划等，采用专家判断法、标准定额法、工料清单法和统计资料法等，确定出项目需要投入的资源种类(包括人力、设备、材料、资金等)、项目资源投入的数量和项目资源投入的时间。

(3) 项目资源获取与控制的定义、依据和方法。获取与控制项目所需的团队成员、设施、设备、材料、用品和其他资源，需要依据项目管理计划、项目文件、事业环境因素、组织过程资产和工作绩效数据，并采取人际关系与团队技能、数据分析、问题解决和项目管理信息系统等方法，确保来自组织内部或外部的资源适时、适地用于相应的活动。

(4) 项目团队建设的定义、依据和项目团队绩效评价。项目团队建设是指通过对人力资源进行培训、绩效考核和激励等方式，经历组建阶段、磨合阶段、正规阶段、成效阶段和解散阶段五个阶段，逐步提高项目团队成员的能力以及整个项目团队的绩效，并通过工作业绩评价、工作能力评价和工作态度评价来进行项目团队绩效评价。

(5) 项目团队管理的概念、依据和方法。项目团队管理是为适应项目的有效实施而建立的跟踪团队成员绩效，提供反馈信息，解决存在的问题并协调各种变更，以提高项目绩效的过程。

思 考 题

1. 项目人力资源管理的概念、特点和内容是什么？

2. 什么是项目资源规划与活动资源估算？

3. 项目资源规划与活动资源估算的方法有哪些？

4. 责任分配矩阵的特点和适用范围是什么？

5. 什么是项目资源获取与控制？

6. 为什么项目经理应该是一个通才而不是一个技术专家？

7. 你认为项目团队有哪些特性，在项目实施过程中如何才能更好地发挥项目团队的特性？

8. 你认为项目经理应该如何针对项目团队生命周期的四个阶段去开展项目团队的建设？

9. 项目经理的概念性技能、人际关系技能和专业技术技能三者中哪个最重要，为什么？

10. 如何理解项目团队中的"以人为本"？

11. 怎样对项目团队成员的绩效进行考核？

12. 如何对项目团队成员进行激励？以实例进行说明。

第十一章　项目沟通与利益相关方管理

【学习要点及目标】

- 理解项目沟通管理的定义、内容和基本原则。
- 掌握项目沟通规划的定义、依据和渠道。
- 熟悉项目信息发布的定义、依据和方法。
- 了解项目执行报告的定义和分类。
- 认知项目利益相关方管理的定义、工具和方法。

【核心概念】

项目沟通管理　　项目沟通规划　　项目沟通渠道　　项目沟通方式　　项目执行报告
项目利益相关方管理

第一节　项目沟通与利益相关方管理概述

一、沟通及项目沟通管理的概念

1. 沟通的概念

沟通是人际之间传递和沟通信息的过程。沟通不仅是发送者将信息通过渠道传递给接受者，同时接收者还要将他们所理解的信息反馈给发送者。因此，沟通是一个双向、互动的反复循环的互动过程。

任何沟通都必须有沟通的主体和渠道，信息的发送者和信息的接收者是沟通的主体。沟通的双方在沟通过程中需要通过一定的渠道，按照图 11-1 的步骤去实现信息的交换和思想的交流。

2. 项目沟通管理的概念和特征

项目沟通管理(project communication management)包括确保及时、正确地提取、收集、传播、存储和最终处置项目信息所必需的过程。它是对项目信息和信息传递的内容、方法和过程的全面管理，也是对人们交换思想和交流感情(与项目工作有关的)活动与过程的全面管理。项目沟通管理的对象是项目进展中的全部沟通活动。

项目管理人员都必须学会使用"项目语言"去发送和接收信息，去管理和规范项目的沟通活动和沟通过程。成功的项目管理离不开有效的沟通和信息管理，对项目过程中的口头、书面和其他形式的沟通进行全面的管理是项目管理中一项非常重要的工作。这一管理的目标是保证有关项目的信息能够适时、以合理的方式产生、收集、处理、贮存和交流。

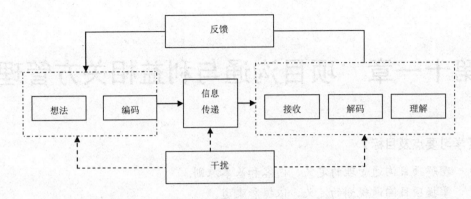

图 11-1   项目沟通过程

项目沟通管理具有以下特征。

(1) 复杂性。每一个项目都涉及客户、承约商、供应商、居民、政府机构等多个利益主体，是由特意为其建立的项目团队来实施的，具有临时性。因此，项目沟通管理必须协调项目内部各部门以及项目与外部环境之间的关系，以确保项目顺利实施。

(2) 系统性。项目是开放的复杂系统。项目的确立将或全部或局部地涉及社会政治、经济、文化等诸多方面，对环境、能源将产生或大或小的影响，这就决定了项目沟通管理应从整体利益出发，运用系统的思想和分析方法，全过程、全方位地进行有效的管理。

二、项目利益相关方管理的过程

项目利益相关方管理包括用于开展下列工作的各个过程；识别能够影响项目或会受项目影响的人员、团体或组织，分析利益相关方对项目的期望和影响，制定合适的管理策略来有效调动利益相关方参与项目决策和执行。用这些过程分析利益相关方的期望，评估他们对项目或受项目影响的程度，以及制定策略来有效引导利益相关方支持项目决策、规划和执行。这些过程能够支持项目团队的工作。

项目利益相关方管理的过程如下所述。

(1) 识别利益相关方。识别利益相关方是定期识别项目利益相关方，分析和记录他们的利益、参与度、相互依赖性、影响力和对项目成功的潜在影响的过程。

(2) 规划利益相关方参与。规划利益相关方参与是根据利益相关方的需求、期望、利益和对项目的潜在影响，制定项目利益相关方参与项目的方法的过程。

(3) 管理利益相关方参与。管理利益相关方参与是与利益相关方进行沟通和协作，以满足其需求与期望，处理问题，并促进利益相关方合理参与的过程。

(4) 监督利益相关方参与。监督项目利益相关方关系，并通过修订参与策略和计划来引导利益相关方合理参与项目的过程。

三、项目沟通与利益相关方管理的内容

项目沟通与利益相关方管理的内容(知识体系)如图 11-2 所示。

图 11-2　项目沟通与利益相关方管理的内容

项目沟通与利益相关方管理的核心工作过程如图 11-3 所示。

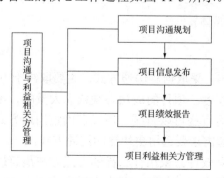

图 11-3　项目沟通与利益相关方管理的核心工作过程

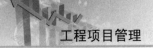

第二节　项目沟通规划

一、项目沟通规划的概念

　　项目沟通规划(project communication planning)是针对项目利益相关方的沟通需求进行分析，从而确定谁需要什么信息、什么时候需要这些信息以及采取何种方式将信息提供给他们等。虽然所有的信息都需要信息沟通，但是信息需求和信息传递的方式可能存在很大的差别。因此，识别项目利益相关方的信息需求和传递信息需求的方式，是项目成功的关键。

　　项目沟通规划的主要工作如表11-1所示。

表11-1　项目沟通规划的主要工作

依　据	工具和方法	结　果
沟通需求	沟通需求分析	项目沟通计划文件
沟通方式	技术沟通	
项目的制约因素		
项目的假设条件		

二、项目沟通规划的依据

1. 沟通需求

　　沟通需求是项目参加者信息要求的总和。它主要是通过对项目利益相关方所需信息的类型、内容、形式加以分类，并对这些信息的价值进行分析，从而确定项目利益相关方对信息的需求。项目沟通需求的信息一般包括以下内容。

　　(1) 项目组织各项目利益相关方的责任关系。

　　(2) 项目涉及的技术领域、部门和行业。

　　(3) 项目所需的配备人员。

　　(4) 项目组织与外部的关系。

　　(5) 外部信息需求(如媒体)。

2. 沟通方式

　　信息沟通的方式有很多，采取何种沟通方式，主要取决于下列因素。

　　(1) 沟通需求的紧迫程度。项目的成功必须依靠大量的、不断更新的信息沟通，但是有些沟通要求时间紧迫，而有些可以暂缓。所以在确定沟通方式与方法时要充分考虑这一因素，对于急迫的信息沟通需求要选用更快捷的沟通方式。

　　(2) 沟通方式方法的有效性。采用什么样的方式方法最有助于满足项目沟通需求是确定项目沟通方式的关键因素之一。例如，开会沟通方式适合于研究和集体决策，公告的沟通方式适合于规章制度的发布或各种项目事务的通告。

(3) 项目相关人员的能力和习惯。沟通方式方法的选择还必须充分考虑项目参与者的经历、知识水平、接受与理解能力和在沟通方面的习惯做法。这包括现有的能力和习惯以及需要进行广泛的学习和培训来提高和改进的能力与习惯。

(4) 项目规模。如果项目的规模小、工作量不大、生命周期很短，一般可以选用现有人们习惯的和便于实施的沟通方式与方法；如果项目规模大、生命周期长就不能如此了，就需要采取一些先进而有效的项目沟通方式和方法。

3. 项目的制约因素

项目沟通计划的编制必须考虑到项目的一些制约因素，不能超出它的限制。

4. 项目的假设条件

在编制沟通计划时，需要假设一些条件来代替未来的、不可预测的情况，从而保证沟通计划的合理性。

三、项目沟通规划的工具和渠道

1. 沟通需求分析

项目沟通需求的确定是在信息收集与加工处理的基础上，对项目组织的信息需求做出的全面决策。项目沟通需求是项目全部相关利益者在项目实现过程中的信息需求。这包括项目业主/客户、项目团队、项目经理、项目供应商、项目所在社区等各方面需要了解项目的工期、进度、成本造价、环境影响、资源需求、预算控制、经费结算等各个方面的信息。

项目经理和团队应对不同项目利益相关方的信息需求进行分析，同时还要考虑他们所需信息的来源和渠道，以及如何有效地满足他们的信息需求。在进行项目利益相关方信息需求分析时，需明确如下三点：谁需要什么样的信息；谁什么时候需要信息；如何将信息发送给不同的干系人。通过项目利益相关方的沟通需求分析，可以避免不必要的信息传递，减少资源的浪费。

项目沟通需求的确定涉及对所需信息内容、格式、类型、传递方式、更新频率、信息来源等方面的决策。项目沟通需求分析的内容如下。

(1) 项目内部管理方面的信息需求。这是有关项目团队内部开展管理所需的各个方面的信息，包括项目团队内部各种职能的管理、各种资源的管理、各种工作过程的管理等方面的信息需求。

(2) 项目技术方面的信息需求。这是有关项目技术工作及技术资料方面的信息需求。这包括：整个项目产出物的技术信息和资料、项目工作技术信息和资料，以及项目核心技术信息与资料等方面的技术信息需求。

(3) 项目实施方面的信息需求。项目实施方面的信息是有关整个项目工期进度计划及其完成情况方面的信息需求、整个项目实际产出物质量和工作质量方面的信息需求，以及整个项目的资金与预算控制方面的信息需求等有关项目实施的情况的统计信息需求。

(4) 项目与公众关系的信息需求。这包括两个方面的信息需求：一是项目组织所需的各种公众信息(包括国家、地区、当地社区的政治、经济、社会、风俗、文化等方面的信息)，二是社会公众需要了解的项目信息(包括环保、项目带来的好处、项目的重要性等)。在所有这些项目沟通需求的确定中，要对项目团队的信息需求进行仔细、全面、客观的分析和确定，因为这关系到项目的成败。对项目业主/客户的信息需求进行全面的分析和确定，以掌握和了解他们的信息需求和动机，因为项目就是为满足他们的要求和期望才开展的。

2. 沟通渠道

信息沟通是在项目组织内部的公众之间进行信息交流和传递活动。当项目成员为解决某个问题和协调某一方面而在明确规定的组织系统内进行沟通协调工作时，就会选择和组建项目组织内部不同的信息沟通渠道，即信息网络。这些沟通渠道可以影响团体公众的工作效率，也可以影响团体成员的心理和组织的气氛。

1) 正式沟通渠道

在信息传递中，发信者并非直接把信息传给接收者，中间要经过某些人的转承，这就出现了一个沟通渠道和沟通网络的问题。

沟通的结构形式关系着信息交流的效率，它对班子集体行为、对集体活动的效率都有不同的影响。

巴维拉斯(Bevels)的五种沟通网络如图 11-4 所示。其中，每一个圈可视为一个成员或组织的同等物，每一种网络形式相当于一定的组织结构形式和一定的信息沟通渠道，箭头表示信息传递的方向。

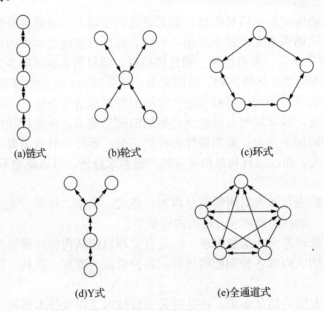

(a)链式　　(b)轮式　　(c)环式

(d)Y式　　(e)全通道式

图 11-4　五种沟通渠道

(1) 链式沟通渠道。在一个组织系统中，它相当于一个纵向沟通渠道，在链式网络中的信息按高低层次逐级传递，信息可以自上而下或自下而上地交流。在这个模式中，有五级层次，居于两端的传递者只能与里面的每一个传递者相联系，而居中的则可以分别与上下互通信息。各个信息传递者所接收的信息差异较大。该模式的最大优点是信息传递速度快。它适用于班子庞大、实行分层授权控制的项目信息传递及沟通。

(2) 轮式沟通渠道。在这一模式中，主管人员分别同下属部门发生联系，成为个别信息的汇集点和传递中心。在项目中，这种模式大体类似于一个主管领导直接管理若干部门和权威控制系统。

只有处于领导地位的主管人员了解全面情况，并由他向下属发出指令，而下级部门和基层公众之间没有沟通联系，他们只分别掌握本部门的情况。轮式沟通是加强控制、争时间、抢速度的一个有效方法和沟通模式。

(3) 环式(或圆周式)沟通渠道。这种组织内部的信息沟通是指不同成员之间依次联络沟通。这种模式可能产生于一个多层次的组织系统之中。第一级主管人员对第二级建立纵向联系，第二级主管人员与底层建立联系，基层工作人员之间与基层主管人员之间建立横向的沟通联系。该种沟通模式能提高群体成员的士气，即大家都感到满意。

(4) Y 式沟通模式。这是一个组织内部的纵向沟通渠道，其中只有一个成员位于沟通活动中心，成为中间媒介与中间环节。

(5) 全通道式沟通模式。这种模式(渠道)是一个开放式的信息沟通系统，其中每一个成员之间都有一定的联系，彼此十分了解。民主气氛浓厚、合作精神很强的组织一般采取这种沟通渠道模式。

沟通模式不只是上述的五种，实际的沟通模式可以多种多样。每个项目都有自己的组织结构，有自己的具体情况，为了达到有效管理的目的，应视不同情况采取不同的沟通模式，以保证上下左右部门之间的信息能得到顺利地沟通。

2) 非正式沟通渠道

正式沟通渠道只是信息沟通渠道的一部分。在一个组织中，还存在着非正式的沟通渠道，有些消息往往是通过非正式渠道传播的，其中包括小道消息的传播。

戴维斯(Keith Davis)曾在一家公司对 67 名管理人员采取顺藤摸瓜的方法，对小道消息的传播进行了研究，发现有四种传播方式，如图 11-5 所示。

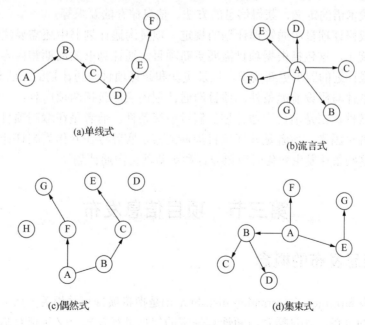

图 11-5　非正式沟通渠道

(1) 单线式。消息由 A 通过一连串的人传播给最终的接收者。

(2) 流言式，又叫闲谈传播式。这种方式是由一个人 A 主动地把小道消息传播给其他人。如在小组会上传播小道消息。

(3) 偶然式，又叫机遇传播式。消息由 A 按偶然的机会传播给他人，他人又按偶然的机会传播，并无一定的路线。

(4) 集束式，又叫群集传播式。信息由 A 有选择地告诉自己的朋友或有关的人，使有关的人也照此办理。这种沟通方式最为普遍。

四、项目沟通规划的结果

项目沟通规划与一般规划有许多不同之处，如项目沟通工作的责任多数是兼管的，项目沟通的资源和预算很难确定和控制等。一般而言，项目沟通规划编制的结果是一份项目沟通计划文件。项目沟通计划文件的主要内容如下。

(1) 信息收集的渠道。信息收集的渠道即采用何种方法，从何处收集项目利益相关方所需的信息。

(2) 信息的收集和归档格式的规定。项目沟通计划书中要规定采用何种方法收集和存储沟通所需不同类型的信息，已经发布的信息经过更新和更正后如何进行反馈和传播，以及这些工作的程序等。

(3) 信息发布格式与权限的规定。项目沟通计划书中还要注明各种信息的流向、信息的最终用户和信息发布与使用权限，以及各种不同类型信息的发布方式等。项目信息发布格式与权限的要求和项目组织结构图所表述的权限、责任和汇报关系要一致。

(4) 对所发布信息的规定和描述。项目沟通计划书中还要对所发布信息进行必要的规定和描述，这包括所发布信息的格式、内容、详尽程度、信息的来源、信息生成时参考的文献、信息相关术语的定义、获得信息的方法、信息储存的要求等。

(5) 更新或修订项目沟通管理计划的规定。项目沟通计划书中还需要注明对更新与修订该计划书的规定，这包括根据项目需要更新项目沟通计划书的周期和内容、项目沟通计划书与项目集成计划的同步更新要求，以及更新和修订项目沟通计划的方法和程序。

(6) 约束条件与假设前提条件。项目沟通计划还应该包括两项内容：一是项目沟通计划的各种约束条件，二是项目沟通计划的假设前提条件。前者是在编制项目沟通计划时限制项目沟通的各种因素；后者是开展项目沟通的假定实际存在并作为制订计划依据的前提条件。通常在这些条件发生变化时应该修订和更新项目沟通计划。

第三节　项目信息发布

一、项目信息发布的概念

项目信息发布(project information distribution)是指将项目利益相关方所需的项目信息及时传递给他们的过程，既包括对沟通计划规定的信息进行发布，又包括对临时索取的信息进行发布。

项目信息发布的主要工作如表 11-2 所示。

表 11-2 项目信息发布的主要工作

依 据	工具和方法	结 果
工作成果	沟通方式	项目记录
项目沟通计划	项目管理信息系统	项目报告
项目计划	项目信息检索系统	

二、项目信息发布的依据

(1) 工作成果。工作成果是为完成项目而进行的具体活动的结果。它确定了项目哪些活动已经完成或还没有完成，项目质量所达到的标准，项目发生的实际成本等，据此可以确定哪些信息可供发布。

(2) 项目沟通计划。项目沟通计划明确了何时应该向哪些项目利益相关方发布何种信息。

(3) 项目计划。项目计划是用于管理和控制项目实施的文件。项目组织应该及时、分阶段地把有关项目计划的信息分发给项目利益相关方。

三、项目信息发布的工具和方法

1. 沟通方式

沟通技能是用来交换信息的。发出信息者负责信息的清楚、准确，以便信息到达接收者时正确无误，项目管理班子是主要的信息发布者。而信息的接收者绝大多数是项目的各种利害关系者，其责任是保证信息被完整、正确地理解。在项目管理中，沟通方式包括如下几种。

1) 正式沟通与非正式沟通

(1) 正式沟通是通过项目组织明文规定的渠道进行信息传递和交流的方式，如组织规定的汇报制度、例会制度、报告制度及组织与其他组织的公函来往。它的优点是沟通效果好，有较强的约束力；缺点是沟通速度慢。

(2) 非正式沟通是指在正式沟通渠道之外进行的信息传递和交流，如员工之间的私下交谈、小道消息等。这种沟通方式的优点是沟通方便、沟通速度快，且能提供一些正式沟通中难以获得的信息；缺点是容易失真。

2) 上行沟通、下行沟通和平行沟通

(1) 上行沟通。上行沟通是指下级的意见向上级反映，即自下而上的沟通。项目经理应鼓励下级积极向上级反映情况，只有上行沟通渠道畅通，项目经理才能掌握全面情况，作出符合实际的决策。上行沟通有两种形式：一是层层传递，即依据一定的组织原则和组织程序逐级向上反映；二是越级反映，它指的是减少中间层次，让项目最高决策者与一般员工直接沟通。

(2) 下行沟通。下行沟通是指领导者对员工进行的自上而下的信息沟通，如将项目目标、计划方案等传达给基层群众，发布组织新闻消息，对组织面临的一些具体问题提出处理意见等。这种沟通形式是领导者向被领导者发布命令和指示的过程。

(3) 平行沟通。平行沟通是指组织中各平行部门之间的信息交流。在项目实施过程中，经常可以看到各部门之间发生矛盾和冲突，除其他因素外，部门之间互不通气是重要原因之一。保证平行部门之间沟通渠道畅通，是减少部门之间冲突的一项重要措施。

3) 单向沟通与双向沟通

(1) 单向沟通。单向沟通是指发送者和接收者两者之间的地位不变(单向传递)，一方只发送信息，另一方只接收信息。双方无论在情感上还是在语言上都不需要信息反馈，如作报告、发布指令等。采用这种方式信息传递速度快，但准确性较差，有时还容易使接收者产生抗拒心理。

(2) 双向沟通。双向沟通中，发送者和接收者两者之间的位置不断交换，且发送者是以协商和讨论的姿态面对接收者，信息发出以后还需及时听取反馈意见，必要时双方可进行多次重复商谈，直到双方共同明确和满意为止，如交谈、协商等。其优点是沟通信息准确性较高，接收者有反馈意见的机会，产生平等感和参与感，增强自信心和责任心，有助于建立双方的感情。但是，对发送者来说，在沟通时随时会受到接收者的质询、批评和挑剔，因而心理压力较大，同时信息传递速度也较慢。

4) 书面沟通和口头沟通

书面沟通是指用书面形式所进行的信息传递和交流，如通知、文件、报刊、备忘录等。其优点是可以作为资料长期保存，反复查阅。口头沟通就是运用口头表达进行信息交流活动，如谈话、游说、演讲等。其优点是比较灵活、速度快，双方可以自由交换意见，且传递消息较为准确。

5) 言语沟通和体语沟通

言语沟通是利用语言、文字、图画、表格等形式进行的。体语沟通是利用动作、表情、姿态等非语言方式(形体)进行的，比如欢乐时手舞足蹈，悔恨时捶胸顿足，惧怕时手足无措等。一个动作、一个表情、一个姿态都可以向对方传递某种信息；不同形式的丰富复杂的"身体语言"也在一定程度上起着沟通的作用。

6) 电子媒介沟通

当今时代项目沟通越来越多地依赖于各种各样复杂的电子媒介传递信息。除了极为常见的电子邮件之外，我们还使用许多种通过电子媒介和信息网络进行沟通的方法。各种各样的新型电子、计算机通信和网络、通信设备与设施，使项目管理中使用了大量的电子媒介进行沟通。例如，使用电子邮件传递书面报告和报表，使用计算机通信进行技术文件的交流等。现在只要有计算机网络的连接，项目团队的成员便可以借助电子媒介进行各种各样的沟通，并且可以同时将一份信息传递给多名团队成员，实现更为开放和有效的多向沟通。但是，这种沟通方法所要求的技巧更高，更不好掌握。例如，电子邮件、计算机数据库的共享、技术文件的异地传输等都需要很高的技巧。

在项目沟通管理中，最普遍使用的沟通技能有四种：口头沟通、书面沟通、非言语沟通和电子媒介沟通。

2. 项目管理信息系统

项目管理信息系统通常被用于搜索、综合、发布信息，它能快速检索和处理复杂的事件，项目利益相关方可以通过各种方法共享该系统的信息。项目管理信息系统包括信息检索和信息发布两个子系统。信息检索包括手工档案系统、电子文档数据库、项目管理软件等。信息发布系统包括项目会议、书面文档复印件、共享网络电子数据库、传真、电子邮件、语音邮件和电视会议等。

3. 项目信息检索系统

信息可以通过不同方式由团队成员和项目利益相关方共享。这样的方法包括手工案卷系统、电子文本数据库、项目管理软件，以及可以检索技术文件资料的系统(如工程图纸、设计规范、测试计划等技术文档系统)。

四、项目信息发布的结果

(1) 项目记录。它包括各种项目活动的原始记录、项目的来往函件、备忘录和各种会议记录文档等。项目团队要将这些文件以各种方式收集起来，并完整地保存和管理，为今后复查、仲裁或索赔等提供有力的证据。

(2) 项目报告。它是根据项目记录整理而成的有关项目实际情况或特殊问题的说明文件，是关于项目状态和/或问题的正式项目报告，也是项目沟通计划实施过程中使用最多的项目沟通方式和文件，同时也是项目沟通中最重要的信息传递和沟通的方法。

第四节　项目执行报告

一、项目执行报告的概念和分类

项目执行报告是指收集和发布项目执行情况信息的活动。一般来说，项目执行报告中应提供范围、进度、成本、质量、风险和采购等信息，如项目状态报告，用来描述项目当前的进度情况；项目进展报告，用来描述项目团队已经完成的进度；项目预测报告，用来预测项目未来的进展情况，等等。

通常，将项目执行报告划分为项目绩效报告和工作终结报告两类。

项目执行报告的主要工作如表 11-3 所示。

表 11-3　项目执行报告的主要工作

依　据	工具和方法	结　果
项目计划	执行情况审查	项目执行情况报告
工作成果	偏差分析技术	变更申请
其他项目文件	趋势分析预测	
	项目挣值分析	
	数据汇总方法	
	项目信息发布的工具和方法	

1. 项目绩效报告的概念和内容

项目绩效报告是在整个项目实现过程中按一定报告期给出的项目各方面工作实际进展情况的报告。它是项目进展情况和结果的汇总报告，如表 11-4 所示。项目绩效报告既包括由项目团队成员向项目经理或项目管理者的报告，也包括由项目经理向项目业主/客户的报告，或由项目经理向项目组织的上层管理者的报告。项目绩效报告通常会有一个特定的期限，叫做报告期。项目绩效报告的报告期可以是一周、一个月、一个季度或任何一个合适的周期。大多数绩效报告的内容只包括在报告期间发生的进展和结果，而不包括项目开始以来的累积进展情况。

表 11-4 项目绩效报告

自上次报告以来的绩效成果	
项目实施的计划完成情况	
前期问题的解决情况	
本期发生的问题	
计划采取的改进措施	
下一报告期要达到的目标	

项目绩效报告主要包括以下几个方面的内容。

(1) 自上次报告以来的绩效成果。这部分应该报告本报告期已实现的关键项目目标，也可以包括项目的一些特定目标的完成(或没有完成)情况。

(2) 项目实施的计划完成情况。这是有关项目成本、进度、质量和工作范围的实际完成情况的报告，以及实际完成情况与项目计划目标和标准所作的比较。

(3) 前期问题的解决情况。如果前一期的项目绩效报告中曾经提出一些需要解决的项目问题，则在本期报告中应该给出解决的结果并应该说明原因，不管已经解决还是没解决都应该报告情况。

(4) 本期发生的问题。这是有关本报告期所发生的现存问题的报告，问题可以包括：技术问题、进度问题、成本问题、人员问题和其他任何与项目相关的问题。

(5) 计划采取的改进措施。这部分应详细说明在下一个报告期内为解决每一个问题所要采取的改进措施，它包括解释这些措施是否会使项目目标受到威胁等，以及项目管理和工作中所要采取的改进措施。

(6) 下一报告期要达到的目标。这是有关下一个报告期预期目标的说明和规定。这些预期目标要与最新更新或修订的项目计划相一致。

2. 项目工作终结报告的概念和内容

项目工作终结报告是指在项目或项目阶段结束之时对项目或项目阶段的工作总结。

项目或项目阶段的工作终结报告主要包括以下几个方面的内容。

(1) 项目业主/客户对项目或项目阶段的最初要求。这包括在项目定义阶段提出的各种项目业主/客户的期望与要求，以及项目团队对各项工作的期望和要求。

(2) 项目或项目阶段最初确定的主要目标。这包括各种项目计划和合同书中所包含的项目或项目阶段的既定目标和具体目标值，以及这些目标的改动和修订情况。

(3) 项目或项目阶段作业的简要描述。这包括对项目或项目阶段的任务、资源、进度、成本、质量等方面的简要描述，以及相关的约束条件和假设前提等方面的说明。

(4) 项目或项目阶段结果和预期的对比。这包括项目或项目阶段成果所体现的各种实际利益，主要是项目对业主或客户带来的实际利益，以及这些实际利益与项目定义阶段确定的预期利益之间的比较。

(5) 项目或项目阶段目标的实现程度说明。这包括项目具体实现的结果与目标比较所实现的程度等方面的说明和比较分析。如果项目或项目阶段未能实现预期的目标，需要对造成这种结果的原因作详细的说明。

(6) 善后事宜的说明。这部分内容包括需要进一步解决的问题和为维护、提高或扩大项目成果项目业主/客户在将来应考虑采取的措施和应开展的活动等。

(7) 提供给业主/客户的所有交付物说明。这是项目或项目阶段交付的项目产出物的描述，包括项目或项目阶段生成的设备、材料、软件、设施、技术等，以及相应的图纸、图样、技术说明书和报告等软件和它们的一览表。项目成果的最后测试数据包括对项目产出物的测试过程、测试参数、测试方法和测试结果等各方面的最后测试数据汇总。这些都是为项目业主/客户接收和使用项目而提供的。

(8) 项目或项目阶段的经验与教训。这主要是有关项目或项目阶段所犯错误或失误的经验总结，以及由此带来的各方面可吸取的教训说明。

二、项目执行报告的依据

(1) 项目计划。项目计划提供了有关衡量项目执行情况的标准。

(2) 工作成果。工作成果提供的信息是编制项目执行情况报告的重要依据。

(3) 其他项目文件。其他项目文件中通常会包括有关项目的具体信息，在衡量项目的执行情况时也应考虑这些信息。

三、项目执行报告的工具和方法

(1) 执行情况审查。执行情况审查就是对项目的状况或进度进行评价，通常与其他方法一起使用。

(2) 偏差分析技术。偏差分析是指把项目的实际完成情况与计划或预期结果作比较，进行偏差情况分析和造成项目偏差的原因分析。虽然最常用的是成本和进度偏差，但是范围、质量和风险与计划之间的偏差也同样甚至更加重要。

(3) 趋势分析预测。趋势分析预测是指随时检查项目的执行情况并据此预测项目未来的进展情况。这种方法多采用一些常规的统计和趋势外推的方法。

(4) 项目挣值分析。这种方法主要是综合项目成本和项目工期的相互关联和影响，分别通过给出计划价值、挣值和实际价值来分析计算成本偏差、进度偏差以及成本偏差指数和进度偏差指数，从而分析给出项目的进度、成本和范围的偏差情况以及项目未来发展的预测和计划调整。

(5) 数据汇总方法。这是将项目工作报表的数据进行汇总、整理和分析的方法。最终保证项目工作终结所需数据的真实有效，揭示项目问题和成效。

(6) 项目信息发布的工具和方法。项目执行报告借助信息发布的工具和方法进行发送，这些工具和方法主要包括沟通技能和项目管理信息系统等。

四、项目执行报告的结果

(1) 项目执行情况报告。项目执行情况报告对有关项目执行情况的信息进行总结，提出分析结果，并按照项目沟通计划的规定向项目利益相关方提供所需的信息。执行情况报告的通用格式包括甘特图、S 曲线图、矩形图和表格等。

(2) 变更申请。项目团队通过对项目的实际执行情况进行分析，并结合项目未来的发展变化提出变更申请，同时给出相应的项目变更控制方法或项目变更集成控制方法。

第五节 项目利益相关方管理

一、项目利益相关方管理的概念

项目利益相关方管理(project stakeholder management)是指为满足项目利益相关方的需求而对其相互间的沟通进行的管理。对项目利益相关方进行有效的管理，可以提高团队成员协同工作的能力。通常，项目经理和团队正确识别并合理引导所有利益相关方参与的能力，决定着项目的成败。

项目利益相关方管理的主要工作如表 11-5 所示。

表 11-5　项目利益相关方管理的主要工作

依　据	工具和方法	结　果
项目沟通计划	沟通方法 项目利益相关方满意度 问题记录单	变更请求 项目管理计划更新 项目文件更新 工作绩效信息

二、项目利益相关方管理的依据

项目利益相关方管理的依据是项目沟通计划。项目沟通计划包含在项目管理计划中或作为项目管理计划的从属计划，包括的内容有：项目利益相关方的沟通要求；对所要发布信息的描述；信息接收者的情况；信息传达所需的技术或方法；沟通频率；随着项目绩效评估的进行对沟通管理计划进行更新或细化的方法；通用词语表等。

三、项目利益相关方管理的工具和方法

(1) 沟通方法。在项目利益相关方管理中，应使用项目沟通计划中为每个干系人确定

的沟通方法。召开会议是与项目利益相关方讨论和解决问题的最有效的方法。

(2) 项目利益相关方满意度。项目利益相关方满意度是作为项目目标加以识别和管理的。为了实现项目收益，识别利益相关方和引导利益相关方参与的过程需要在项目生命周期的不同阶段持续展开。有效引导利益相关方参与的关键是重视与所有利益相关方保持持续沟通(包括团队成员)，以理解他们的需求和期望，处理所发生的问题，管理利益冲突，并促进利益相关方参与项目决策和活动。

(3) 问题记录单。问题记录单可用来记录并监控问题的解决情况。以特定的方式对问题进行澄清和陈述，有助于问题的解决。同时，需要针对每项问题分派负责人，并规定解决问题的截止日期。如果问题未得到解决，则可能导致冲突甚至项目延期。

四、项目利益相关方管理的结果

(1) 变更请求。变更请求包括用于改善利益相关方当前参与水平的纠正及预防措施。应该通过实施整体变更控制过程，对变更请求进行审查和处理。

(2) 项目管理计划更新，即对项目管理计划进行更新。项目管理计划的任何变更都以变更请求的形式提出，且通过组织的变更控制过程进行处理。可能需要变更的项目管理计划组件包括资源管理计划、沟通管理计划和利益相关方参与计划。

(3) 项目文件更新。项目文件更新包括风险登记册、利益相关方登记册和经验教训登记册。

(4) 工作绩效信息。工作绩效信息包括与利益相关方参与状态有关的信息，例如，利益相关方对项目的当前支持水平，以及与利益相关方参与度评估矩阵、利益相关方立方体或其他工具所确定的期望参与水平相比较的结果。

本 章 小 结

本章包括以下主要内容。

(1) 项目沟通管理的定义、内容和基本原则。项目沟通管理是对项目信息和信息传递的内容、方法和过程的全面管理，具有复杂性和系统性，包括项目沟通规划、项目信息发布、项目绩效报告和项目利益相关方管理等内容。

(2) 项目沟通规划的定义、依据和渠道。项目沟通规划是识别和规划项目利益相关方的信息需求和传递信息需求的时间和方式。有效的沟通渠道包括正式沟通渠道和非正式沟通渠道。

(3) 项目信息发布的定义、依据和方法。项目信息发布是将项目利益相关方所需要的项目信息进行及时传递的过程。常用的沟通方式包括正式沟通、非正式沟通、上行沟通、下行沟通、平行沟通、单向沟通、双向沟通、书面沟通、口头沟通、言语沟通、体语沟通，以及电子媒介沟通，而且，项目信息发布已经越来越依赖于信息化的手段。

(4) 项目执行报告的定义和分类以及项目利益相关方管理。项目执行报告是指收集和发布项目执行情况信息的活动，包括项目绩效报告和工作终结报告，这些信息的收集是为了有效评价和控制项目实施。为了满足项目利益相关方的需求，而推行的项目利益相关方管理，是对其相互间的沟通进行的管理。

思 考 题

1. 项目沟通管理的概念和特点是什么？

2. 项目沟通管理的基本要素和原则是什么？

3. 如何进行项目沟通需求分析？

4. 项目团队成员之间的沟通渠道有哪些？请举一个由于沟通不利导致失败的案例，分析应该如何进行沟通。

5. 项目信息发布的概念和方法是什么？

6. 什么是项目执行报告？具体分为哪几类？

7. 现代通信和信息网络技术对项目沟通管理有哪些方面的作用？

8. 你认为在项目沟通管理中应该如何进一步加强对于项目信息资源的管理？

9. 项目利益相关方管理的概念和方法是什么？

第十二章　项目风险管理

【学习要点及目标】

- 理解项目风险管理的定义、特点和内容。
- 掌握项目风险管理规划的定义、过程和方法。
- 熟悉项目风险识别的定义、过程和方法。
- 了解项目风险评估的定义、过程、原则和方法。
- 认知项目风险应对的定义、过程和方法。
- 明晰项目风险监控的定义、过程和方法。

【核心概念】

项目风险　　项目风险管理　　项目风险管理规划　　项目风险识别　　项目风险评估
项目风险应对　　项目风险监控

第一节　项目风险管理概述

一、风险的概念

风险的概念有广义和狭义两种。狭义的风险是指"可能失去的东西或者可能受到的伤害"，即在从事任何活动时可能面临的损失；而广义的风险是一种不确定性，是指损失发生的不确定性，它是不利事件或损失发生的概率及其后果的函数，用数学公式表示为

$$R = f(P, C) \tag{12-1}$$

式中：R 表示风险；P 表示不利事件发生的概率；C 表示该事件发生的后果。

其含义为：风险是人们因对未来行为的决策及客观条件的不确定性而可能引起的后果与预定目标发生多种负偏离的综合。因此，风险的本质就是不确定性和损失，即风险的不确定性和风险损失的不确定性。

二、项目风险的概念及分类

1. 项目风险的概念

项目风险是指由于项目所处环境和条件本身的不确定性和项目业主/客户、项目组织或项目其他相关利益者主观上不能准确预见或控制的影响因素，使得项目的最终结果与当事者的期望产生背离，从而给当事者带来损失或机遇的可能性。形成项目风险的根本原因是

人们对项目未来发展与变化的认识和应对等方面出现了问题。

项目风险是所有影响项目目标实现的不确定因素的集合。一般来讲，项目风险具备下列要素：事件(不希望发生的变化)、事件发生的概率(事件发生具有不确定性)、事件的影响(后果)、风险原因。项目风险管理是指对项目风险从识别、分析到采取应对措施等一系列过程，它包括将积极因素的概率及其所产生的影响最大化，并使消极因素的概率及其产生的影响最小化两个方面的内容。

2. 项目风险的分类

(1) 按照风险的潜在损失形态，可将风险分为财产风险、人身风险和责任风险。

(2) 按风险事故的后果，可将风险分为纯粹风险和投机风险。

(3) 按风险产生的原因，可将风险分为静态风险和动态风险。

(4) 按风险波及的范围，可将风险分为特定风险和基本风险。

(5) 按损失产生的原因，可将风险分为自然风险和人为风险。

(6) 按风险作用的对象，可将风险分为微观风险和宏观风险。

(7) 按风险能否处理，可将风险分为可管理风险和不可管理风险。

项目风险的特点

三、项目风险管理的概念及特点

1. 项目风险管理的概念

项目风险管理是项目团队在整个项目生命周期中对各种风险进行识别、分析、评价的基础上，采用各种管理方法、技术和手段对项目涉及的风险进行有效控制的过程。项目风险管理是在项目进行的全过程中，对影响项目的进程、效率、效益、目标等一系列不确定因素的管理，包括对外部环境因素与内部因素的管理，也包括对主观因素与客观因素、理性因素与感性因素的管理。

项目风险管理的内容包括项目风险管理规划、风险识别、定性风险分析、定量风险分析、风险应对计划和风险监督与控制。在执行中，项目风险管理可以简化为项目风险管理规划、项目风险识别、项目风险评估、项目风险应对和项目风险监控五个过程组成。其中，项目风险识别是项目风险管理的重要环节。若不能准确地识别项目面临的所有潜在风险，就会失去处理这些风险的最佳时机。

2. 项目风险管理的特点

(1) 全过程管理。项目风险的全过程管理，要求项目风险管理者能够审时度势、高瞻远瞩，通过有效的风险识别，实现对项目风险的预警预控；要求项目管理者能够临危不乱、坦然面对，通过有效的风险管理工具或风险处理方法，对项目运行过程中产生的风险进行分散、分摊或分割；要求项目风险管理者能够在项目风险发生后，采取有效的应对措施并能够总结经验教训，对项目风险管理工作进行改进。

(2) 全员管理。项目风险的全员管理并不仅仅是对项目运行全部参与方或参与人员的管理，而是要求所有的人员均能够参与项目风险的管理。项目风险管理既是对项目全部参与方(人员)的管理，同时也是全员共同参与对项目风险的管理。

（3）全要素管理。项目风险管理所追求的现实目标或项目风险管理所需解决的根本问题，其主要涉及项目工期、造价以及质量三方面的问题。项目风险管理的过程是一个在可能的条件下追求项目工期最短、造价最低、质量最优的多目标决策过程。

四、项目风险管理的内容

项目风险管理的内容(知识体系)如图 12-1 所示。

图 12-1　项目风险管理的内容

项目风险管理的核心工作过程如图 12-2 所示。

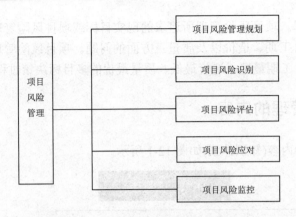

图 12-2　项目风险管理的核心工作过程

(1)　项目风险管理规划：规划和设计如何进行项目风险管理活动的工作，是进行项目风险管理的第一步。

(2)　项目风险识别：识别哪些风险可能影响项目并记录这些风险的属性。

(3)　项目风险评估：应用定性分析和定量分析的方法对项目风险的大小、项目风险影响程度及其后果进行评价和估量。

(4)　项目风险应对规划：制定应对前面风险识别和评估中已确认的、一旦发生危害严重且很可能出现威胁的计划。

(5)　项目风险监控与控制：跟踪已经识别的风险，识别未出现的风险，保证风险应对计划的执行。

五、项目风险管理的作用

(1)　项目风险管理有助于确定项目范围以及项目优选。项目风险管理从风险的周期性、规律性、预控性等多个角度，对项目风险的识别机制、分散机制、分摊机制、转移机制等进行全面的分析，从而在项目选择范围内选择出最优项目。

(2)　项目风险管理有助于改进已选项目的效益与效率。项目风险管理是一个动态反复、适时修正、持续改进的过程，因此当风险伴随着项目的推进而出现时，项目风险管理能够不断跟踪风险影响项目运行的轨迹，并通过有效的程序或手段进行纠偏。此外，项目的风险与收益在一定程度上具有正相关性，但项目风险同样与项目可能遭受的损失或可能增加的成本相对应。项目风险管理在改进已选项目的同时，也是对成本损失或不确定性的降低，等于提高了项目运行的效率与效益。

第二节　项目风险管理规划

一、项目风险管理规划的概念

风险管理规划(risk management planning)主要针对各种可能出现的风险事件，定义项目组及成员风险管理的行动方案及方式，制订各种风险应对计划和应对策略，并选择适合的风险管理方法，确定风险判断的依据等，用于对风险管理活动的计划和实践形式进行决策。

事实上，风险管理规划就是制定风险规避策略以及具体实施措施和手段的过程。这一阶段要考虑两个问题：一是风险管理策略本身是否正确和可行，二是实施管理策略的措施和手段是否符合项目总体目标。在项目实施中，风险管理计划是风险管理的导航图，只有根据风险管理计划对项目的风险实施监控，才能准确分析项目所处的状态和到达所希望的未来状态，确保项目的成功。实现有效的风险管理，必须做好风险管理计划，关键是要掌握必要的信息，使项目组织能够了解目标、目的和项目风险管理过程。

项目风险规划的目的就是明确有组织、有目的的风险管理思路和途径，以预防、减轻、遏制或消除不良情况的发生，避免对项目产生不利影响。

项目风险管理规划的主要工作如表 12-1 所示。

表 12-1 项目风险管理规划的主要工作

依 据	工具和方法	结 果
项目章程	风险管理规划会议	项目风险管理计划
项目范围说明书	风险管理图表	项目风险规避计划
利益相关者风险承受程度	工作分解结构	
项目管理计划		
项目组织及成员的风险管理经验		

二、项目风险管理规划的过程

1. 过程控制

项目风险管理规划的过程(如图 12-3 所示)主要是针对整个项目生命周期制定如何组织和进行风险识别、风险评价和风险量化、风险应对计划及风险监控的规划过程。它是整个项目风险管理的战略性和指导性纲领。

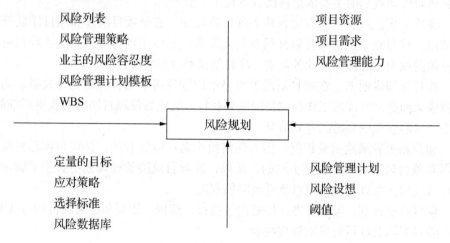

图 12-3 项目风险规划的过程

2. 过程输入

风险列表、风险管理策略、业主的风险容忍度、风险管理计划模板、WBS 等组成了风险规划过程的输入。

3. 过程输出

风险设想、阈值和风险管理计划是风险规划过程的输出。风险设想是对导致不尽如人意的结果的事件和情况的估计。事件描述导致风险发生时必然导致的后果，情况描述使未来事件成为可能的环境。阈值定义为风险发生的征兆。

4. 过程机制

定量的目标、应对策略、选择标准和风险数据库是风险管理过程需要用到的机制。定量的目标表示量化的目标；应对策略(如接受、避免、保护、减少、储备和转移等)有助于确定应对风险的可选择方式；选择标准指如何选择风险应对策略的原则；风险数据库包含风险行动计划等。

三、项目风险管理规划的依据

项目风险管理规划是用于为可预见的风险行动计划描述可重用的过程组件。在进行风险规划时，考虑的主要因素有：项目图表、风险管理策略、预定义角色和职责、雇主的风险容忍度、风险管理模板和工作分解结构(WBS)等。

项目风险管理规划的依据有项目目标、项目规模、项目利益相关方情况、项目复杂程度、所需资源、项目时间段、约束条件及假设前提；项目组织及个人所经历和积累的风险管理经验及实践；决策者、责任方及授权情况；项目利益相关方对项目风险的敏感程度及可承受能力；可获取的数据及管理系统情况；风险管理模板，从而使风险管理标准化、程序化。

项目风险管理规划的主要依据包括以下几个方面。

(1) 项目章程。项目章程有时也称为项目许可证，它是项目经理和项目团队开展项目管理的依据。项目章程应由项目以外的负责人发布，它赋予项目经理为从事项目有关活动而使用资源的权力，总体描述业务需求、项目结果和项目目标。

(2) 项目范围说明书。在项目范围说明书中详细说明了项目的可交付成果、为提交这些可交付成果而必须开展的工作和项目的主要目标，它能够使项目团队实施更详细的计划，是进行项目风险管理规划时的有效信息。

(3) 利益相关者风险承受程度。因为任何组织对风险的看法、认识和容忍程度是不同的，组织对项目风险的偏好也是不同的，所以，在项目风险管理规划中必须了解项目相关组织对待风险的态度以及他们可以承受风险的程度。

(4) 项目管理计划。项目管理计划确定了执行、监视、控制和结束项目的方式和方法。

(5) 项目组织及成员的风险管理经验。

四、项目风险管理规划的工具和方法

项目风险管理规划的工具和方法包括：风险管理规划会议、风险管理图表和工作分解结构。

项目风险管理规划
的工具和方法

五、项目风险管理规划的结果

1. 项目风险管理计划

项目风险管理规划文件中，项目风险管理计划起控制作用，它详细说明了项目风险识别、项目风险评估、项目风险应对和项目风险监控的所有方面。在风险管理计划中还说明了项目整体风险评价的基准、使用的评价方法以及如何使用这些评价方法对项目的整体风险进行评估。

2. 项目风险规避计划

在风险分析工作完成之后就可以制订详细的风险规避计划。项目不同，制订的风险规避计划也不一样，但一般都会包括以下内容。

(1) 识别风险来源，并分析每一种来源中的风险因素。

(2) 识别关键风险，并说明其对项目目标的实现产生的影响。

(3) 评估关键风险，即评估其发生的概论和潜在的破坏力。

(4) 评价已考虑的风险规避策略，并评估其代价。

(5) 评价建议使用的风险规避策略。

(6) 将各个单独的规避策略进行综合，经过分析之后制定出其他的风险规避策略。

(7) 将项目风险形势估计、风险管理计划和风险规避计划三者进行综合分析之后制定出总的风险规避策略。

(8) 制订实施规避策略所需资源的分配计划。

(9) 安排实施规避策略的人员，并赋予其相应的权力和责任。

(10) 确定实施风险管理的日期、时间和关键环节。

(11) 制定评价风险规避成功的标准，并制定进行跟踪监控的时间和方法。

(12) 制订应急计划，以便发生紧急情况时使用。

(13) 项目组高层领导对项目风险规避计划进行确认并签字。

第三节 项目风险识别

一、项目风险识别的概念

项目风险识别(risk identification)就是确定何种风险事件可能影响项目，并将这些风险的特性整理成文档。风险识别是项目管理者识别风险来源、确定风险发生条件、描述风险特征并评价风险影响的过程。风险识别需要确定几个相互关联的因素。

(1) 风险来源(risk sources)：时间、费用、技术和法律等。

(2) 风险事件(risk event)：给项目带来的积极或消极的影响的事件。

(3) 风险征兆(risk symptoms)：又称触发器，是指实际的风险事件的间接表现。

风险识别是风险管理的基础，没有风险识别的风险管理是盲目的，通过风险识别，才能根据实际情况，把风险管理的注意力集中到具体的项目上来；通过风险识别，可将那些可能给项目带来危害和机遇的风险因素识别出来。风险识别一方面可以通过感性认识和历史经验来判断，另一方面也可通过对各种客观的资料和风险事故的记录来分析、归纳和整理，以及必要的专家访问，从而找出各种明显和潜在的风险及其损失规律。因为风险具有可变性，因而风险识别是一项持续性和系统性的工作，要求风险管理者密切注意原有风险的变化，并随时发现新的风险。

项目风险识别的主要工作如表 12-2 所示。

表 12-2　项目风险识别的主要工作

依　据	工具和方法	结　果
项目风险管理计划	文件审查法	项目风险来源表
成果说明	信息收集法	项目风险的分类
历史资料	检查表法	项目风险的征兆
项目计划	情景分析法	可能潜在的项目风险
项目风险的种类	图表法	
制约因素和假设条件	系统分解法	

二、项目风险识别的过程

1. 过程控制

项目风险识别的过程(见图 12-4)是项目管理者识别风险来源、确定风险发生条件、描述风险特征的过程。我们可以从两个角度来描述风险识别过程：外部视角详细说明过程控制、输入、输出和机制；内部视角详细说明用机制将输入转变为输出的过程活动。风险识别要在项目生命周期的自始至终定期进行。

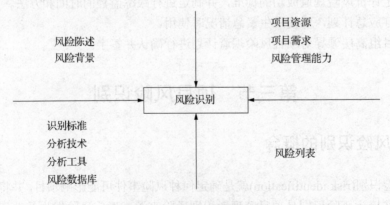

图 12-4　项目风险识别的过程

2．过程输入

风险陈述和与之相关的风险背景是风险识别过程的输入。风险陈述是通过提炼风险背景、合并或分解风险陈述来重新描述风险；风险背景是提供风险陈述周围的间接信息。

3．过程输出

按照优先级排序的风险列表是风险分析过程的输出。

4．过程机制

识别标准、分析技术、分析工具和风险数据库是风险识别过程的机制。项目可能性后果的识别标准和行动的时间框架均有助于衡量风险影响和风险的排序。分析技术有助于制定决策及确定可接受结果的界限。自动的分析工具有助于组织信息、图示关系和有效地进行计算。风险数据库包括已评估的风险信息和提炼出的风险背景。

风险识别过程描述发生风险、确认风险的主要活动和方法。作为一种系统过程，风险识别有其自身的过程活动，一般分为五步：确定目标；明确最重要的参与者；收集资料；估计项目风险形式；根据直接或间接的症状将潜在的项目风险识别出来。

三、项目风险识别的依据

1．项目风险管理计划

项目组进行风险识别的首要依据就是项目风险管理计划。项目风险管理计划是关于如何组织和进行风险识别、评估、量化、应对及监控的规划，而且这个过程贯穿项目的整个生命期。从项目风险管理规划中可以得到以下信息。

(1) 风险识别的范围。

(2) 获取信息的渠道和方式。

(3) 进行项目风险识别时，成员的分工和责任分配。

(4) 需要重点调查的项目干系人。

(5) 项目组可以应用的识别方法及规范。

(6) 应该何时由何人进行何种风险识别。

(7) 风险识别结果的形式、信息通报和处理程序。

2．成果说明

成果说明是进行项目风险识别的主要依据，因为项目风险识别的最终目的是确定项目是否能够在规定的时间和预算内，按照要求的质量，最终产生项目的可交付成果。所以，项目风险识别就要根据成果说明来确定可能影响项目目标实现的各种风险。

3．历史资料

以前类似项目实际发生风险的历史资料，为识别现有项目的风险提供了非常重要的参考，是项目风险识别的重要依据之一。我们可以从本项目或其他相关项目的档案文件中获取历史资料，也可以从公共信息渠道中获取对本项目有借鉴意义的风险信息。

4. 项目计划

项目计划中包括项目目标、项目任务、项目范围计划、项目进度计划、项目成本计划、项目资源计划、项目采购计划及项目承包商、业主和其他项目干系人对项目的期望值等信息，这些信息都可以作为识别项目风险的依据。如项目进度计划的信息是分析项目质量的重要依据，如果项目进度过快就可能保证不了项目的质量。

5. 项目风险的种类

不同的风险源可以产生各种各样的项目风险，这些风险的种类为风险识别提供了一个总括的框架。项目风险主要包括以下几种：项目技术风险、项目质量风险、项目组织风险、项目财务风险等。项目所在行业及应用领域的特征也可以从项目风险的种类中反映出来，如果能够掌握各类风险的特征规律，那么也就掌握了识别风险的钥匙。

6. 制约因素和假设条件

项目建议书、可行性研究报告等一般都是建立在若干假设、前提条件下的，这些假设和前提在项目实施期间可能成立，也可能不成立。当项目的前提发生变化或假设条件不成立时，就很可能成为项目新的风险源。因此，项目的前提和假设中隐藏着风险。

由于项目总是处于一定的环境中，会受到许多内外因素的制约，其中的一些制约因素是项目活动主体无法控制的，因此，在这些制约因素中就隐藏着一定的风险。对项目的所有管理计划进行审查，可以明确项目计划和规划的前提、假设和制约因素。

四、项目风险识别的工具和方法

项目风险识别的方法包括：文件审查法、信息收集法、检查表法、情景分析法、图表法和系统分解法。

项目风险识别
的工具和方法

五、项目风险识别的结果

1. 项目风险来源表

项目风险来源表将所有已经识别出的项目风险罗列出来，并将每个风险来源加以说明。对于已识别项目风险的描述应该包括：已识别项目风险发生概率的估计、风险可能影响的范围、项目风险发生的可能时间范围、项目风险事件可能带来的损失等。

2. 项目风险的分类

为便于进行风险分析、量化、评价和管理，应该对识别出来的风险进行分组或分类。可以按项目阶段进行划分，也可以按管理者来划分。

3. 项目风险的征兆

项目风险的征兆又称为触发器(triggers)或预警信号，是指那些指示项目风险已经发生或即将发生的外在表现。如国家或地区如果发生通货膨胀可能会使项目所需资源的价格上涨，从而会引发项目实际成本突破项目预算的风险，所以通货膨胀是项目预算风险的征兆。一般项目风险的征兆较多，所以要全面识别和区分清楚主要和次要的项目风险征兆。

4. 可能潜在的项目风险

可能潜在的项目风险是一些相对独立而且无法明确识别的项目风险，比如自然灾害、特殊团队成员的辞职等。可能潜在的项目风险与已识别的项目风险不同，它们是尚没有迹象表明将会发生，但是人们可以想象到的一种主观判断性项目风险。当然，潜在的项目风险可能会发展成真正的项目风险。所以对于可能性或者损失相对比较大的可能潜在的项目风险，也应该注意跟踪和严格评估，特别是当出现可能潜在的风险向项目实际风险转化的情况时更应十分注意。

第四节　项目风险评估

一、项目风险评估的概念

项目风险评估(risk assessment)是在风险识别的基础上，对项目各个方面的风险和关键性技术过程的风险进行综合分析，估计风险事件发生的可能性大小、可能的结果范围和危害程度、预期时间和频率等，并依据风险对项目目标的影响程度进行项目风险分级排序的过程。

它是通过建立项目风险的系统评价模型，对项目风险因素影响进行综合分析，并估算出各风险发生的概率及其可能导致的损失大小，从而找到该项目的关键风险，确定项目的整体风险水平，为如何处置这些风险提供科学依据，以保障项目的顺利进行。

项目风险评估的目的是找出各种风险的危害程度，然后确定采取的应对措施，促进项目更有把握地实现其性能、进度和费用目标。风险识别和评估需要结合在一起，在项目生命周期的自始至终反复地进行。

项目风险评估的主要工作如表 12-3 所示。

表 12-3　项目风险评估的主要工作

依 据	工具和方法	结 果
项目风险管理计划	统计法	量化的项目风险序列表
项目风险识别的成果	主观评分法	项目确认研究
项目进展状况	决策树法	所需的应急资源
项目类型	故障分析法	

二、项目风险评估的过程和原则

1. 项目风险评估的过程

1) 过程控制

项目风险评估的过程(如图 12-5 所示)是在项目风险识别的基础上进一步对项目风险进

行综合分析，确定项目风险整体水平和风险等级的过程。我们可以从内部和外部两种视角来看待风险评价过程。项目资源、项目需求和风险管理计划调节风险评估过程，将输入转变为输出这一过程的所有风险评估活动都是由控制调节过程、输入进入过程、输出退出过程、机制支持过程组成。

2) 过程输入

风险评估是对项目中的风险进行定性或定量分析，并依据风险对项目目标的影响程度对项目整体风险水平和风险等级进行综合分析的过程。

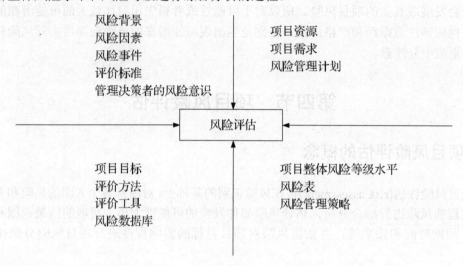

图 12-5 项目风险评估的过程

3) 过程输出

项目整体风险水平、风险表、风险管理策略等是风险评价过程的输入。

(1) 项目整体风险等级水平。通过比较项目风险间的风险等级，对该项目的整体风险程度做出评价。项目的整体风险等级用于支持各项目资源的投入策略及项目继续进行或取消的决策。

(2) 风险表。风险表将按照高、中、低的类别对风险和风险状况做出详细的表示，风险表可以表述到 WBS 的最底层。风险表还可以按照项目风险的紧迫程度、项目的费用风险、进度风险、功能风险和质量风险等类别单独做出风险排序和评估，对重要风险的发生概率和影响程度要有单独的评估结果并做出详细说明。

(3) 风险管理策略。将高或中等重要程度的风险列为重点并做出更详尽的分析和评价，制定附加分析计划表，其中应包括下一步的风险定量评价和风险应对计划。

4) 过程机制

项目目标、评价方法、分析工具和风险数据库是风险评估过程的机制。风险发生的可能性、风险后果的危害程度和风险发生的概率均有助于衡量风险整体影响。

2. 项目风险评估的原则

1) 风险回避准则

(1) 风险回避的内容。风险回避是最基本的风险评价准则。根据该准则，项目管理人员应采取措施有效控制或完全回避项目中的各类风险，特别是对项目整体目标有重要影响的那些因素。

相对于其他风险处理方式而言，风险回避的优点体现在如下两个方面：一是风险回避方式在风险产生之前将其化解于无形。这大大降低了风险发生的概率，有效避免了可能遭受的风险损失。二是节省了企业的资源。减少了不必要的浪费，使得企业得以有的放矢，在市场竞争中有所为有所不为。但风险回避也存在一定的缺陷，其不足之处在于：首先，企业生产经营活动的最终目的是为了获得价值或利益的最大化，而风险与收益和机会常常相伴而生。回避风险的同时在很大程度上意味着企业放弃了获得收益的机会；其次，因为风险无时不在、无处不在，绝对的风险回避不大可能实现。此外，风险回避必须建立在准确的风险识别基础上。又因为企业判断能力的局限性，对风险的认知度是存在偏差的，因此，风险回避并非总是有效的。久而久之，风险回避可能助长企业的消极风险防范心理，过度规避风险而丧失驾驭风险的能力，生存能力也随之降低。

(2) 风险回避的类型。严格意义上的风险回避可以分为积极的风险回避和消极的风险回避。二者有相同点，也有不同之处。其相同之处在于：两者都认为企业自身的实力不足以承受可能遭受的风险损失，希望能够尽可能地在风险发生之前减少其发生的可能性。但积极风险回避和消极风险回避对风险认知的能动性不同，对于每一个风险决策者，其心目中都有一个决策方案的评价标准，进而产生不同的风险预期。从风险的偏好性来说，积极的风险回避者和消极的风险回避者同属于风险厌恶者。但两者对风险认知的能动性是不同的。根据心理学的解释，个性是一个人不同于他人的那些个人属性或日常行为特征的总和。个性因素由主体的过去经验、天生能力以及受外部环境因素交叉影响所产生的综合结果。消极的风险回避者更惧怕风险，风险承受能力和应对突发事件的能力也较差，因此消极的风险回避者不会去主动地识别风险，更谈不上应对风险，接受挑战。积极的风险回避者并不会一味地回避风险，从而丧失获得商业利润的机会，只不过其对自身的能力更了解，更有自知之明，能够更好地理解"有所为有所不为"。

2) 风险权衡准则

风险权衡的前提是项目中存在着一些可接受的、不可避免的风险，风险权衡原则需要确定可接受风险的限度。

3) 风险处理成本最小准则

风险权衡准则的前提是假设项目中存在一些可接受的风险。这里有两种含义：其一是小概率或小损失风险，其二是付出较小的代价即可避免风险。对于第二类当然希望风险处理成本越小越好，并且希望找到风险处理最小值。

4) 风险成本/效益比准则

开展项目风险管理的基本动力是以最经济的资源消耗来高效地保障项目预定目标达成。项目管理人员只有在收益大于支出的条件下，才愿意进行风险处置。在实际的项目活动中，一般项目风险水平与风险收益相匹配，项目风险管理活动才是有效的。生活中有大量风险投资活动成功后获得高收益的例子。

5) 社会责任准则

在进行风险评价时还应遵循社会责任准则。企业的社会责任要求企业必须超越把利润作为唯一目标的传统理念，强调要在生产过程中对人的价值的关注，强调对消费者、对环

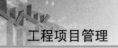

境、对社会的贡献。这一指标体现了一个组织对社会应负的道义责任。当一个组织实施某种项目活动,如企业的经营活动时,组织本身将承担一定的风险,并为此付出一定的代价,同时企业也能从中获得风险经营回报。同样社会在承担风险的同时也将获得回报。因此在考虑风险的社会费用时,也应与风险带来的社会效益一同考虑。

三、项目风险评估的依据

(1) 项目风险管理计划。

(2) 项目风险识别的成果。已识别的项目风险及风险对项目的潜在影响需进行评估。

(3) 项目进展状况。风险的不确定性常与项目所处的生命周期阶段有关。在项目初期,项目风险的症状往往表现得不明显,随着项目的推进,项目风险及发现风险的可能性会增加。

(4) 项目类型。一般来说,普通项目或重复率较高项目的风险程度比较低;技术含量高或复杂性较强的项目的风险程度比较高。

(5) 数据的准确性和可靠性。对用于风险识别的数据或信息的准确性和可靠性应进行评估。

(6) 概率和影响的程度。这是用于评估风险重要性水平的两个关键方面。

四、项目风险评估的工具和方法

项目风险评估的工具和方法包括统计法、主观评分法、决策树法、故障分析法外推法和蒙特卡罗模拟法。

项目风险评估的
工具和方法

五、项目风险评估的结果

(1) 量化的项目风险序列表。项目风险评估的重要结果就是由量化方法得出项目风险清单,对要抓住的机会和要采取措施的威胁列表并按影响程度进行排序。项目风险序列表的内容包括:项目风险发生的概率大小;项目风险可能影响的范围;对项目风险预期发生时间的估算;项目风险可能产生的后果;项目风险等级的确定。

(2) 项目确认研究。应用项目风险评估的结果对原项目的进度和费用进行分析,提出确认的项目周期、完工日期和项目费用,并提出对应当前项目计划实现项目目标的可能性。

(3) 所需的应急资源。风险量化可以确定新需资源的量和所需资源的应急程度,以帮助项目经理在实现目标的过程中将资源消费控制在组织可接受的范围内。

第五节　项目风险应对

一、项目风险应对的概念

项目风险应对就是提出处置意见和办法以应对项目风险的过程。通过对项目风险进行识别、估计和评价,然后综合考虑项目风险发生的概率、损失造成的严重程度以及其他因素，就可得出项目风险发生的可能性及风险的危害程度。最后再将前期工作得到的结果与公认的安全指标相比较，就可确定项目的风险等级，从而决定采取什么样的措施加以应对并控制应对措施的实施程度。

通过项目风险评估，一般会有两种情况：一是项目风险超过了项目干系人能够接受的水平，二是项目风险在项目干系人能够接受的水平内。对于第一种情况，如果项目风险超出可接受水平很多，无论采取何种措施都无能为力，那么就应该停止甚至取消该项目；如果项目风险稍微超过可接受水平，可以通过采取措施以避免或减弱风险带来的损失。对于第二种情况，虽然项目风险在可接受的水平内，为了把项目风险造成的损失控制在最小的范围内，也应该采取积极措施加以应对。

项目风险应对的主要工作如表 12-4 所示。

表 12-4　项目风险应对的主要工作

依　据	工具和方法	结　果
项目风险管理计划	回避风险	项目风险管理计划
项目风险排序	转移风险	应急计划
项目团队抗风险的能力	减轻风险	应急储备
可供选择的风险应对措施	接受风险	
	预防风险	
	后备措施	

二、项目风险应对的过程和步骤

1. 项目风险应对的过程

1) 过程控制

项目风险应对的过程(见图 12-6)和项目风险规划过程一样，项目资源、项目需求和风险管理计划同样约束着风险应对过程。

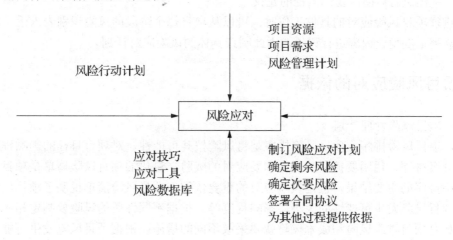

图 12-6　项目风险应对的过程

2) 过程输入

风险行动计划是风险应对过程的输入。它包括风险应对的目标、约束和决策，记录了选择的途径、需要的资源和批准的权限。计划提供了高层次的指导并允许达到目标过程中的灵活性。

3) 过程输出

风险行动是风险应对过程的主要输出。

(1) 制订风险应对计划。风险应对计划应详细到可操作层次，它应包括风险识别、风险主体和责任分配、风险评估和责任分配、风险评估及风险量化结果、单一风险的应对措施等。

(2) 确定剩余风险。剩余风险是指在采取了回避、转移或缓和措施后仍保留的风险。

(3) 确定次要风险。次要风险是由于实施风险应对措施而直接导致的风险。

(4) 签署合同协议。为了避免或减轻风险，可以针对具体风险或项目签订保险、服务或其他必要的合同协议，确定各方的责任。

(5) 为其他过程提供依据。选定或提出的各种替代策略、应急计划，预期的合同协议，需额外投入的时间、费用或资源以及其他有关的结论都必须反馈到相关领域，成为其过程计划，变更和实施的依据。

4) 过程机制

项目风险应对技巧、风险应对工具和风险数据库是风险应对过程的机制。

2. 项目风险应对的步骤

项目风险应对的思路就是通过执行项目风险管理计划，将项目风险降低到可以接受的水平。具体包括以下步骤。

(1) 根据项目风险评估的结果，进一步确认风险对项目产生的影响程度。

(2) 考虑可能存在的风险，制定相应的风险应对策略和措施。

(3) 借鉴以前的经验教训，认真研究风险应对策略和技巧。

(4) 根据项目风险的情况，执行项目风险管理计划。

(5) 提出进行风险防范和监控的建议。

在进行项目风险应对的具体工作时，可以从项目每个阶段的风险识别表入手，依据风险识别表列举的检查内容进行讨论，由此制订具体的风险应对计划。

三、项目风险应对的依据

(1) 项目风险管理计划。

(2) 项目风险排序。项目风险排序是将风险按其可能性，对项目目标的影响程度、缓急程度分级排序，说明要抓住的机会和要应对的威胁。量化的项目风险清单是项目风险评估和风险排序的主要结果，也是风险应对的重要依据。项目风险清单说明了项目风险的性质及其项目风险发生可能性的大小、影响程度等。根据不同性质的风险要制定相应的应对措施，如对项目进度风险和成本风险就要采取不同的措施；根据项目风险发生可能性的大小及其影响危害程度的大小，也要采取不同的措施，如对影响程度高、发生可能性大的风险，要采取紧急的风险应对措施，而对影响程度低、发生可能性小的风险，可延缓采取风险应对措施。

(3) 项目团队抗风险的能力。项目团队抗风险的能力决定了其面对风险所采取的措施。如对于相同的风险，那些资金实力雄厚、承受风险能力强的项目团队与资金实力弱、抗风险能力差的项目团队所采取的措施就会有所不同。

(4) 可供选择的风险应对措施。项目团队针对项目风险所采取的措施受到措施选择范围的限制。如风险应对措施可以是：通过市场研究和行业分析来减少市场风险；运用投资组合理论来降低项目的投资风险；通过控制投资规模来降低经营风险；通过制订应急计划来预防风险。

四、项目风险应对的工具和方法

一般来讲，项目风险应对的工具和方法主要包括回避风险、转移风险、减轻风险、接受风险、预防风险和后备措施，如图 12-7 所示。

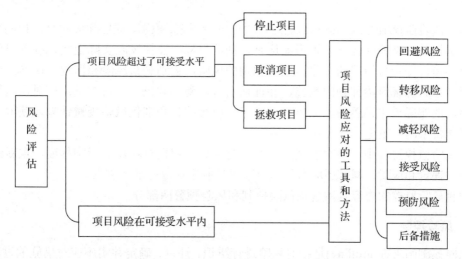

图 12-7　项目风险应对的工具和方法

在设计和制定风险处置策略时，一定要针对项目中不同风险的特点分别采用这六种风险处置方式，而且尽可能准确而合理地采用。在实施风险策略和计划时，应随时将变化了的情况反馈给风险管理人员，以便能及时地结合新的情况对项目风险处理策略进行调整，使之能适应新的情况，尽量减少风险导致的损失。

项目风险应对的
方法和策略

五、项目风险应对的结果

(1) 更新后的风险管理计划。项目风险应对的主要结果是更新后的风险管理计划。它是对项目的风险管理计划和其他的支持性细节内容所作的修改和更新的结果。

(2) 应急计划。应急计划(contingency planning)是指当一个风险事件发生时，项目团队将要采取的预先制定好的措施。好的应急计划把风险视为由某种"触发器"引起的。应急

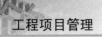

计划包括风险的描述、完成计划的假设、风险出现的可能性、风险的影响及适当的反应。

(3) 应急储备。应急储备(contingency reserves)是指在项目计划中为了应付项目进度风险、项目成本风险和项目质量风险而持有的准备补给物(资金或物料)。它可以用来转移项目的风险，比如，当项目采用了劣质的原材料导致项目的质量不过关时，可以动用项目的应急储备购买符合质量要求的原材料。

第六节　项目风险监控

风险监控依据风险管理计划、风险应对计划、附加风险识别和分析、项目审计，利用核对表、定期项目风险评估、挣值分析、附加风险应对计划和独立风险分析，得出工作计划、纠正计划、项目变更请求、风险应对计划更新等成果。

一、项目风险监控的相关概念

项目风险监控(risk monitoring)就是对项目风险规划、识别、评估和应对全过程的风险进行监视和控制，从而保证风险管理能达到预期的目标。监控风险实际上是监视项目的进展和项目环境，即项目情况的变化，跟踪识别的风险，识别剩余风险和出现的风险，修改风险管理计划，保证风险计划的实施，并评估消减风险的效果。其目的是：核对风险管理策略和措施的实际效果是否与预见的相同；寻找机会改善和细化风险规避计划，获取反馈信息，以便将来的决策更符合实际。

在风险监控过程中，及时发现风险并及时反馈，根据对项目的影响程度，重新进行风险识别、评价和应对，同时还应对每一风险事件制定成败标准和判据。

项目风险监控的内容具体包括风险控制和风险预警两部分。

1. 风险控制

风险控制(risk controlling)是指对风险进行辨识、评价、确定并实施应对措施的过程，目的是在给定项目约束条件和目标下使风险保持在可接受水平上。风险控制是在实施风险控制后，检查和检验决策的结果是否与预期的相同，并寻找细化和改进风险管理计划的机会。风险控制包含了对风险发生的监督和对风险管理的监督，即对已识别的风险源进行控制，在项目实施中监督认真执行风险管理的组织和技术措施。

风险控制是围绕项目风险的基本问题，制定科学的风险控制标准，采用系统的管理方法，建立有效的风险预警系统，做好应急计划，实施高效的项目风险控制。风险控制有助于最大限度地降低风险事故发生的概率和减小损失幅度，以改变组织所承受的风险程度。

2. 风险预警

风险监控的意义在于实现项目风险的有效管理，消除或控制项目风险的发生或避免造成不利后果。因此，建立有效的风险预警系统，对于风险的有效监控具有重要作用和意义。

风险预警(risk forecasting)是指对项目管理过程中有可能出现的风险，采取超前或预先防范的管理方式，一旦在监控过程中发现有发生风险的征兆，及时采取校正行动并发出预警信号，以最大限度地控制不利后果的发生。项目风险管理的良好开端是建立一个有效的监控或预警系统，及时察觉计划的偏离，以高效地实施项目风险管理过程。

项目风险监控的主要工作如表 12-5 示。

表 12-5　项目风险监控的主要工作

依　据	工具和方法	结　果
项目风险管理计划	审核检查法	新的项目风险应对措施
项目风险应对计划	监视单	变更申请
项目沟通	项目风险报告	纠偏措施
附加的风险识别和分析	费用偏差分析	修改风险应对计划
项目评审	风险预警系统	风险数据库
	附加风险应对计划	更新风险判别核查表
	独立风险分析	
	直方图、因果分析图、帕累托图等	

二、项目风险监控的过程

1. 项目风险控制的过程

在项目管理中建立风险管理策略和规划，并在项目的生命周期中不断控制风险是非常重要的。项目风险监控的内容主要包括：监控项目风险的发展、辨识项目风险发生的征兆、采取各种风险防范措施、应对和处理已发生的风险事件、消除或缩小项目风险事件的后果、管理和使用项目不可预见费、实施项目风险管理计划和进一步开展项目风险的识别与度量等。

1) 过程控制

风险监控是一个连续的系统过程(如图 12-8 所示)，是根据整个项目风险管理过程既定的衡量标准，全面系统跟踪并评价风险处理活动的执行情况，必要时还包括进一步提出风险处理备选方案。我们可以从内部和外部两种视角来看待风险控制过程。

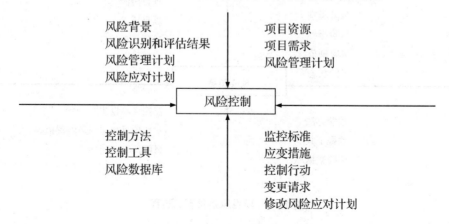

图 12-8　项目风险控制的过程

2) 过程输入

风险背景、风险识别和评估结果、风险管理计划，风险应对计划等是风险监控过程的主要输入。

3) 过程输出

风险监控标准、应变措施、控制行动和变更请求等是风险控制过程的输出，主要包括：①风险监控标准。主要指项目风险的类别、发生的可能性和后果。②随机应变措施。随机应变措施就是消除风险事件时所采取的未事先计划到的应对措施。这些措施应有效地记录，并融入项目的风险应对计划中。③控制行动。控制行动就是实施已计划的风险应对措施(包括实施应急计划和附加应对计划)。④变更请求。实施应急计划经常导致对风险做出反应的项目计划变更请求。⑤修改风险应对计划。当预期的风险发生或未发生时，当风险控制的实施消减或未消减风险的影响或概率时，必须重新对风险进行评估，对风险事件的概率和价值以及风险管理计划的其他方面做出修改，以保证重要风险得到恰当控制。

4) 过程机制

风险控制方法、风险监控工具和风险数据库都是风险监控过程的机制。风险监控工具的使用使监控过程自动化、高效化。

2. 项目风险预警的过程

1) 过程控制

风险预警的过程(如图 12-9 所示)活动包括监视项目风险的状况，如风险是已经发生、仍然存在还是已经消失；检查风险应对策略是否有效，监控机制是否在正常运行，并不断识别新的风险，及时发出风险预警信号并制定必要的对策措施。风险预警是监视、获得、编辑和汇报风险状态信息的过程。

2) 过程输入

风险度量。它提供了用于表示项目风险级别的客观和主观数据，较为客观地反映了项目的风险状态，为识别风险、启动风险应对计划提供客观依据。风险数目、风险类别、风险指标、风险阈值、风险状态等是风险预警过程的主要输入。

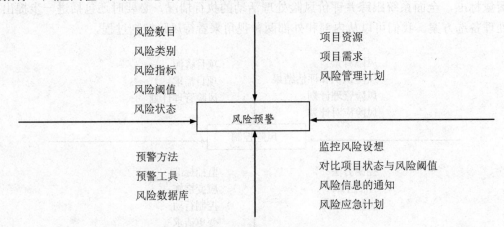

图 12-9 项目风险预警的过程

3) 过程输出

风险度量、触发器(triggers)①等是风险预警过程的输出，主要内容包括以下几个方面。

(1) 监控风险设想。确定风险发生的可能性是否在增大，确定是否有必要立即采取行动。

(2) 对比项目状态与风险阈值。项目进行过程中产生的状态信息通过项目跟踪工具获得。将不同的状态信息与其计划中的风险阈值进行比较，如果状态信息在可接受的风险阈值之内，表明项目进度正常；否则，表明出现了不可接受的情况。阈值的设定在项目生命周期中随着项目的进展而发生变化。这就是一个风险示警系统。

(3) 风险信息的通知。风险信息是通过定期事件触发器、时间触发器、相对变化触发器和阈值触发器这四种触发器发出的。触发器是控制风险计划实施的装置。它可置于项目监视、计划的风险阈值、定量目标和项目进度之中。它是启动、解除或延缓风险反应计划活动的装置，如果触发器的值为真，则需要执行风险应对计划。

(4) 风险应急计划。应急计划包括风险的描述、完成计划的假设、风险发生的可能性、风险影响以及适当的反应等。它是为控制项目实施过程中可能出现或发生的特定情况做好准备。有效的应急计划往往把风险视为由某种"触发器"引起的，即项目中的风险存在着某种因果关系。

4) 过程机制

风险预警方法、风险预警工具和风险数据库都是风险预警过程的机制。风险预警工具的使用使预警过程科学化。

三、项目风险监控的依据

1. 项目风险控制的依据

(1) 项目风险管理计划。

(2) 项目风险应对计划。

(3) 项目沟通。工作成果和多种项目报告可以表述项目进展和项目风险。一般用于监督和控制项目风险的文档有：项目执行情况报告、事件记录、行动规程、风险预报等。

(4) 附加的风险识别和分析。随着项目的进展，在对项目进行评估和报告时，可能会发现以前未曾识别的潜在风险事件。应对这些风险继续执行风险识别、评估、量化和制订应对计划。

(5) 项目评审。项目评审者检测和记录风险应对计划有效性以及风险主体的有效性，以防止、转移或缓和风险的发生。

2. 项目风险预警的依据

风险预警的依据包括风险设想、风险阈值②、风险指标、风险状态、风险预警信号、风

---

① 或称风险征兆、预警信号，是指示风险已经发生或即将发生的外在表现，是风险发生的苗头和前兆。

② 风险阈值：阈值定义了风险发生的端倪，是启动风险行动计划的值。

险处置新建议。由于项目风险具有复杂性、变动性、突发性、超前性等特点，风险预警还没有一套公认的、单独的技术方法可供使用，其基本目的是以某种方式监视风险，保证项目可靠、高效地完成项目目标。

四、项目风险监控的工具和方法

项目风险监控的工具和方法包括：审核检查法、监视单、项目风险报告、费用偏差分析(挣得值法)、风险预警系统、附加风险应对计划、独立风险分析等。

项目风险监控的
工具和方法

五、项目风险监控的结果

(1) 新的项目风险应对措施。在项目风险的控制过程中，可能会采用事先没有计划好的应对措施，这些风险应对措施应有效地进行记录，并被编制到项目的风险管理计划中，为管理以后可能出现的风险提供参考。

(2) 变更申请。实施应急计划时常会导致项目风险管理计划的变更，此时就要提交变更申请。

(3) 纠偏措施。纠偏措施包括实施应急计划和附加应对计划。

(4) 修改风险应对计划。当预期的风险发生或未发生时，当风险控制的实施消减或未消减风险的影响或概率时，必须重新对风险进行评估，对风险事件的概率和价值以及风险管理计划的其他方面进行修改，以保证重要风险得到恰当控制。

(5) 风险数据库。建立风险数据库的目的是整理、更新和分析收集的数据，数据库的采用有助于整个组织过程中的风险管理。

(6) 更新风险判别核查表。根据经验不断更新核查表有助于将来的项目风险管理。

本 章 小 结

本章包括以下主要内容。

(1) 项目风险管理的定义、特点和内容。项目风险管理是指通过风险识别、风险分析和风险评价去认识项目的风险，并以此为基础合理地使用各种风险应对措施、管理方法、技术和手段，对项目的风险实行有效的控制，妥善地处理风险事件造成的不利后果，以最少的成本保证项目总体目标实现的管理工作。项目风险管理具有全过程管理、全员管理和全要素集成管理的特点。

(2) 项目风险管理规划的定义、过程和方法。风险管理规划就是制定风险规避策略以及具体实施措施和手段的过程。项目风险管理规划的目的就是明确有组织、有目的的风险管理思路和途径，以预防、减轻、遏制或消除不良情况的发生，避免对项目产生不利影响。风险管理规划的过程主要是针对整个项目生命周期制定如何组织和进行风险识别、风险评价和风险量化、风险应对计划及风险监控的规划过程。

（3）项目风险识别的定义、过程和方法。风险识别是项目管理者识别风险来源、确定风险发生条件、描述风险特征并评价风险影响的过程。项目风险识别是一项贯穿于项目实施全过程的项目风险管理工作，主要采用文件审查法、信息收集法、检查表法、情景分析法、图表法和系统分解法等，识别内在风险及外在风险。

（4）项目风险评估的定义、过程、原则和方法。项目风险评估是通过建立项目风险的系统评价模型，对项目风险因素影响进行综合分析，并估算出各风险发生的概率及其可能导致的损失大小，从而找到该项目的关键风险，确定项目的整体风险水平，为如何处置这些风险提供科学依据，以保障项目的顺利进行。项目风险评估的目的是找出各种风险的危害程度，然后确定采取的应对措施，促进项目更有把握地实现其性能、进度和费用目标。项目风险评估必须遵循的原则包括风险回避准则、风险权衡准则、风险处理成本最小准则、风险成本/效益比准则、社会责任准则。

（5）项目风险应对的定义、工具和方法。项目风险应对是指根据项目风险识别和度量的结果，针对可能的项目风险提出项目应对措施，并制订项目风险应对计划。通过开展项目风险控制落实这些措施，从而避免或消减项目风险所带来的损失。项目风险应对的工具和方法主要包括回避风险、转移风险、减轻风险、接受风险、预防和后续措施等。

（6）项目风险监控的定义、过程和方法。项目风险监控是指在整个项目过程中根据项目风险管理计划和项目实际发生的风险与项目发展变化所开展的各种监督和控制活动。项目风险监控包括风险控制和风险预警。风险监控是一个连续的系统过程，根据整个项目风险管理过程既定的衡量标准，采用审核检查法、监视单、项目风险报告，以及直方图、因果分析图和帕累托图等，全面系统跟踪并评价风险处理活动的执行情况，必要时还包括进一步提出风险应对措施。

思　考　题

1. 什么是项目风险？项目风险的特征是什么？如何对风险进行分类？

2. 什么是项目风险管理？项目风险管理的特征是什么？项目风险管理包括哪几个部分？

3. 项目风险管理有哪些主要作用？如何才能够更好地发挥这些作用？

4. 什么是项目风险管理规划？项目风险管理规划包括哪些过程？项目风险管理规划的结果是什么？

5. 什么是项目风险识别？项目风险识别包括哪些过程？风险识别的方法有哪些？

6. 什么是项目风险评估？项目风险评估包括哪些过程？

7. 项目风险评估的原则和依据是什么？

8. 简述项目风险评估的方法及其侧重点。

9. 什么是项目风险应对？项目风险应对包括哪些过程和步骤？

10. 风险应对策略包括哪些？

11. 什么是项目风险监控？项目风险监控的主要内容是什么？

12. 项目风险监控应该包括哪些过程？如何进行风险监控？

第十三章　项目采购与合同管理

【学习要点及目标】

● 理解项目采购与合同管理的定义和内容。
● 掌握项目采购计划的定义、内容和方法。
● 熟悉项目招投标的定义、原则、程序和内容。
● 了解项目合同管理的定义、分类和流程。
● 认知项目合同收尾、变更和索赔的定义和内容。

【核心概念】

项目采购与合同管理　　项目采购规划　　项目招投标　　资信验证管理　　项目合同

第一节　项目采购与合同管理概述

一、项目采购的概念与分类

项目采购(project procurement)是指从项目组织外部获得物料、工程和服务的整个采办过程。

项目采购通常按以下两种情况分类。

1. 按采购对象不同分类

按采购对象的不同，项目采购可分为有形(physical)采购和无形(non-physical)采购两大类，如图 13-1 所示。

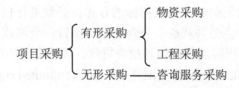

图 13-1　项目采购按对象不同的分类

(1) 物资采购，属于有形采购，是指购买项目建设所需的各种投入物，如机器、设备、仪器、仪表等物料，还包括与之相关的服务，如运输、保险、安装、测试、培训和维修等。

(2) 工程采购，也属于有形采购，是指选择合格的承包单位来完成项目的施工任务，同时还包括与之相关的人员培训和维修等服务。

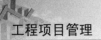

(3) 咨询服务采购，属于无形采购，是指聘请咨询公司或咨询专家来完成项目所需的各种服务，包括项目投资前期准备工作的咨询服务，如可行性研究、工程项目现场勘查、设计等业务；项目设计和招标文件编制服务；项目管理、施工监理等执行性服务；技术援助和人员培训等服务。

2. 按采购方式不同分类

按采购方式的不同，项目采购可分为招标采购和非招标采购两大类，如图 13-2 所示。

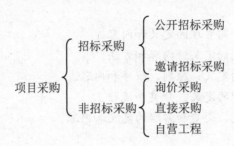

图 13-2　项目采购按采购方式不同的分类

项目采购，与企业一般意义上的商品采购有所不同，它是站在项目组织的角度，假设卖方在项目组织的外部，并从采购(买方—卖方)关系中买方的角度出发。一般项目采购的业务范围包括：确定所要采购的货物或土建工程，或咨询服务的规模、品类、规格、性能、数量和合同等；组织进行招标、评标、合同谈判和签订合同；合同的实施、监督、支付与纠纷处理等。从世界各国的情况来看，项目招标主要有公开招标和邀请招标两种方式。政府采购以及公共项目采购中一般优先选择公开招标方式。

1) 招标采购

它是由需求方提出招标条件和合同条件，然后许多投标商同时投标报价的采办过程。通过招标，需求方能够获得价格更为合理、条件更为优惠的货物或服务供应。招标采购又分为无限竞争性的公开招标和有限竞争性的邀请招标两类。对受客观条件限制和不易形成竞争项目的还可以采取协商议标。

我国《招标投标法》对必须招标采购的项目范围做出了明确的规定，即在中华人民共和国境内进行下列工程建设项目，包括项目的勘察、设计、施工、监理以及与工程建设有关的重要设备、材料等的采购必须采取招标的方式。必须进行招标的项目包括：大型基础设施、公用事业等关系社会公共利益、公众安全的项目；全部或部分使用国有资金投资或者国家融资的项目；使用国际组织或国外政府贷款、援助资金的项目。

(1) 公开招标(open bidding)又称无限竞争性招标(unlimited competitive open bidding)，是由招标单位通过报刊、广播、电视等媒体发布招标广告，凡对该招标项目感兴趣又符合投标条件的法人，都可以在规定的时间内向招标单位提交意向书，由招标单位进行资格审查，核准后投标商购买招标文件，进行投标。公开招标的方式可以给一切合格的投标者平等的竞争机会，能够吸引众多的投标者，故又称为无限竞争性招标。同时，根据项目采购的规模大小、要求的货物和服务的技术水平的高低以及资金来源，公开招标又可以按其涉及的范围大小，分为国际竞争性招标(International Competitive Bidding，ICB)和国内竞争性招标

(National Competitive Bidding，NCB)。

优点：承包商有平等竞争的机会，业主有较大的选择权。

缺点：会使一些经验不足、实力不够或财务状况欠佳的承包商掺杂进来，增加评标的工作量和难度，造成不必要的支出。

适用范围：小型项目。

(2) 有限竞争性招标(Limited Competitive Selected bidding，LCSB)又称为邀请招标或选择招标。有限竞争性招标是由招标单位根据自己积累的资料，或由权威的咨询机构提供信息，选择一些合格的单位发出邀请，应邀单位(必须有 3 家以上)在规定时间内向招标单位提交投标意向书，购买招标文件进行投标。对受客观条件限制和不易形成竞争的项目还可以采用协商议标的方式。

优点：有目的地选择承包商，应邀投标者在技术水平、经济实力、信誉等方面具有优势，基本上能保证招标项目顺利完成，减少工作量和难度。

缺点：在邀请时如带有感情色彩，缺乏公平竞争机制，就会使一些更具竞争力的投标商失去机会。

适用范围：建设单位对承包商在深入了解时，常用于私营工程项目。

2) 非招标采购

非招标采购又可以分为询价采购、直接采购和自营工程等。

(1) 国际询价采购(International Shopping，IS)和国内询价采购(National Shopping，NS)，即比价方式，一般习惯称为"货比三家"。它适用于项目采购时直接取得现货的采购，或价值较小、属于标准规格产品的采购。这种方式适用于采购现货或价值较小的标准规格设备，或者适用于小型、简单的土建工程。

(2) 直接采购(direct contracting)是指在特定的采购环境下，不进行竞争而直接签订合同的采购方法。它主要适用于不能或不便进行竞争性招标或竞争性招标无优势的情况。例如，有些货物或服务具有专卖性质从而只能从一家制造商或承包商处获得，或在重新招标时没有其他承包商愿意投标等。

(3) 自营工程(fore account)是土建工程中采用的一种采购方式，是指项目业主不通过招标或其他采购方式而直接使用自己国内、省(区)内的施工队伍拉承建的土建工程。它主要适用于工程量多少无法事先确定、工程的规模小而分散或所处地点比较偏远、没有一个承包商感兴趣的工程或必须在不受干扰的条件下进行施工并完成的工程等情况。

二、项目采购与合同管理的概念

项目采购与合同管理(project procurement and contract management)是指在项目实施的整个过程中，项目组织为完成项目可交付成果，而从项目团队外部积极采购或获取所需产品、服务或成果的各个过程，即项目团队外部采购或获得所需产品、服务或成果的各个过程。其中，项目所需资源基本上可以分为产品和服务两大类。产品包括厂房、机器设备、原材料、能源等各类物质；服务包括劳务、咨询、设计、管理中介等各种活动。

在项目采购与合同管理过程中，项目实施组织的角色既可能是采购合同中的买方，也可能是卖方。在采购项目所需资源的过程中，项目实施组织是作为买方出现的，但当项目

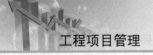

实施组织作为劳务或商品的提供者向项目业主或客户提供服务时，项目实施组织则成了该合同的卖方。因此，在项目采购管理中需要管理的合同也包括两类；一类是项目实施组织作为买方采购资源时的合同管理，另一类是项目实施组织作为卖方提供资源时的合同管理。

三、项目采购与合同管理的内容

项目采购与合同管理是由一系列管理阶段和过程构成的。项目采购和合同管理的内容(知识体系)如图 13-3 所示。

图 13-3　项目采购与合同管理的的内容

项目采购与合同管理的核心工作过程如图 13-4 所示。

图 13-4　项目采购与合同管理的核心工作过程

(1) 项目采购规划：起草书面的范围说明书，作为将来项目决策的基础。

(2) 项目招投标：把项目的主要可交付成果划分为较小的、更加容易管理的组成部分。

(3) 项目合同管理：对项目范围定义的可接受性进行确认。

(4) 项目合同收尾：是合同的完成和结算，包括针对所有遗留问题的解决方案。

四、项目采购与合同管理的程序

在项目采购管理中买主起决定作用，因而项目采购管理是从项目资源买主的角度出发来开展的一系列管理工作和过程，这些具体管理工作的程序主要包括如下几个方面。

1. 项目采购计划的编制

要满足项目的需要就必须根据项目集成计划和资源需求，确定项目在什么时候需要采购什么产品、怎么采购这些产品，并据此编制出详细可行的项目采购计划。项目采购计划是项目采购管理的核心文件，是项目采购管理的根本依据之一。同时，为保证项目能够按时、按质、按量获得各种物质或劳务，人们还必须制订项目采购工作的计划：何时开展所需要的货物或劳务产品的巡检、订货、签订合同等工作的具体计划。它是确保项目采购能按时、按质、按量和在需要的时候到位的一种管理安排。

2. 项目采购工作计划

项目采购工作计划就是以项目采购计划为依据的一个有关项目具体采购工作安排的细化文件，是后续的项目招投标和合同管理的基础。它包括三项主要工作：一是各种用于征询项目供应提案的采购文件，二是各种采购评价使用的规范，三是项目合同工作的说明。

3. 向供应商或承包商询价

项目组织获得各种资源所开展的具体采购的第一步包括在项目采购中搜寻市场行情、获得资源报价或各种实施劳务及资源的招投标报价，以及获得供应商和承包商给出的各种信息、要求、报价单、投标书等文件的实际工作。

4. 选择承包商和供应商

在获得多个供应商或分包商的报价等相关信息后，按照一定的承包商和供应商选择评

价标准或规范，从所有的候选供应商或承包商中选择一个或多个进行项目采购合同的洽谈和订立，以便最终购买其他货物或劳务。

5. 项目合同管理

项目合同管理是指选定采购产品的供应商之后，项目组织与选定的各个供应商进行采购合同谈判，确定供货条件、明确合同条款、签订合同、监督合同履行等一系列管理工作。

6. 项目合同收尾

项目合同收尾是按照合同的规定和要求，对合同的提交结果进行核实和验收，并进行移交、付款以及解决未尽事项、结束合同的过程。它涉及在项目采购合同全部履行前后，或者是某项合同因故中断与终止前后所开展的各种项目采购合同结算或决算，以及各种产权和所有权的交接过程。这一过程包括一系列的关于项目采购合同条款实际履行情况的验证、审计、完成和交接等管理工作。

第二节　项目采购规划

一、项目采购规划的概念和内容

项目采购规划(project procurement planning)是在考虑了买卖双方之间的关系之后，从采购者(买者)的角度，确定从项目组织外部采购哪些产品和服务能够最好地满足项目需求的过程。

项目采购规划主要涉及采购什么、何时采购、怎样采购、采购多少、从何处采购(即如何选择合适的供应商)和以何种价格采购，具体内容如下。

1. 采购品种的确定

确定项目采购的对象及其品质，包括采购产品的名称、规格、化学或物理特性、产品材料、制造要求与方法、用途或使用说明、质量标准和特殊要求等。这一方法要求在决策采购什么时就应保证采购的产品满足四个条件：一是适用性，也就是项目采购的产品要符合项目实际需要；二是通用性，是指尽量采购通用的产品；三是可获得性，即在需要时能及时得到所采购的产品；四是经济性，就是在保质保量的前提下采购成本最低。

2. 采购时间计划

项目采购行为发生过早会增加库存量和库存成本，而项目采购行为过迟会因库存量不足而造成项目的停工待料。由于从项目采购的订货、采购合同洽谈与签署到产品入库必须经过一段时间，所以在决定何时采购时，需要从采购产品投入项目使用之日起，按照倒推和给出合理提前时间的办法，确定采购订货的时间和采购作业的时间。

3. 采购方式的选择

在项目采购过程中使用何种方式采购，如自制还是外购、招标采购还是非招标采购、选择的合同条件等，它需要确定是否采用分批交货的方式、采用何种产品供给与运输方式、项目采购产品的具体交货方式和地点等。

4. 采购数量的确定

任何项目所需产品的采购数量一定要适当，因为过多或过少都会使项目成本上升，所以对此必须进行管理。项目所需产品的采购数量必须根据项目实际情况决定，一般项目的采购数量可以使用经济订货模型等方法来决定采购多少。另外，在计划安排和决定某种资源采购多少时，还应该考虑批量采购的数量优惠等因素和项目存货的资金时间价值等方面的问题，所以实际上这一要素涉及数量和资金成本两个方面的变量，必须综合考虑。

5. 供应商选择

项目资源的买方必须建立合理的供应商或承包商评价标准和选择程序，并用它做出向谁采购的科学决策。一般在决定向谁采购时，应该考虑供应商或承包商的技术、质量、组织等方面的能力和财务信用状况等条件。在项目采购过程中，项目资源的买主应经常与供应商或承包商保持联系，甚至在一定程度上介入它们的生产监督和质量保障工作，从而保证项目所获产品的质量和数量以及及时性。

6. 采购价格的确定

项目资源的买主不能无条件地按照最低价格原则采购项目所需产品，必须同时考虑采购质量和交货期等要素，项目资源的买主应该在既定产品质量、交货期限和其他交易条件下寻找最低的采购合同价格。通常，项目采购合同价格的高低受多方面因素的影响，包括市场供求关系、产品提供方的成本、合同计价方法、产品的采购条件(如交货日期、付款方法、采购数量等)、卖方的成本控制水平、国家或地方政府政策的影响、物价波动和通货膨胀的影响、采购人员的价值判断和争价能力等，在确定项目采购价格时，必须同时考虑这些因素的综合影响。

同时，项目采购规划编制过程也包括考虑潜在卖方的过程，特别是在买方希望对询价决策施加一定的影响或控制的情况下。同时，也应考虑在项目执行过程中谁持有法律、法规或组织政策要求的相关许可证。

项目进度计划可能会对采购计划编制过程产生重大影响。在编制采购计划过程中形成的决策也会影响项目进度计划，并与进度制定、资源估算以及自制或外购决策过程交互作用。

此外，项目采购规划编制应当考虑合同和分包合同的类型。

项目采购规划的主要工作如表 13-1 所示。

表 13-1　项目采购规划的主要工作

依　据	工具和方法	结　果
项目范围说明书	自制或外购分析	采购管理计划
产品说明	独立估算	合同工作说明书
项目采购所需的资源	合同类型的选择	自制或外购决策文件
市场状况		
其他相关的计划		
项目的制约因素和假设条件		
物料清单		

二、项目采购规划的依据

(1) 项目范围说明书。项目范围说明书说明了项目目前的界限，提供了在采购规划过程中必须考虑的项目要求和策略的重要资料。随着项目的进展，范围说明书可能需要修改或细化，以反映这些界限的所有变化。

(2) 产品说明。项目产品(项目最终成果)的说明，对项目可交付成果的功能、质量标准、特性等相关情况进行了描述，提供了有关在采购规划过程中需要考虑的所有技术问题或注意事项的重要材料。

(3) 项目采购所需的资源。项目实施组织若没有正式的负责采购单位，则项目管理团队需要自己提供资源和专业知识支持项目的各种采购活动。

(4) 市场状况。采购计划过程必须考虑市场上有何种产品可以买到、从何处购买，以及适用的合同条款和条件是怎样的。

(5) 其他相关的计划。在编制项目采购规划时，要考虑项目的一些其他计划，其中项目费用预算、进度计划和质量计划对项目采购会产生重大的影响。

(6) 项目的制约因素和假设条件。由于项目采购存在着诸多变化不定的环境因素，项目组织在实施采购过程中，面对变化不定的社会经济环境应做出一些合理的推断。

(7) 物料清单。物料清单是指产品的具体明细表，它不仅是采购部门确定采购计划的最重要依据，而且是生产部门安排生产的依据，同时也是计划部门确定物料需求计划的依据。

三、项目采购规划的工具和方法

1. 自制或外购分析

"自制或外购"决策分析技术的基本原理是：如果买主能够以较低成本生产出所需的某种资源，那么他就不应该从外部购买；如果项目组织自己提供某种项目所需资源或制造某种项目所需成本高于外部采购成本，那么他就应该从外部供应商或分包商处采购获得该货物或劳务。对项目的任何一种资源的买主而言，在制订项目采购计划之前，必须对项目所需产品进行制造或购买的决策分析和评价，这是决定采购计划中究竟采购什么的前提工作之一。

在这一分析中，采购成本是决定制造还是购买的核心要素。在进行制造或购买决策分析中，产品的间接成本和直接成本是必须考虑的两个构成要素，对购买或制造的分析应该包括从外部购买某种产品需实际付出的采购直接成本和管理整个采购过程而付出的间接成本等成本要素。

2. 独立估算

独立估算又称为合理费用估算。在编制项目采购计划时，往往需要预测采购的成本，而采购成本的预测一般是通过独立估算来完成的。项目组织应该在采购产品时编制自己的估算，用以检查供应商的报价。如果差异较大，说明项目定义的范围不恰当，或者供应商对采购方的需求有误解或漏项。如果项目组织没有能力进行独立估算，也可以把独立估算的工作交由外部的专家来完成。专家所作的合法判断包括由律师提供相关服务，协助做出非标准采购的条款和条件。

3. 合同类型的选择

工程项目合同的分类方式有很多种，可以按照工作内容、承包范围、支付方式等分类。按工作内容可分为工程咨询服务合同(包括设计合同、监理合同等)、勘察合同、工程施工合同、货物采购合同(包含各类机械设备采购、材料采购等)、安装合同等；按合同内容所涉及的范围可以分为交钥匙合同、设计—采购—施工合同、设计—采购合同、单项合同等；按合同计价和支付方式可以分为总价合同、单价合同和成本加酬金合同。各自的含义、特征、责任风险不同，适用性也不同。不同的支付方式以不同的方法激励承包商。项目和合同的组织目的是创建一个协调的系统，通过适当地激励承包商成就双方的共同目标。因此，选择合同类型时，合同的支付方式是合同双方关注的焦点。

合同类型的选择主要依据的因素包括：项目性质、工期的紧急程度、项目实际成本与项目日常风险评价、双方要求合同类型的复杂程度(技术风险评价)、竞价范围、成本价格分析、项目紧急程度(顾客要求)、项目周期、承包商(卖主)财务系统评价(是否有能力通过合同盈利)、合作合同(是否允许其他卖主介入)、转包范围的限定。

四、项目采购规划的结果

1. 采购管理计划

采购管理计划中需说明如何对具体的采购过程进行管理，包括：①使用的合同类型；②是否需要有独立的估算作为评估标准，由谁负责，何时编制这些估算；③项目实施组织是否设计了采购部门，项目管理组织在采购过程中自己能采取何种行动；④是否需要使用标准的采购文件，从哪里可以获得这些标准文件；⑤检查履约保函或保险合同，以降低项目风险。

根据项目的具体要求，采购管理计划可以是正式的，也可以是非正式的；可以非常详细，也可以很粗略。此计划是项目整体计划的补充。

2. 合同工作说明书

合同工作说明书详细地说明了采购项目，以便潜在的承包商确定他们是否能够提供该采购项目所要求的产品或服务。合同工作说明书的详细程度可以视采购项目的性质、买方的要求或者预计的合同形式而异。合同工作说明书包含的信息有规格、数量、质量水平、性能数据、履约期限、地点以及其他要求。

合同工作说明书在采购过程中可能被修改和细化。例如，潜在的承包商可能建议使用效率更高的方法或成本更低的产品。每一个单独的采购项目都要求有单独的合同工作说明书。但是，多种产品或服务可以组成一个采购项目，使用一个合同工作说明书。

合同工作说明书应尽可能清晰、完整、简洁，还应包括对所需附属服务的要求说明。例如，承包商报告及对采购的设备给予项目完成后的运行支持。在某些应用领域，对合同工作说明书的内容和格式有具体的规定。

3. 自制或外购决策文件

项目招投标

自制或外购决策文件说明了产品、服务或成果是由项目团队自制还是外购，还包括为应对风险是否购买保险或履约保函。自制或外购决策文件可以简要说明决策的原因和依据。

第三节　项目合同管理

一、项目合同管理的相关概念

合同是平等主体的自然人、法人、其他经济组织之间建立、变更、终止民事权利义务关系的相互间有约束力的协议。合同一般具有以下法律特征：合同是一种法律行为；合同是双方当事人的法律行为；合同是合法的法律行为；双方当事人在合同中的地位平等；合同关系是一种法律关系，具有强制性。

项目合同是指项目业主或其代理人与项目承包商或供应商为完成一确定的项目所指向的目标或规定的内容，明确相互的权利义务关系而达成的协议。

项目合同的构成要素包括以下几个方面。

(1) 合同的彼此一致性。项目合同必须建立在一个双方均可接受的提议基础之上。

(2) 报酬原则。项目合同要有一个统一的计算和支付技术价金的方式。

(3) 合同规章。只有当承包商依据合同规章进行工作时，他们才会受到合同的约束，并享受合同的保护。

(4) 合法的合同目的。合同中必须有一个合法的目的或标的物，它应当不是法律所禁止的。

(5) 依据法律确定的合同类型。项目合同要反映双方的权利及义务，这将用于合同的最终结果，而合同的类型也取决于此。

项目合同管理(project contract management)是保证合同双方当事人严格地按照所签订合同规定的各项要求自觉履行各自的义务，维护各自权益的过程，也是指依照合同及合同法对合同的签订、执行、终结、变更进行的组织、指导、检查、监督、验收、协调以及发生争执时的调解、仲裁等工作。它是保证承包商的实际工作满足合同要求的过程。

合同管理包括在处理合同关系时使用适当的项目管理过程，并把这些过程的结果综合到该项目的总体管理中。

项目合同管理的主要工作如表 13-2 所示。

表 13-2　项目合同管理的主要工作

依　据	工具和方法	结　果
合同文件	合同变更控制系统	往来函件
合同实施结果	绩效审核	合同文件

续表

依　据	工具和方法	结　果
变更申请	进度报告	合同变更
发货单	支付系统	承包商的付款要求
项目组织的支付记录	合同档案管理系统	

二、项目合同的主要内容和分类

1. 项目合同的主要内容

合同的内容由合同双方当事人约定。不同种类的合同其内容不一，简繁程度差别很大。

签订一个完备周全的合同，是实现合同目的、维护自己合法权益、减少合同纠纷的最基本的要求。合同通常包括如下几方面的内容。

(1) 合同当事人。合同当事人是指签订合同的各方，是合同权利和义务的主体。当事人是平等主体的自然人、法人或其他经济组织。但对于具体种类的合同，当事人还"应当具有相应的民事权利能力和民事行为能力"。例如，签订建设工程承包合同的承包商，不仅需要工程承包企业的营业执照(民事权利能力)，而且还有与该工程的专业类别、规模相适应的资质许可证(民事行为能力)。

(2) 合同标的。合同标的是当事人双方的权利、义务共指的对象。它可能是实物(如生产资料、生活资料、动产、不动产等)、行为(如工程承包、委托)、服务性工作(如劳务、加工)、智力成果(如专利、商标、专有技术)等。如工程承包合同，其标的是完成工程项目。标的是合同必须具备的条款。无标的或标的不明确，合同是不能成立的，也无法履行。合同标的是合同最本质的特征，通常合同是按照标的来分类的。

(3) 标的的数量和质量。标的的数量和质量共同定义标的的具体特征。标的的数量一般以度量衡作为计算单位，以数字作为衡量标的的尺度；标的的质量是指质量标准、功能、技术要求、服务条件等。没有标的数量和质量的定义，合同是无法生效和履行的，发生纠纷也不易分清责任。

(4) 合同价款或酬金。合同价款或酬金即取得标的(物品、劳务或服务)的一方向对方支付的代价，作为对方完成合同义务的补偿。合同中应写明价款数量、付款方式和结算程序。

(5) 合同期限、履行地点和方式。合同期限是指履行合同的期限，即从合同生效到合同结束的时间。履行地点是指合同标的物所在地，如以承包工程为标的的合同，其履行地点是工程计划文件所规定的工程所在地。

由于项目活动都是在一定的时间和空间上进行的，离开具体的时间和空间，项目活动是没有意义的，所以合同中应非常具体地规定合同期限和履行地点。

(6) 违约责任。即合同一方或双方因过失不能履行或不能完全履行合同责任而侵犯了另一方权利时所应负的责任。违约责任是合同的关键条款之一。没有规定违约责任，则合同对双方难以形成法律约束力，难以确保圆满地履行，发生争执也难以解决。

(7) 解决争执的方法。这些是一般项目合同必须具备的条款，不同类型的项目合同按需要还可以增加许多其他内容。

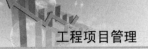

2. 项目合同的分类

1) 按签约各方的关系分类

(1) 工程总承包工程项目合同。项目组织与承包商之间签订的工程项目合同，所包含的范围包括项目建设的全过程(包括土建、安装、水、电、空调等)。

(2) 工程分包工程项目合同。它是承包商将中标工程的一部分内容包给分包商，为此而签订的总承包商与分承包商间的分包工程项目合同。允许分包的内容，一般在工程项目合同条件中有规定，如菲迪克工程项目合同条件就规定"承包商不得将全部工程分包出去……如(工程师)同意分包(指部分分包)，也不得免除承包商在工程项目合同中承担的任何责任和义务。"也就是说，签订分包工程项目合同后，承包商仍应全部履行与业主签订的工程项目合同所规定的责任和义务。

(3) 货物购销工程项目合同。这是项目组织为从组织外部获得货物而与供应商签订的工程项目合同。

(4) 转包工程项目合同。这是一种承包权的转让。承包商之间签订的转包工程项目合同，明确由另一承包商承担原承包商与项目组织签订的工程项目合同所规定的权利、义务和风险，而原承包商由转包工程项目合同中获取一定的报酬。

(5) 劳务分包工程项目合同。通常称劳务分包工程项目合同为包工不包料工程项目合同或叫包清工工程项目合同。分包商在工程项目合同实施过程中，不承担材料涨价的风险。

(6) 劳务工程项目合同。承包商或分承包商雇用劳务所签订的工程项目合同，提供劳务一方不承担任何风险，但也难获得较大的利润。

(7) 联合承包工程项目合同。指两个或两个以上合作单位之间，以承包人的名义，为共同承担项目的全部工作而签订的工程项目合同。

2) 按工程项目合同计价方式分类

(1) 总价工程项目合同。总价工程项目合同是指在工程项目合同中规定一个总价，该价格一般是以设计图纸和技术规范说明书所规定的所有内容为依据。在总价工程项目合同中，业主不管承包商获得多少利润或者亏损，均按工程项目合同规定的总价付款。总价工程项目合同一般可大致分为固定总价工程项目合同(工期不长，一般不超过1年)和可调总价工程项目合同(一般工期较长，1年以上)。

① 固定总价工程项目合同。承包商的报价以详细而准确的设计图纸、规范和工程量清单为依据，并考虑到一些费用的上涨因素。如业主的设计图纸无变更，则总价固定，承包人不得要求变更承包价。施工中图纸有变更时，总价也要变更。这种工程项目合同，承包商要承担一切风险，很可能要为诸多不可预见的因素付出代价，因此一般报价较高。

采用这种方式，必须具备以下条件：招标时，应能详细而全面地准备好设计图纸和规范，使投标者能够准确地计算工程量；工程风险不大；在工程项目合同条件允许的范围内，给承包商以各种必要的方便条件。

这类工程项目合同界定比较明确，超支的风险较低，对技术不太复杂、工期不太长(一般不超过1年)、规模较小、风险不太大、项目内容要求十分明确的工程，这种方式是比较简便而适宜的。反之，如果图纸和技术规范不够详细、工期较长、价格波动大、工程量及设计变动多的工程，承包人承担的风险较大，为此不得不加大不可预见费或投标的裕度，对业主不利。一般大中型的土建工程不采用这种方式。签订这种工程项目合同时，双方必须对产品成本的估计均有把握。

② 可调总价工程项目合同。在报价和签订工程项目合同时，以设计图纸、工程量及当时的价格计算签订工程项目合同总价。但在工程项目合同条款中，双方应商定，如果在执行工程项目合同中，因物价上涨而引起工程投入物的成本上升，工程项目合同总价应相应调整。在这种工程项目合同中，业主承担了物价上涨的风险，其他风险要由承包商来承担。一般工期较长(1 年以上)的工程宜采用这种工程项目合同形式。

(2) 单价工程项目合同。单价工程项目合同是指承包商按业主提供的分部分项工程内容或者工程量清单内容填报单价，并以此签订工程项目合同，因此这种类型的工程项目合同的实际总价是承包商每单位产品付出的劳动与劳动单位价格确定的。实际上，这是一种按照计件或计时付费的工程项目合同。这类工程项目合同中，承包商仅按工程项目合同的规定承担部分风险。由于风险分配比较合理，能够适应大多数项目，能调动承包商和业主双方的管理积极性。这类工程项目合同适用于比较正规、工作内容比较明确，且项目需要采购的产品数量较少且数量难以预计的项目。

单价工程项目合同分为固定单价工程项目合同、可调单价工程项目合同、工程量清单单价工程项目合同。

① 固定单价工程项目合同。根据工程项目合同结算价格的调整状况，固定单价工程项目合同还可以分为估算工程量单价工程项目合同和纯单价工程项目合同。

估算工程量单价工程项目合同。实际完成的工程量与原估计的工程量相差在一定的幅度(如±10%)范围内时，则不调整工程项目合同价。如果工程量变更超过该幅度，则允许承包商调整工程项目合同单价，或者一些重要的材料价格变动较大时允许承包商调整单价，或者项目的实际结算价超过工程项目合同价一定幅度后允许调整工程项目合同总价。因此，这种工程项目合同计价方式较为合理地分担了工程项目合同执行过程中的风险。

纯单价工程项目合同。不考虑工程量的变化对工程价款的影响，承包商几乎承担工程项目合同执行过程中的全部风险。

② 可调单价工程项目合同。在工程实施过程中，如果工程量、物价等发生变化，可对单价作调整。因此，与其他计价方式相比，双方的责任风险均小些。例如，在工程项目合同条款中规定，当工程量变化幅度超过一定范围(如±10%)时，该项工作的单价作相应调控。

③ 工程量清单单价工程项目合同。工程量清单单价工程项目合同是指由业主向投标人提供一套以某一具体工程为"标的"的招标文件，让其以工程量清单和单价表为计算价金的依据报价。对于土建工程，一份分项详细的清单中列出的工程量是估计或预计的数量。工程量清单根据设计或施工图纸编制，并根据标准工程量计算方法将工程分解成分项工程，计算各分项价格。清单的每一项中，都对要完成的工程写出工程细目名称和相应的工程数量。承包商对每一工程细目都填入单价，以及单价与工程量相乘后的合价，再加上不可预见费、计日工等暂定金额，构成其投标价。

工程量清单并不妨碍其中包含一定程度的总额支付项(lump sum)，如承包人的驻地建设、试验室设备等细目。其内容要规定明确，投标时对此只报一个总价，按完成情况一次或分期支付。

目前国际上采用这种方式的较多，我国的施工预算也基本上属于这种类型。各个工程细目的预计数量与实际计量得出的数量，在实际施工时，可能有增有减，一般不对所报单价作调整。但如果工程变更产生的工程量差异过大，比如某一单项工程的增减超过了自身数量的一定比例，且此单项工程量占总造价的 1% 或 2%，还应合理地调整单价。

这种以工程量清单形式报出的单价的各分项价格及总价项，由于其中的工程数量是业主委托咨询或设计单位统一计算出来的，承包商只要复核并填上适当的单价即可得出总标价，承担的风险较小，业主也只要审核单价是否合理即可。因此，这种工程项目合同计价方式较为合理地分担了工程项目合同执行过程中的风险。

(3) 成本加酬金工程项目合同。成本加酬金工程项目合同是将项目的实际投资划分成项目成本费(可报销成本)和承包商完成应得酬金(管理费和利润)两部分。对于项目内容和技术经济指标尚未完全确定，而又急于上马的工程或全新的工程，以及施工中风险很大的工程，可采用这种工程项目合同。这种方式的缺点是承包商可能会不受任何约束地增加工程的直接费用，而不会去精打细算。实际发生的成本越高，提取的管理费和利润也就越多。因此，成本加酬金工程项目合同经常包括某些激励措施，以便达到或超过某些预定的项目目标。这类工程项目合同适用于不确定性较大的项目。国际上，这种工程项目合同还分为以下两种形式。

① 成本加固定酬金工程项目合同。这种类型的工程项目合同为业主支付实施工程项目合同时发生的允许成本，同时承包商获得固定酬金。项目成本实报实销，但酬金是承包商和业主事先商定的一个固定数目。

这种承包方式虽然不能鼓励承包商关心降低成本，但从尽快取得酬金出发，承包商将会关心缩短项目周期。

② 成本加固定百分比酬金工程项目合同。这种类型的工程项目合同为业主支付实施工程项目合同时发生的允许成本，同时承包商获得固定百分比酬金，但承包商和业主事先谈妥酬金的比例。

随着工程的进展，不仅业主需支付工程的直接费，即对人工、材料、机械台班费的等直接成本会增加，而且承包商得到的酬金将随直接费的增加而增加，这样业主会承受更大的风险。因此，这类工程项目合同对业主不利，现在较少采用。

③ 限额成本加浮动酬金工程项目合同。为了克服一般成本加酬金工程项目合同的固有缺点，该类工程项目合同将酬金与估价限额挂钩。估价限额计算的依据是一套图纸和技术规范，或一份工程量清单。但是，为了考虑施工期间设计的进展，双方规定，当工程量发生变化时，可对估算限额进行调整。实际支付的酬金数额通过在原有的酬金基础上增减一定的数额或百分比来确定。这类工程项目合同的计价方式是预先商定项目成本和酬金的预期水平，根据实际成本与预期成本的离差，酬金上下浮动。

按工程项目合同承包范围分类

④ 限额成本加激励酬金工程项目合同。这种承包方式与限额成本加浮动酬金基本相同，这种办法以项目的粗略估算成本作为目标成本，随着项目设计的逐步具体化，劳务数量和目标成本可以加以调整。同时，如果实现工程项目合同中规定的特定绩效目标，承包商将获得预定酬金。

三、工程项目合同体系的概念

工程项目建设具有涉及面广、投资大、参与者多、周期长、不可逆等特点，因此涉及的合同种类繁多。凡与工程建设有关的合同都可称为工程合同。为了实现项目的目标，项目各参与者之间需要订立许多合同，这些合同又彼此互相联系，构成复杂的合同网络，这个合同网络就是工程合同体系。通过对比可以看出，工程合同体系(结构)能够反映出工程项目的任务范围和划分方式以及工程项目的管理模式。施工总承包模式的合同体系见图 13-5，设计—建造总承包模式的合同体系见图 13-6)。

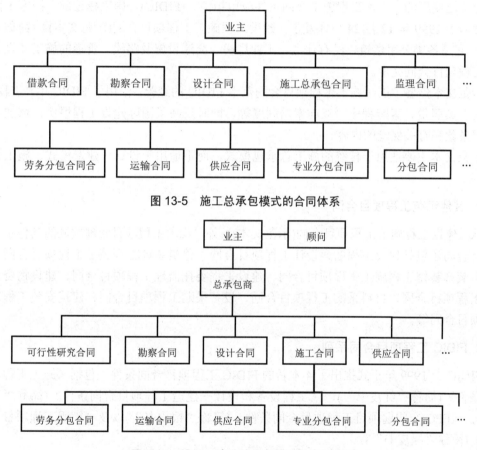

图 13-5 施工总承包模式的合同体系

图 13-6 设计—建造总承包模式的合同体系

在工程合同体系中，业主作为工程的买方，尽管工程项目建设的需求和工程项目管理模式有所不同，但始终是整个合同体系的核心。通常业主按照工程项目实施的不同阶段和具体工作内容的不同，可以订立咨询合同(可行性研究合同)、监理合同、勘察合同、设计合同、施工合同、设备订购合同和材料供应合同等。业主可以将上述合同分专业、分阶段委托，也可以将上述合同以各种形式合并委托。因此在实际工作中，每个项目不同，业主的管理方法不同，合同体系(结构)也会有很大差异。

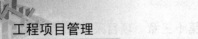

四、标准工程项目合同格式的类型

我国工程承包标准工程项目合同以《建设工程施工工程项目合同(示范文本)》为主,另加其他专业领域的示范工程项目合同。国际工程以 FIDIC 系统工程项目合同以及英国、美国系列工程项目合同为主。

1. 建设工程施工工程项目合同(示范文本)

根据有关工程建设施工的法律、法规,结合我国工程建设施工的实际情况,并借鉴了国际上广泛使用的《土木工程施工合同条件应用指南》(FIDIC),国家建设部、国家工商行政管理局于 1999 年 12 月 24 日印发了《建设工程施工工程项目合同(示范文本)》(简称示范文本),它是各类公用建筑、民有住宅、工业厂房、交通设施及路线、管道的施工和设备安装的工程项目合同文本。

示范文本借鉴了国际施工工程项目合同范本 FIDIC 的经验,沿用了 FIDIC 中"工程师"的称谓及其职责、索赔程序、双向索赔制度等,同时反映了国际建设工程惯例,增加了工程担保条款和有关保险的内容。

示范文本主要适用于传统的施工总承包模式,而不适用于设计—建造模式、施工管理模式等。

2. 其他示范工程项目合同

除《建设工程施工工程项目合同(示范文本)》外,我国工程项目管理领域的其他示范工程项目合同还包括建设工程勘察设计工程项目合同、建筑装饰工程施工工程项目合同、家庭居室装饰装修工程施工工程项目合同、建设工程委托监理工程项目合同、建设物资采购供应工程项目合同、材料采购工程项目合同、设备采购工程项目合同、建筑安装工程承包工程项目合同等。

3. FIDIC 工程项目合同系列

FIDIC 于 1999 年正式推出了 4 本新的 FIDIC 工程项目合同条件,包括《施工工程项目合同条件》(简称"红皮书")、《工程设备和设计—建造工程项目合同条件》(简称"黄皮书")、《EPC/交钥匙项目工程项目合同条件》(简称"银皮书")以及《简明工程项目合同格式》(简称"绿皮书")。

在世界银行、亚洲开发银行、贷款的工程项目以及一些国家和地区的工程招标文件中,大部分全文采用 FIDIC 工程项目合同条件。在我国,凡亚行贷款项目,全文采用 FIDIC "红皮书";凡世行贷款项目,在执行世行有关工程项目合同原则的基础上,执行我国财政部在世行批准和指导下编制的有关工程项目合同条件;对于其他的一些工程项目,即使不全文采用 FIDIC 工程项目合同条件,在编制招标文件、分包工程项目合同条件时,仍可以部分选择其中的某些条款、规定、程序甚至思路,使所编制的文件更完善、更严谨。在项目实施过程中,也可以借鉴 FIDIC 工程项目合同条件的思路和程序来解决和处理有关问题。

4. NEC 工程项目合同系列

NEC(New Engineering Contract)是由英国土木工程师协会编制的工程项目合同体系。NEC 合同条件是由英国土木工程师协会编制的工程合同体系，包括 6 种主要选项条款(合同格式)、9 项核心条款、15 项次要选项条款。为适应工程项目合同各方之间不同的关系，NEC 工程项目合同系列包括以下几种工程项目合同。

(1) 工程设计与施工工程项目合同，适用于所有领域的工程项目。

(2) 工程设计与施工分包工程项目合同，与(1)配套使用。

(3) 专业服务工程项目合同，适用于项目聘用的专业顾问、项目经理、设计师、监理工程师等专业技术人才。

(4) 工程设计与施工简要工程项目合同，适用于工程结构简单、风险较低、对项目管理要求不太苛刻的项目。

(5) 裁决人工程项目合同，是业主聘用裁决人的工程项目合同。

NEC 工程项目合同体系包括六种支付方式，业主可以从中选择适合自己的方式。这六种工程款的支付方式为固定总价工程项目合同、固定单价工程项目合同、目标总价工程项目合同、目标单价工程项目合同、成本加酬金工程项目合同和工程管理工程项目合同。

5. 美国 AIA 工程项目合同系列

美国建筑师学会(AIA)制定并发布的工程项目合同主要用于私营的房屋建筑工程，针对不同的工程管理模式出版了多种形式的工程项目合同条件，因此在美国得到广泛应用。AIA 工程项目合同条件包括以下几种：A 系列，用于业主和承包商的标准工程项目合同文件；B 系列，用于业主与建筑师之间的标准工程项目合同文件，包括建筑设计、室内装修工程等特定情况下的标准工程项目合同文件；C 系列，用于建筑师与专业咨询人员之间的标准工程项目合同文件；D 系列，建筑师行业内部使用的文件；F 系列，财务管理报表；G 系列，建筑师企业及项目管理中使用的文件。

AIA 工程项目合同系列比较复杂，包括建设项目中的各类工程项目合同，如美国承包商总会制定的 AGC 工程项目合同条件、美国工程师工程项目合同文件联合会制定的 EJCDC 工程项目合同条件、美国联邦政府发布的 SF-23A 工程项目合同条件、英国的 JCT 工程项目合同和英国的 ICE 工程项目合同。

五、项目合同管理的内容与流程

项目合同管理的内容包括七个方面，即合同立项和申报、资信审查和选商、合同审查审批、合同签订、合同履行、分包合同管理、合同归档。项目合同管理的内容与流程之间的关系如图 13-7 所示。

项目合同管理
的内容与流程

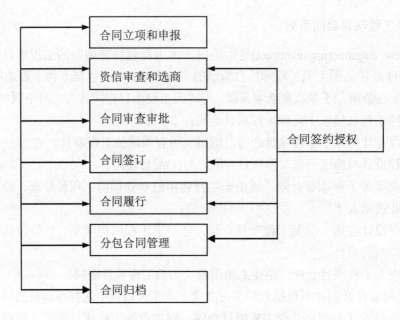

图 13-7　项目合同管理的内容与流程

六、项目合同管理的依据

(1)　合同文件。合同明确规定了合同双方各自的责任和权利，以及供应商提供的物料、工程和服务的要求等内容，是合同管理的蓝本。

(2)　合同实施结果。合同实施结果包括承包商所提供的物料、工程和服务中，哪些已经完成，哪些没有完成，没有完成的进行到什么程度，质量是否达到了规定的标准，以及项目组织支付了多少价款等内容。这些信息为项目组织进行合同管理提供了依据。

(3)　变更申请。在项目采购合同的实施过程中，合同可能会由于一方或双方的某种原因而发生变更，项目采购合同管理要根据合同变更申请所提供的双方已协商确认的最新信息来进行。变更申请可以由合同的任何一方提出，并由双方协商解决，以免延误项目的进度和影响项目的质量。有争议的变更又称作索赔、争议或上诉。

(4)　发货单。供应商发出物料和提供工程、服务以后，应该及时向项目组织提供单据，以便项目组织尽快据此付款。

(5)　项目组织的支付记录。项目组织向供应商付款时，必须做好付款记录，作为项目合同管理的依据。

七、项目合同管理的工具和方法

(1)　合同变更控制系统。合同变更控制系统规定了项目合同变更的程序和方法，项目组织应该根据该系统对项目采购合同的变更进行管理。合同变更控制系统包括文档工作、追踪系统、争议解决程序和授权变更的批准等级等内容。合同变更控制系统应与总体变更控制系统相协调，它是整体变更控制系统的一个组成部分。

(2) 绩效审核。采购绩效审核指按照合同规定审查供应商或承包商在规定的费用和进度计划范围内，按照质量要求完成项目范围的绩效情况，包括对供应商或承包商编制文件的审查和进行检验以及在供应商或承包商实施工作期间进行的质量审查。绩效审核的目标是确定履约成败情况和在完成合同工作说明方面的绩效情况，以及合同未得以遵循的情况，以便对供应商或承包商履行工作的能力进行量化。

(3) 检验和审计。检验和审计指合同中规定的买方要求的，并由供应商或承包商予以支持的检验和审计活动。检验和审计活动在项目实施过程中进行，以确定供应商或承包商工作过程或可交付成果中存在的缺陷和问题。

(4) 绩效报告。绩效报告为管理人员提供卖方在实现合同目标效率方面的信息。合同绩效报告应当与项目绩效报告结合起来。

(5) 支付系统。在向供应商或承包商进行付款时，必须经过项目有关管理人员的审查和批准，经认可后，方可对其支付价款。支付系统规定了项目组织向供应商支付款项时必须遵循的程序，如项目组织支付货款时，首先必须获得项目有关管理人员的批准，特别是对于大型项目来说，项目组织要根据项目的实际情况建立合理的支付系统。系统必须由项目管理班子进行必要审查和批准的步骤。

(6) 合同档案管理系统。合同档案管理系统作为项目管理信息系统的组成部分，是被整合为一体的一套具体的过程、相关的控制职能和自动化工具。项目经理使用合同档案管理系统对合同文件和记录进行管理，该系统用于记录合同文件和通信，并协助相关的检索和归档。

(7) 信息技术。信息和沟通技术的使用可通过实现合同档案管理系统、付款系统或绩效报告的自动化，来提高合同管理的效率和效力，并在买卖双方之间实现电子数据交换。

(8) 进度报告。进度报告为管理提供了有关承包商为实现合同目标的工作效率情况。承包商进度报告应当与整体项目进度报告结合起来。

八、项目合同管理的结果

(1) 往来函件。往来函件是指合同双方沟通所形成的文件，它不仅包括合同本身，还包括项目组织发出的催货单、项目组织或供应商提出的变更申请，以及与合同有关的检查结果等。例如，对令人不满意的实施情况的警告、合同变更或情况的澄清。

(2) 合同文件。包括合同以及所有支持性进度计划、未批准的合同变更请求和批准的合同变更请求。合同文件也包括供应商或承包商制定的技术文件和其他工作绩效信息，例如，可交付成果、绩效报告、保修单、财务票证，包括发票和付款记录以及合同检验结果。

(3) 合同变更。合同变更是项目组织或供应商根据实际情况对合同进行的变更，有关合同变更的信息要反映到项目管理的其他文件(如进度计划、成本计划)中去。由于种种不确定性因素和项目的变化，以前签订的合同会发生一定程度的变更甚至终止而签订新合同。有关合同变更的具体情况应该反映到项目的其他有关计划(如进度计划、成本计划等)中，并在必要时更新项目计划或其他有关文件。

(4) 承包商的付款请求。承包商根据合同的规定履行义务后，有权要求项目组织按照合同规定的方式和时间付款。

第四节　项目合同收尾

一、项目合同收尾的概念

项目组织和供应商按照合同履行各自的义务后，合同即告终止。项目合同收尾涉及产品和服务核实和管理收尾。在合同收尾后，未解决的争议可能需要进入诉讼程序。通常，合同一旦签订便不能随意终止，但当出现一些特殊情况时，合同也可能提前终止。

项目合同提前终止的情况有以下几种。

(1) 合同双方混同为一方。如供应商加入项目组织，这时合同就提前终止。

(2) 合同由于不可抗力的原因提前终止。如一项建筑工程的地皮被政府强制征用，导致项目终止，因此采购合同也将提前终止。

(3) 合同双方通过协商，解除各自的义务。如项目组织和供应商通过协商达成一致意见，供应商不再提供货物，项目组织也不再继续付款，此时合同就终止了。

(4) 仲裁机构或法院宣告合同终止。如当合同纠纷交由仲裁机构或法院裁决时，合同被判决终止。

当采购合同已经完成或因故终止时，就需要进行项目采购合同收尾(project procurement contract closeout)。项目采购合同收尾实际上就是通过逐项检查合同的各项条款，并逐一终止这些条款要求的管理过程。该管理过程涉及核实所有的工作是否正确、圆满地完成，同时附有以便将来使用的相关信息和记录归档文件。项目团队应在合同收尾之前准备好与合同有关的所有文件，包括合同、合同报告记录、有关表格清单、发货单据、付款记录、验收签字等。项目合同收尾的具体步骤包括：检查和验收承包商的工作、核实合同付款情况、成本决算、归还租赁来的仪器设备、评审并终止分承包商的合同。

项目合同收尾的主要工作如表 13-3 所示。

表 13-3　项目合同收尾的主要工作

依　据	工具和方法	结　果
合同文件	采购审计	可交付成果验收通知
	合同变更控制系统	合同归档
	采购绩效审查和绩效报告	正式验收和收尾
	支付系统	经验教训
	合同档案管理系统	
	信息技术	

二、项目合同的变更、解除和终止

1. 项目合同变更的特征

项目合同的变更是指由于一定的法律事实而改变合同的内容和标准的法律行为。它的特征如下：①项目合同的双方当事人必须协商一致；②改变合同的内容和标的；③合同变更的法律后果是产生新的债权和债务关系。

2. 项目合同解除的特征

项目合同的解除是指消灭既存的合同效力的法律行动，其主要特征有三点：①项目合同的双方当事人必须协商一致；②合同当事人应负恢复原状的义务；③项目合同解除的法律后果是消灭原合同的效力。

合同的变更和解除属于两种法律行为，但也有其共同之处，即都是经项目合同双方当事人协商一致，改变原合同的法律关系。其不同的地方是，前者产生新的法律关系；后者是消灭原合同关系，而不是建立新的法律关系。

3. 项目合同变更或解除的条件

根据我国现行的法律、有关的合同法规以及经济生活与司法实践来看，一般须具备下列条件才能变更和解除项目合同。

(1) 双方当事人经过自愿协商同意，并且不因此损害国家和社会公共的利益。

(2) 由于不可抗力致使项目合同的全部义务不能履行。

(3) 由于另一方在合同约定的期限内没有履行合同，且在被允许的推迟履行的合理期限内仍未履行。

(4) 由于项目合同当事人的一方违反合同，以致严重影响订立项目合同时所期望实现的目的或致使项目合同的履行成为不必要。

(5) 项目合同约定的解除合同的条件已经出现。当项目合同的一方当事人要求变更、解除项目合同时，应当及时通知另一方当事人。因变更或解除项目合同使一方当事人遭受损失的，除依法可以免除责任之外，应由责任方负责赔偿。当事人一方发生合并、分立时，由变更后的当事人承担或者分别承担项目合同的义务，并享受相应的权利。

4. 项目合同变更或解除的程序

项目合同的变更和解除需要一定的程序。根据我国目前的有关法规和司法实践，其程序一般如下所述。

(1) 当事人一方要求变更或解除项目合同时，应当事先向另一方以书面的形式提出。

(2) 另一方当事人在接到有关变更或解除项目合同的建议后应即时做出书面答复，如同意，则项目合同的变更或解除发生法律效力。实际上，以上两点与合同订立的程序基本相同，即一方提出要约，另一方做出承诺或接受，其区别在于项目合同的变更和解除是在原合同的基础上进行的。

(3) 变更和解除项目合同的建议与答复，必须在双方协议的期限之内或者在法律或法令规定的期限之内做出。

(4) 项目合同的变更或解除如涉及国家指令性产品或工程项目时，必须在变更或解除项目合同之前报请下达该计划的有关主管部门批准。

(5) 因变更或解除项目合同发生的纠纷依双方约定的解决方式或法定的解决方式处理。

除由于不可抗力致使项目合同的全部义务不能履行或者由于项目合同的另一方当事人

违反合同以致严重影响订立合同所期望实现的目的的情况之外，在协议尚未达成之前，原项目合同仍然有效。任何一方不得以变更和解除为借口而逃避责任和义务，否则仍要承担法律后果。

5. 合同的终止

当事人双方依照合同的规定，履行其全部义务或双方一致确定合同的目标不可能实现，合同即行终止。我国《中华人民共和国合同法》所认可的合同终止原因有以下几种：①当事人全部履行合同义务而宣告合同终止；②合同的权利人和义务人混同一人时，合同自行终止；③合同因不可抗力而无法继续执行而终止；④合同双方当事人协商同意而终止；⑤仲裁机构裁决或者法院判决宣告合同终止。

项目合同的
索赔管理

三、合同收尾的依据

合同收尾的依据是合同文件。它泛指与合同双方有关的所有文件，包括(但不限于)：合同本身及其所有的支持表格、提出并批准的合同、合同的执行情况、申请和批准的合同变更、采购管理计划、合同管理计划、合同文件、合同收尾程序、所有承包商提出的技术文件、承包商进度报告、财务文件(如单据、付款记录及所有有关的检查结果)。

四、合同收尾的工具和方法

(1) 采购审计(procurement audit)。采购审计是合同收尾的主要方法，是根据有关的法律和标准对从采购计划的编制到合同收尾的整个过程所进行的结构性审查。采购审计的目的在于确认项目组织采购过程中的成功和不足，以及是否存在违法现象，以便吸取经验和教训。

(2) 合同变更控制系统。合同变更控制系统规定合同修改的过程，包括文书工作、跟踪系统、争议解决程序，以及批准变更所需的审批层次。合同变更控制系统应与整体变更控制系统结合起来。

(3) 采购绩效审查和绩效报告。采购绩效审查是指一项系统的审查活动，即按照合同规定审查卖方在规定的费用和进度计划范围内，按照质量要求完成项目范围的绩效情况。绩效报告为管理人员提供卖方在实现合同目标效率方面的信息。

(4) 支付系统。向卖方支付款项通常由实施组织的应付账目系统处理。在具有多种或复杂采购要求的大型项目中，项目可以建立自己的支付系统。在任何一种情况下，支付系统都必须由项目管理团队进行必要的审查和批准，并按照合同条款进行付款。

(5) 合同档案管理系统。合同档案管理系统作为项目管理信息系统的组成部分，是被整合为一体的一套具体的过程、相关的控制职能和自动化工具。项目经理使用合同档案管理系统对合同文件和记录进行管理，该系统用于记录合同文件和通信，并协助相关的检索和归档。

(6) 信息技术。信息和沟通技术的使用可通过实现合同档案管理系统、付款系统、索赔管理或绩效报告的自动化，来提高合同管理的效率和效力，并在买卖双方之间实现电子数据交换。

五、合同收尾的结果

(1) 可交付成果验收通知。买方通过其授权的合同管理员向卖方发出可交付成果被验收或被拒收的正式书面通知。合同条款中一般规定可交付成果的正式验收要求，以及如何解决不符合要求的可交付成果的程序。

(2) 合同归档。对项目采购过程中的所有合同文件要进行整理并建立索引记录，以便日后备查，它是整个项目记录的一部分。

(3) 正式验收和收尾。对采购的物料、工程和服务进行最后验收，包括解决所有项目进展中遗留的合同问题，对供应商的最终付款通常也同步进行，还要确认项目已经完成并且可以移交。负责合同管理的项目组织人员应该向供应商发出正式的文件，从而确认合同的终止。

(4) 经验教训。进行经验教训分析并提出过程改进建议，以供将来的采购规划和实施过程借鉴。

本 章 小 结

本章包括以下主要内容。

(1) 项目采购的定义与分类。项目采购(project procurement)是指从项目组织外部获得物料、工程和服务的整个采办过程。按照采购对象和采购方式的不同，项目采购可以分为有形采购(如物资采购、工程采购)和无形采购(如咨询服务采购)、招标采购(如公开招标采购、邀请招标采购)和非招标采购(如询价采购、直接采购和自营工程)。

(2) 项目采购与合同管理的定义和内容。项目采购与合同管理是指在项目实施的整个过程中，项目组织为完成项目可交付成果，而从外部积极寻求和采购项目所需资源(产品和服务)的管理过程。项目采购与合同管理的核心工作过程包括项目采购规划、项目招投标、项目合同管理和项目合同收尾。

(3) 项目采购计划的定义、内容和方法。项目采购规划主要涉及采购什么、何时采购、怎样采购、采购多少、从何处采购(即如何选择合适的供应商)和以何种价格采购。项目采购规划借助于自制或外购分析、独立估算和合同类型的选择，制定出能够最好满足项目需求的采购工作计划安排的管理流程。

(4) 项目合同管理的定义、分类和流程。项目合同管理是对施工合同的订立、履行、变更、终止、违约、索赔、争议处理等进行的管理。按签约各方的关系、按工程项目合同计价方式、按工程项目合同承包范围等，项目合同分为不同的类型。项目合同管理的内容与流程包括七个方面，即合同立项和申报、资信审查和选商、合同审查审批、合同签订、合同履行、分包合同管理、合同归档。

(5) 项目合同收尾的定义和内容。项目合同收尾是通过逐项检查合同的各项条款，并逐一终止这些条款要求的管理过程，涉及产品和服务核实和管理收尾。项目合同的变更、解除和终止都是依据一定的法律程序，经项目合同双方当事人协商一致，改变原合同的法律关系。

思 考 题

1. 什么是项目采购？简述项目采购的分类。

2. 什么是项目采购管理？简述项目采购管理的主要内容和程序。你认为项目采购管理中的哪项管理工作是最重要的，为什么？

3. 你认为项目采购管理与一般运营企业的采购管理有什么区别？

4. 什么是项目采购规划？项目采购规划的内容包括什么？

5. 什么是经济订货量分析？

6. 简述项目招标的分类。

7. 什么是项目招投标？项目招投标的特点是什么？

8. 项目招投标的基本原则和程序是什么？

9. 简述项目招投标的内容。

10. 如何编制项目招标的标底？

11. 简述项目评标的原则和方法。

12. 工程量清单计价模式下的投标报价策略是什么？

13. 选择供应商和承约商时，要考虑哪些因素？

14. 什么是项目合同？项目合同的主要内容是什么？

15. 项目合同管理的依据有哪些？

16. 项目合同分类的标准有哪些？不同的分类标准下项目合同分类有哪些？

17. 简述项目合同管理的内容与流程。

18. 项目分包合同管理的特点和关系是什么？

19. 项目合同管理的工具和方法包括哪些？

20. 什么是项目合同收尾？项目合同收尾的依据和方法是什么？

21. 什么是项目合同变更？哪些条件下，项目合同可以变更或解除？

22. 项目合同的索赔管理包括什么？

第十四章　项目后评价

【学习要点及目标】

- 理解项目后评价的定义、特点和内容。
- 掌握项目后评价的方法、程序和评价报告。
- 熟悉项目监测评价的定义、指标和结构。

特石管线项目后
评价

【核心概念】

项目后评价　项目目标评价　项目实施过程评价　项目效益后评价
项目管理后评价　逻辑框架法　项目监测评价

第一节　项目后评价概述

一、项目后评价的概念

所谓项目后评价，是指对已经完成的项目(或规划)的目的、执行过程、效益、作用和影响所进行的系统的、客观的分析；通过项目活动实践的检查、总结，确定项目预期的目标是否达到，项目或规划是否合理有效，项目的主要效益指标是否实现；通过分析评价找出成败的原因，总结经验教训；并通过及时有效的信息反馈，为未来新项目的决策和提高完善投资决策管理水平提出建议，同时也为后评价项目实施运营中出现的问题提出改进建议，从而达到提高投资效益的目的。

二、项目后评价的阶段

项目后评价一般分为以下四个阶段。

1. 项目自评阶段

在项目自评阶段，由项目业主会同执行管理机构按照国家计委或国家开发银行的要求编写项目的自我评价报告，报行业主管部门或计委、开发银行等部门。后评价项目的自我评价是从项目业主或项目主管部门的角度对项目的实施进行全面的总结，为开展项目后评价做好准备。

项目自我评价的内容基本上与项目完工报告相同，侧重找出项目在实施过程中的变化，以及变化对项目效益等各方面的影响，并分析变化的原因，总结经验教训。在我国，由于国际金融组织(如世界银行、亚洲开发银行)、国家计委和国家开发银行及各部门和地方对项目后评价的目的、要求和任务不尽相同，因此项目自我评价报告的格式也有区别。根据国家有关规定，从1998年起利用国内商业银行贷款的项目，凡是投资总额超过2亿元以上的，在项目完工以后必须进行后评价。因此，项目单位需要在银行评价之前提交一份项目执行自我评价报告。

2. 行业或地方初审阶段

在行业或地方初审阶段，由行业或省级主管部门对项目自评报告进行初步审查，提出意见，一并上报。

3. 正式后评价阶段

在正式后评价阶段，由相对独立的后评价机构组织专家对项目进行后评价，通过资料收集、现场调查和分析讨论，提出项目的后评价报告，这一阶段也称为项目的独立后评价。项目的独立后评价要保证评价的客观公正性，同时要及时将评价结果报告委托单位。世界银行、亚洲开发银行的项目独立后评价由其行内专门的评价机构来完成，称这种评价为项目执行审核评价。为了达到后评价总结经验教训的目的，项目独立后评价的主要任务是：在分析项目完工报告、项目自我评价报告或项目竣工验收报告的基础上，通过实地考察和调查研究，评价项目的结果和项目的执行情况。

4. 成果反馈阶段

反馈是后评价的主要特点，评价成果反馈的好坏是后评价能否达到其最终目的的关键之一。在项目后评价报告的编写过程中应该广泛征求各方面意见，在报告完成之后要以召开座谈会等形式发布成果报告。反馈是后评价体系中的一个决定性环节，是一个传达和公布评价成果信息的动态过程，可以保证这些成果在新建或已有项目中以及其他开发活动中得到采纳和应用。在反馈程序里，必须在评价者及其评价成果与应用者之间建立明确的机制，以保持紧密的联系。

三、项目后评价的特点

项目后评价有以下特点。

1. 现实性

项目后评价以实际情况为基础，依据的数据资料是现实发生的真实数据或根据实际情况预测的数据，所以具有现实性的特点。它与项目前期的可行性研究不同，可行性研究是预测性的评价，它所使用的数据为预测数据。

2. 全面性

项目后评价是对项目实践的全面评价，它是对项目立项决策、设计施工、生产运营等全过程进行的系统评价。这种评价不仅涉及项目生命周期的各阶段，而且还涉及项目的方方面面，不仅包括经济效益、社会影响、环境影响，还包括项目综合管理等，因此是比较系统、比较全面的技术经济活动。

3. 反馈性

项目可行性研究用于投资项目的决策，而项目后评价的目的在于向有关部门反馈信息，为今后的项目管理工作提供借鉴，不断提高未来投资的决策水平。项目后评价的结果需要反馈到决策部门，作为新项目立项和评估的基础以及调整投资计划和政策的依据，这是后评价的最终目标。因此，后评价结论的扩散和反馈机制、手段和方法便成为后评价成败的关键环节之一。国外一些国家建立了"项目管理信息系统"，通过项目周期各个阶段的信息交流和反馈，系统地为后评价提供资料和向决策机构提供后评价的反馈信息。

4. 合作性

项目后评价，由单独设立的后评价机构或上级决策机构，组织主管部门会同计划、财政、审计、银行、设计、质量、司法等有关部门进行。项目后评价工作的顺利进行需要各参与方的融洽合作。

5. 公正性

项目后评价必须保证公正性，这也是一条很重要的原则。公正性贯穿于整个后评价的全过程，即从后评价项目的选定、计划的编制、任务的委托、评价者的组成、具体评估过程直到形成报告。它表示在评价时，应持有实事求是的态度，在发现问题、分析原因和做出结论时避免出现避重就轻的情况发生，始终保持客观、负责的态度。

6. 透明性

从可信度来看，要求后评价的透明度越大越好，因为后评价往往需要引起公众的关注，对国家预算内资金和公众储蓄资金的投资决策活动及其效益和效果实施更有效的社会监督。从后评价成果的扩散和反馈的效果来看，成果及其扩散的透明度也是越大越好，便于使更多的人借鉴过去的经验教训。

四、项目后评价的作用

项目后评价的作用主要包括以下六个方面。

(1) 总结项目管理的经验教训，提高项目管理水平。项目管理涉及许多部门，只有这些部门密切合作，项目才能顺利完成。如何协调各部门之间的关系，采取什么样的具体合作形式都尚在不断摸索中。项目后评价通过对已建成项目实际情况进行分析研究，总结经验，从而提高项目管理水平。

(2) 提高项目决策科学化水平。通过建立完善的项目后评价制度和科学的方法体系，一方面可以促使评价人员努力做好可行性研究工作，提高项目预测的准确性；另一方面可以通过后评价的反馈信息，及时纠正项目决策中存在的问题。

(3) 为国家投资计划和政策的制定提供依据。通过项目后评价能够发现宏观投资管理中的不足，从而使国家可以及时修正某些不适合经济发展的技术经济政策，修订某些已过时的指标参数，确定合理的投资规模和投资流向，协调各产业、各部门之间及其内部的各种比例关系。

(4) 为银行部门及时调整信贷政策提供依据。通过项目后评价，及时发现项目建设过程中使用资金存在的问题，分析贷款项目成功或失败的原因，从而为银行部门调整信贷政策提供依据。

(5) 可以对企业经营管理进行诊断，促使项目运营状态的正常化。项目后评价通过比较实际情况和预测情况的偏差，探索偏差产生的原因，提出切实可行的措施，从而促使项目运营状态的正常化，提高项目的经济效益和社会效益。

(6) 加强过程监督，促进项目发展。后评价是一个向实践学习的过程，同时又是一个对投资活动监督的过程。项目后评价的监督功能与项目的可行性研究、实施监督结合在一起，构成了对投资活动的监督机制。同时，针对后评价中发现的问题，可以指定有效的改进措施，促进项目的发展。

五、项目后评价与可行性研究的比较

1. 相同点

(1) 性质相同，都是对项目生命期全过程进行技术、经济论证。

(2) 目的相同，都是为了提高项目的效益，实现经济效益、社会效益和环境效益的统一。

(3) 方法相同，都是采用定量与定性相结合的方法。

2. 不同点

(1) 评价的主体不同。项目后评价主要以投资运行的监督管理机构、单独设立的后评价机构或上级决策机构进行，以确保后评价的全面性、公正性和客观性；可行性研究主要由投资主体(如投资者、企业、项目审批部门或银行)或投资计划部门组织实施。

(2) 评价时点和评价目的不同。项目后评价是在项目建成以后，总结项目的准备、实施、完工和运营，并通过预测对项目的未来进行新的分析评价，其目的是为了总结经验教训，以改进决策和管理服务。所以，进行项目后评价的同时要进行项目的回顾总结和前景预测。项目后评价是站在项目完工的时点上，一方面检查总结项目的实施过程，找出问题，分析原因；另一方面要以后评价为基点，预测项目未来的发展。而可行性研究的目的是确定项目是否可以立项或建设，它是站在项目的起点，主要应用预测技术来分析评价项目未来的效益，以确定项目投资是否值得并可行。

(3) 在项目管理过程中所处的阶段不同。项目后评价是在项目竣工投产后，对项目建设全过程和运营情况及产生的效益进行评价；而可行性研究属于项目前期工作，为投资决策提供依据。

(4) 评价的依据不同。项目后评价是项目实施后或实施中的评价，主要依据建成投产后项目实施的实际数据和发生的情况，并把历史资料与现实资料进行对比分析，其准确程度较高，说服力较强；而可行性研究主要依据历史资料和经验性资料等预测数据，以及国家和有关部门颁发的政策、规定、方法、参数等文件。因此，项目后评价比可行性研究具有更高的现实性和可靠性。

(5) 评价的内容不同。项目后评价主要是针对可行性研究的内容进行再评价，而且对项目决策的准确程度、项目实施效率进行评价，以及对项目建设全过程和运营情况及产生的效益进行评价；可行性研究的内容主要是项目建设条件的必要性、可行性和合理性，工程设计方案、项目的实施计划及经济效益、社会效益的评价和预测，从而决定是否立项实施。

(6) 评价的判别标准不同。后评价的判别标准重点是对比可行性研究的结论，主要采用对比的方法；而可行性研究的重要判别标准是投资者要求获得的收益率或基准收益率(或社会折现率)，这是项目后评价与可行性研究的主要区别。

(7) 在决策中的作用不同。项目后评价是对项目选择决策的各种信息的反馈，结合行政和法律、经济和社会、建设和生产、决策和实施等各方面的内容，对项目实施结果进行综合评价。它是以现有事实为依据，以提高经济效益为目的，对项目实施结果进行鉴定，其鉴定结论间接作用于未来项目的选择决策，从而提高未来项目决策的科学化水平；可行性研究主要是以定量指标为主侧重于项目的经济效益分析与评价，其直接作用于项目选择决策，其结论是项目取舍的依据。

总之，投资项目的后评价不是对项目前评估的简单重复，而是依据国家政策和制度的规定，对投资项目的决策水平、管理水平和实施结果进行的严格检验和评价。它是在与前评估比较分析的基础上，总结经验教训，发现存在的问题并提出对策措施，促使项目更快更好地发挥效益和健康地发展。

第二节　项目后评价的内容

项目后评价的内容包括：项目目标后评价、项目实施过程后评价、项目效益后评价和项目管理后评价。其中，项目效益后评价又可以分为项目经济效益后评价、项目环境影响后评价、项目可持续性后评价和项目综合效益后评价。

一、项目目标后评价

评定项目立项时目标原来预定的目的和目标的实现程度，是项目后评价需要完成的主要任务之一。因此，项目后评价要对照原定目标完成的主要指标，检查项目实际实现的情况和变化，分析实际发生改变的原因，以判断目标的实现程度。判别项目目标的指标应在项目立项时就确定下来，一般包括宏观目标，即对地区、行业或国家经济、社会发展的总体影响和作用。建设项目的直接目的可能是解决特定的供需平衡，向社会提供某种产品或服务，指标一般可以量化。目标评价的另一项任务是要对项目原定的决策目标的正确性、合理性和实践性进行分析评价。

二、项目实施过程后评价

项目实施过程后评价应对照立项评估或可行性研究报告所预计的情况和实际执行的过程进行比较和分析，找出差别，分析原因。过程评价一般要分析以下几个方面：①项目的

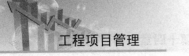

立项、准备和评估；②项目内容和建设规模；③工程进度和实施情况；④配套设施和服务条件；⑤受益者范围及其反应；⑥项目的管理和机制；⑦财务执行情况。

三、项目效益后评价

项目效益后评价是以项目投产后实际取得的效益(包括经济、社会、环境等方面)及其隐含在其中的技术影响为基础，重新测算项目的各项经济数据，得到相关的投资效果指标，然后将它们与项目前期评估时预测的有关经济效果值(如净现值(NPV)、内部收益率(IRR)、投资回收期等)、社会环境影响值(如环境质量值(IEQ)等)进行对比，评价和分析其偏差情况及其原因，吸取经验教训，从而为提高项目的投资管理水平和投资决策服务。项目效益后评价具体包括经济效益评价、环境影响评价、可持续性评价以及综合效益评价。

1. 项目经济效益后评价

项目经济效益后评价即财务评价和经济评价(或称国民经济评价)，其主要内容与项目可行性研究无大的差别，主要分析指标还是内部收益率、净现值和贷款偿还期等项目盈利能力和清偿能力的指标。但进行项目经济效益评价时必须注意以下几点。

(1) 项目可行性研究采用的是预测值，项目后评价则是对已发生的财务现金流量和经济流量采用实际值，并按统计学原理加以处理；对后评价时点以后的流量做出新的预测。

(2) 当财务现金流量来自财务报表时，应收而未实际收到的债权和非货币资金都不可计为现金流入，只有当实际收到时才作为现金流入；同理，应付而实际未付的债务资金不能计为现金流出，只有当实际支付时才作为现金流出。必要时，要适当调整实际财务数据。

(3) 实际发生的财务会计数据都含有物价通货膨胀的因素，而通常采用的盈利能力指标是不含通货膨胀水分的。因此对项目后评价采用的财务数据要剔除物价上涨的因素，以实现前后的一致性和可比性。

2. 项目环境影响后评价

项目环境影响后评价的内容包括经济影响评价、环境影响评价和社会影响评价。

(1) 经济影响后评价。主要评价项目对所在地区、行业和国家所产生的经济方面的影响。经济影响评价要注意与项目效益评价中的经济分析区别开来，避免重复计算。评价的内容主要包括分配、就业、国内资源成本(或换汇成本)、技术进步等。由于经济影响评价的部分因素难以量化，一般只能作定性分析。

(2) 环境影响后评价。不同国家环保法的规定细则各不相同，评价的内容也千差万别。项目的环境影响评价一般包括项目的污染、控制、地区环境质量、自然资源利用和保护、区域生态平衡和环境管理等几个方面。

(3) 社会影响后评价。项目社会影响后评价是对项目在社会的经济、发展方面的有形和无形的效益和结果的一种分析，重点评价项目对所在地区和社区的影响。社会影响评价一般包括贫困、平等、参与、妇女和持续性等内容。

3. 项目可持续性后评价

项目的可持续性是指在项目的建设资金投入完成之后，项目的既定目标是否还能继续，接受投资的项目业主是否愿意并可能依靠自己的力量继续去实现既定目标,项目是否具有可重复性,即是否可在未来以同样的方式建设同类项目。项目持续性后评价一般可作为项目影响评价的一部分。

项目可持续性的影响因素一般包括:本国政府的政策;管理、组织和地方参与;财务因素;技术因素;社会文化因素;环境和生态因素;外部因素等。

4. 项目综合效益后评价

项目综合效益后评价包括项目的成败分析和项目管理的各个环节的责任分析。项目综合效益评价一般采用成功度评价方法,其评价方法是依靠评价专家或专家组的经验,综合后对各项指标的评价结果和项目的成功程度做出定性的结论,也就是通常所说的打分的方法。成功度评价是以用逻辑框架法分析的项目目标的实现程度和经济效益的评价结论为基础,以项目的目标和效益为核心所进行的全面系统的评价。

项目综合效益后评价的成功度可分为以下五个等级。

(1) 完全成功的:项目的各项指标都已全面实现或超过,相对成本而言,项目取得巨大的效益和影响。

(2) 成功的(A):项目的大部分目标已经实现,相对成本而言,项目达到了预期的效益和影响。

(3) 部分成功的(B):项目实现了原定的部分目标,相对成本而言,项目只取得了一定的效益和影响。

(4) 不成功的(C):项目实现的目标非常有限,相对成本而言,项目几乎没有产生什么正效益和影响。

(5) 失败的(D):项目的目标是不现实的、无法实现的,相对成本而言,项目不得不终止。

在具体操作时,项目评价组成员每人填好一张表后,对各项指标的取舍和等级进行内部讨论,或经必要的数据处理,形成评价组的成功度表,再把结论写入综合效益评价报告。

四、项目管理后评价

项目管理后评价是以项目竣工验收和项目效益后评价为基础,结合其他相关资料对项目整个生命周期中各阶段管理工作进行评价。其目的是通过对项目各阶段管理工作的实际情况进行分析研究,形成项目管理情况的总体概念;通过分析、比较和评价,了解目前项目管理的水平;通过吸取经验和教训,来保证更好地完成以后的项目管理工作,促使项目预期目标更好地完成。项目管理后评价包括项目的过程后评价、项目综合管理后评价及项目管理者评价,主要包括以下几个方面。

(1) 投资者的表现。评价者要从项目立项、准备、评估、决策和监督等方面来评价投资者和投资决策者在项目实施过程中的作用和表现。

(2) 借款人的表现。评价者要分析评价借款者的投资环境和条件,包括执行协议能力、资格和资信,以及机构设置、管理程序和决策质量等。世界银行、亚洲开发银行贷款项目还要分析评价协议承诺兑现情况、政策环境、国内配套资金等。

(3) 项目执行机构的表现。评价者要分析评价项目执行机构的管理能力和管理者的水平，包括合同管理、人员管理和培训，以及与项目受益者的合作等。世界银行、亚洲开发银行贷款项目还要对项目技术援助、项目的监测评价系统等进行评价。

(4) 外部因素的分析。影响项目成果的还有许多外部的管理因素，如价格的变化、国际国内市场条件的变化、自然灾害、内部形势不安定等，以及项目其他相关机构的因素，如联合融资者、合同商和供货商等。评价者要对这些因素进行必要的分析评价。

第三节　项目后评价方法

一、一般评价法

1. 资料收集法

项目后评价的基本资料应涉及项目资料、项目所在地区的资料、评价方法的有关规定等，具体包括：项目决算审计报告、项目概算调整报告及其批复文件；项目自我评价报告、项目完工报告、项目竣工验收报告；项目开工报告及其批复文件、项目初步设计及其批复文件；项目评估报告、项目可行性研究报告及其批复文件等；项目所在地区的资料，包括国家和地区的统计资料、物价信息等。

资料收集是项目后评价的重要内容和手段，资料收集的效率和方法直接影响项目后评价的进展和结论的正确性。常用的资料收集方法有：专题调查法、固定程式的意见咨询、非固定程式的采访、实地观察法和抽样法。

2. 统计预测法

根据项目后评价的概念，后评价大量的基础资料是以统计数据为依据的，后评价的调查在许多方面与统计调查相同，其数据的处理和分析方法也与统计分析类似。因此，统计原理和方法完全可以应用在后评价实践中，也是后评价方法论原则之一。

同时，由于项目后评价发生在项目投产后，其数据大部分都是项目准备、建设、投产运营等过程中的实际数据，为了与前期的评价进行对比分析，还需要根据实际情况对项目运营期间的全过程进行重新预测。项目后评价主要采用的预测技术包括：趋势外推法、参照对比法、专家调查预测法等。项目后评价中有两种主要的预测：一是在有无对比中，对无项目条件下可能产生的效果进行假定的估测；二是对项目今后效益的预测，它是以后评价时点为基准，参考时点前的发展趋势，一般采用项目前期评估的方法进行测算。

3. 有无对比法

后评价方法中的一条基本原则是对比法则，包括前后对比、预测值和实际发生值的对比、有无项目的对比等比较法。对比的目的是要找出变化和差距，为提出问题和分析原因找到重点。

"有无对比法"(with and without comparison)是指将项目实际发生的情况与若无项目可能发生的情况进行对比，以度量项目的真实效益、影响和作用。对比的重点是要分清项目作用的影响与项目以外作用的影响。这里说的"有"与"无"指的是评价的对象,即计划、规划或项目。"有项目"是指所研究的系统为满足某种需求而拟建的项目在实施后将促使全系统发生变化后的情况。"无项目"是指不实施拟建项目,现有系统在计算期内也会发生某种变化后的情况。有无对比法是方案比较的一个特例,但是应该注意,不能把有无对比法与方案选择中的方案比较法混为一谈,因为有无对比法回答"实施该项目好,还是不实施该项目好"的问题,而方案比较法是回答"实施哪个方案好"的问题。对于新建设一个完全独立经营的项目识别它的经济效益和费用时,同样适用"有无对比法",只是因为新建项目是平地起家,无项目的效益和费用均为零。在进行"有无对比法"时,不能拉进"有"和"无"两个方案以外的第三方案作为 "无项目"情况的对比。

在"有无对比法"中,项目效益评价的任务就是要剔除那些非项目因素,对归因于项目的效果加以正确地定义和度量。由于无项目时可能发生的情况往往无法确定地描述,项目后评价中只能用一些方法去近似地度量项目的作用。理想的做法是在该受益范围之外找一个类似的"对照(control area)",进行比较和评价。

通常,项目后评价的效益和影响评价要分析的数据和资料包括:项目前的情况、项目前预测的效果、项目实际实现的效果、无项目时可能实现的效果、无项目的实际效果等。有无对比需要大量可靠的数据,最好有系统的项目监测资料,也可引用当地有效的统计资料。在进行对比时,先要确定评价内容和主要指标,选择可比较的对象,通过建立比较指标的对比表用科学的方法收集资料。

4. 效益评价法

效益评价法又称指标计算法,是指通过计算反映项目准备、决策、实施和运营各个阶段实际效益的指标,来衡量和分析项目投产后实际取得的效益。效益评价法是把项目实际产生的效益或效果,与项目实际发生的费用或投入加以比较,进行盈利能力分析。在项目的评价阶段,效益指标的计算完全是以统计的实际值为依据,进行统计分析,并相应地使用前评估中曾使用过的相同的经济评价参数来进行效益计算,以便在有可比性和计算口径一致的情况下判断项目的决策是否正确。

5. 影响评价法

影响评价法又称指标对比法,是通过对项目完成后产生的客观影响与立项时预期的目标进行对照,即将项目后评价指标与决策时的预测指标进行对比,来衡量项目实际效果同预测效果或其他同类项目效果之间的偏差,从差异中发现项目存在的问题,进而判断项目决策的正确性。

6. 过程评价法

过程评价法是指把项目从立项决策、设计、采购直到建设实施各程序环节的实际进程与事先制订好的计划、目标相比较,通过全过程的分析与评估,找出主观愿望与客观实际之间的差异,并可发现导致项目成败的主要环节和原因,提出有关的建议和措施,以便使以后同类项目的实施计划和目标制定得更切合实际和可行。

过程评价按投资项目建设程序可划分为四个阶段:前期工作中的决策过程评价;设计和施工准备过程评价;建设实施到竣工验收阶段的评价;投产、交付使用后生产经营和效

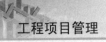

益的评价等。

在上述几种方法中，效益评价法是从成本的效益角度来判断决策目标是否正确；影响评价法则是评价项目产生的各种影响因素，其中最大的影响因素便是项目效益；过程评价法是从各个项目建设过程来分析造成项目的产出和投入与预期目标产生差异的原因，是效益评价和影响评价的基础。另外，项目的效益又与设计、施工质量、工程进度、投资估算等密切相关，因此，需要将三者结合起来，以便做出切合实际的评价结论。

二、逻辑框架法

逻辑框架法(Logical Framework Approach, LFA)是美国国际开发署(USAID)在1970年开发并使用的一种设计、计划和评价的工具，即用一张简单的框图来清晰地分析一个复杂项目的内涵和关系，将几个内容相关、必须同步考虑的动态因素组合起来，通过分析其中的关系，从设计、策划到目的、目标等角度来评价一项活动或工作。

目前已有 2/3 的国际组织把 LFA 作为援助项目的计划管理和后评价的主要方法。LFA不是一种机械的方法程序，而是一种综合和系统地研究和分析问题的思维框架。在后评价中采用 LFA 有助于对关键因素和问题做出系统的合乎逻辑的分析。

1. 逻辑框架法的概念

1) LFA 的基本概念(LFA)

LFA 的核心概念是事物的因果逻辑关系，即"如果"提供了某种条件，"那么"就会产生某种结果。这些条件包括事物内在的因素和事物所需要的外部因素。LFA 为项目计划者和评价者提供了一种分析框架，用以确定工作的范围和任务，并对项目目标和达到目标所需的手段进行逻辑关系的分析。

2) LFA 的基本模式

LFA 的模式是一张 4×4 的矩阵，如表 14-1 所示。

表 14-1   LFA 的基本格式

层析描述	客观验证指标	验证方法	重要外部条件
目标	目标指标	监测和监督手段及方法	实现目标的主要条件
目的	目的指标	监测和监督手段及方法	实现目的的主要条件
产出	产出物定量指标	监测和监督手段及方法	实现产出的主要条件
投入	投入物定量指标	监测和监督手段及方法	实现投入的主要条件

3) LFA 的常规应用

LFA 是通过对项目设计的清晰描述，更清楚地了解项目的目的和内容，从而改进和完善项目的决策立项、项目准备和评估程序。LFA 立足于项目的发展和变化，因为要获取理想的成果，必须在最大成本、效果分析中进行多方案比较。因此，LFA 把项目管理的诸多方面融合起来进行综合分析，主要包括以下内容。

(1) 通过结果判断管理水平。立项主要立足于项目的目的和目标，具体建设内容是次要的。项目成功与否的判定标准主要是项目目标的实现程度，因为项目结果的好坏是对管理水平的最好判别。

(2) 从实践中学习。由于项目实践中不确定因素很多，不断地从项目结果中学习是项目实施过程中的一项重要任务，就此而言，项目过程是一个学习系统。

(3) 作全面的系统分析。项目不是孤立的，而是社会系统的一部分。项目的实施必然与外界环境有着关联，因此，对项目的分析应该是全面的。

(4) 目标合同。各种合同的基本特征是相同的，主要包括：结果和产出、严密的外部条件和实现的目标等。

(5) 分析因果关系。LFA 的核心是分析事物发生的原因和后果之间的关系，如果项目不同层次目标间因果关系明确，项目的计划就编得好，执行也顺利。应用 LFA 进行计划和评价时的一项主要任务是对项目最初确定的目标做出清晰的定义和描述，具体为：清晰并可度量的目标；不同层次的目标和最终目标之间的联系；确定项目成功与否的测量指标；项目的主要内容；计划和设计时的主要假设条件；检查项目进度的办法；项目实施中要求的资源投入。

2. 逻辑框架法的层次和逻辑关系

1) 层次划分

LFA 把目标及因果关系划分为以下四个层次。

(1) 目标。通常是指高层次的目标，即宏观计划、规划、政策和方针等，该目标可由几个方面的因素来实现。宏观目标一般超越了项目的范畴，是指国家、地区、部门或投资组织的整体目标。这个层次目标的确定和指标的选择一般由国家或行业部门负责。

(2) 目的。目的是指"为什么"要实施这个项目，即项目直接的效果和作用。一般应考虑项目为受益目标群带来了什么，主要是社会和经济方面的成果和作用。这个层次的目标由项目和独立的评价机构来确定，指标由项目确定。

(3) 产出。这里的"产出"是指项目"干了些什么"，即项目的建设内容与产出物或项目成果。一般要提供项目可计量的直接结果。

(4) 投入和活动。该层次是指项目的实施过程及内容，主要包括资源的投入量和时间等。

2) 垂直逻辑关系

如图 14-1 所示，以上四个层次由下而上形成了三个逻辑关系。第一级是直接资源投入与直接成果产出的关系，即如果保证一定的资源投入，并加以很好地管理，则预计有怎样的产出；第二级是项目产出与中观环境的关系，即项目的产出与社会或经济的变化之间的关系；第三级是项目产出与宏观环境的关系，即项目的目的对整个地区甚至整个国家更高层次目标的贡献关联性。

如图 14-1 所示，这三个逻辑关系在 LFA 中称为"垂直逻辑"(vertical logic)，可用来阐述各层次的目标内容及其上下间的因果关系。

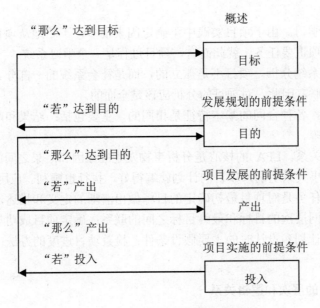

图 14-1　垂直逻辑中的因果关系图

3)　水平逻辑关系

LFA 的垂直逻辑分清了评价项目的层次关系。每个层次的目标水平方向的逻辑关系则由验证指标、验证方法和重要的假定条件所构成，从而形成了 LFA 的 4×4 的逻辑框架。水平逻辑的三项内容如下所述。

(1)　客观验证指标(objective verifiable indicators)。各层次目标应尽可能地有客观的可度量的验证指标，包括数量、质量、时间及人员。在后评价时，一般每项指标应具有三个数据，即原来预测值、实际完成值、预测和实际间的变化和差距值。

(2)　验证方法(means of validation)。包括主要资料来源(监测和监督)和验证所采用的方法。

(3)　重要的假定条件(important assumption conditions)。

首先是项目所在地的特定自然环境及其变化。例如油气运输项目，管理者无法控制的一个主要外部因素是气候，变化无常的天气可能使油气运输管道或者线路遭受破坏，计划彻底失败。

其次，需要假定政府在政策、计划、发展战略等方面的失误或变化会给项目带来什么严重的影响。例如，一些发展中国家的产品价格极不合理，农产品价格很低，即使项目的设计和实施完成得再好，经济效果仍然不好。

最后，需要假定由于管理部门体制不合理而使项目的投入、产出与其目的、目标分离。例如，一些国家的农田灌溉设施由水资源部门管理，一个具体的农业项目(包括良种、化肥、农药、农机设施、农技服务、水利灌溉等多项内容)可能因为水资源部门不合理的水量分配而大大降低效益。

总而言之，项目的假定条件很多，一般应选定其中几个最主要的因素作为假定的前提条件。通常项目的原始背景和投入/产出层次的假定条件较少，而产出/目的层次间所提出的不确定因素往往会对目的/目标层次产生重要影响。由于宏观目标的成败取决于一个或多个项目的成败,因此最高层次的前提条件十分重要。

3. 逻辑框架法的应用

在后评价中可以建立目标树,以便于分析问题,找出问题间的因果关系;分清各目标的层次,确定项目的主要目标。换言之,某个建设项目的目标是为了解决实际存在的某个问题。

对问题的分析可以用一棵树的模型来图示,而解决问题是项目的目的,因此可以与问题树——对应地建立一棵目标树,基本结构如图14-2所示。有些问题可能与项目没有直接的关系,但项目的目标一旦实现,问题就可以解决,关键取决于其他外部条件或风险,需要从战略上采取措施。当然这些措施不可能由项目自身来实现,而需要对项目的工作进行密切地监督和监测,甚至作为贷款条件来限定。

问题树和目标树的建立是编制LFA结构的基础,可以作为后评价分析的一个步骤。目标树的建立可分为两步,即问题分析和目标分析。

(1) 问题分析。问题分析的步骤包括:记录下所有的问题、选择核心问题、在核心问题下列出问题的直接原因、在核心问题上列出问题的直接效果、在直接原因下和直接效果上列出间接原因和间接效果。这样就构成了以核心问题为中心的"树"和"树枝"。

(2) 目标分析。用上述方法建立目标树,项目的目的一般应在设计文件中有所表述。项目要解决的主要问题应是目标树的核心,要按因果关系来确定目标的层次。在目标树中应以达到目的需要采用的手段来表示目标层次之间的因果关系。

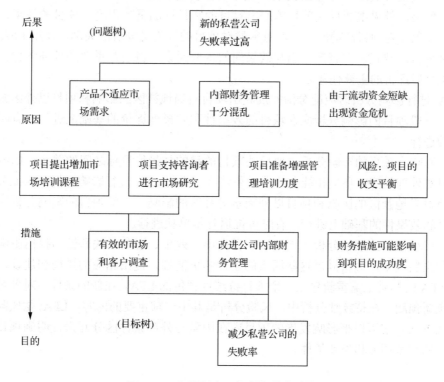

图 14-2 问题树和目标树的基本结构

4. 逻辑框架法的作用

采用逻辑框架法进行项目后评价时，可根据后评价的特点和项目特征在格式和内容上作一些调整，以适应不同评价的要求。表 14-2 为项目后评价逻辑框架的一个示例。LFA 一般可用来进行目标评价、项目成败的原因分析、项目可持续评价等。

表 14-2　项目后评价逻辑框架

	原定目标	实际结果	原因分析	可持续条件
宏观目标				
项目目的				
项目产出				
项目投入				

建立项目后评价的 LFA 目的是依据其中的资料，确立目标层次间的逻辑关系，用以分析项目的效率、效果、影响和持续性。

(1) 效率。效率主要反映项目投入与产出的关系，既反映项目把投入转换为产出的程度，也反映项目管理的水平。效率分析的主要依据是项目监测报表和项目完成报告(或项目竣工报告)。项目的监测系统主要是为改进效率性而提供信息反馈建立的；项目完成报告主要反映项目实现产出的管理业绩，核心是效率。分析和审查项目的监测资料和完成报告是后评价的一项重要工作，是用 LFA 进行效率性分析的基础。

(2) 效果。效果主要反映项目的产出对目的和目标的贡献程度。项目的效果性主要取决于项目对象群对项目活动的反映。对象群对项目的行为是分析的关键，在用 LFA 进行项目效果性分析时要找出并查清产出与效果间的主要因素，特别是重要的外部条件。效果性分析是项目后评价的主要任务之一。

LFA 进行影响分析时应能分清并反映出项目对当地社区的影响和项目以外因素对社区的影响。一般项目的影响分析应在项目的效率性和效果性评价的基础上进行，有时可推迟几年单独进行。

(3) 影响。项目的影响分析主要反映项目的目的与最终目标之间的关系。影响分析应评价项目对外部经济、环境和社会的作用和效益。应用 LFA 进行影响分析时应能分清并反映出项目对当地社区的影响和项目以外因素对社区的影响。一般项目的影响分析应在项目的效率性和效果性的基础上进行，有时可推迟几年单独进行。

(4) 持续性。持续性分析主要通过项目产出、效果、影响的关联性，找出影响项目持续发展的主要因素，分析满足这些因素的条件和可能性，提出相应的措施和建议。一般在后评价 LFA 的基础上需重新建立一个项目持续性评价的 LFA，在新的条件下对各种逻辑关系进行重新预测。在持续性分析中，风险分析是其中一项重要的内容，LFA 是风险分析的一种常用方法，它可以把影响发展的项目内在因素与外部条件区分开来，明确项目持续发展的必要的政策环境和外部条件。

第四节 项目后评价程序及评价报告

一、项目后评价的程序

项目后评价的程序一般包括选定后评价项目、制订后评价计划、确定后评价范围、选择执行项目后评价的咨询专家、执行项目的评价和编写项目后评价报告等。

1. 后评价项目的选定

选择后评价项目有两条基本原则，即特殊的项目和规划计划总结需要的项目。一般来说，选定后评价项目有以下几条标准。

(1) 由于项目实施而引起运营中出现重大问题的项目。

(2) 一些非常规的项目，如规模过大、建设内容复杂或带有试验性的新技术项目。

(3) 发生重大变化的项目，如建设内容、外部条件、厂址布局等发生了重大变化的项目。

(4) 急迫需要了解项目作用和影响的项目。

(5) 可为即将实施的国家预算、宏观战略和规划原则提供信息的相关投资活动和项目。

(6) 为投资规划计划确定未来发展方向的有代表性的项目。

(7) 对开展行业部门或地区后评价研究有重要意义的项目。

跟踪评价或中期评价的项目选定属于第(1)类项目，因为这类项目评价更注重现场解决问题，其后评价报告更类似于监测诊断报告，并针对症结所在提出具体的措施建议。一般后评价计划以项目为基础，有时难以达到从宏观上总结经验教训的目的，为此不少国家和国际组织采用了"打捆"的方式，将各行业或一个地区的几个相关的项目一起列入计划，同时进行后评价，以便在更高层次上总结出带有方向性的经验教训。

一般国家和国际组织均采用年度计划和2～3年滚动计划结合的方式来操作项目后评价计划。中国国家重点项目的后评价计划由国家计委重点建设项目协调管理司编制，以年度计划为主，按行业选择一些有代表性的项目进行后评价。

2. 项目后评价计划的编制

选定进行后评价的项目之后，需要制订项目后评价的计划，以便项目管理者和执行者在项目实施过程中注意收集资料。从项目周期的概念出发，每个项目都应重视和准备事后的评价工作。因此，以法律或其他得力手段，把项目后评价作为建设程序中必不可少的一个阶段确定下来就显得格外重要。国家、部门和地方的年度评价计划是项目后评价计划的基础，时效性比较强。但是，与银行等金融组织不同的是，国家的后评价更注重投资活动的整体效果、作用和影响等。所以国家的后评价计划应从较长远的角度和更高的层次上来考虑，做出合理安排，使之与长远目标结合起来。

3. 项目后评价范围的确定

由于项目后评价的范围很广，一般后评价的任务限定在一定的范围内，因此，在评价实施前必须明确评价的范围和深度。评价范围通常在委托合同中确定，委托者要把评价任务的目的、内容、深度、时间和费用等，特别是那些在本次任务中必须完成的特定要求，交代得十分明确具体。受托者应根据自身的条件来确定是否能按期完成合同。国际上后评价委托合同通常包括以下内容。

(1) 项目后评价的目的和范围，包括对合同执行者明确的调查范围。

(2) 提出评价过程中所采用的方法。

(3) 提出所评项目的主要对比指标。

(4) 确定完成评价的经费和进度。

4. 项目后评价咨询专家的选择

项目后评价通常分两个阶段实施，即自我评价阶段和独立评价阶段，这两个阶段的实施程序和方法将在后面作详细介绍。在项目独立评价阶段，需要委托一个独立的评价咨询机构去实施，或由银行内部相对独立的后评价专门机构来实施，例如世界银行的业务评价局，项目后评价往往由这两类机构来完成。一般情况下，这些机构要确定一名项目负责人，该负责人不应是参与过此项目前期评估和项目实施的人。该负责人聘请并组织项目后评价专家组去实施后评价。后评价咨询专家的聘用，要根据所评项目的特点、后评价要求和专家的专业特长及经验来选择。

项目后评价专家组由"内部"和"外部"两部分人组成。所谓"内部"，就是被委托机构内部的专家，由于他们熟悉项目后评价的过程和报告程序，了解后评价的目的和任务，一方面可以顺利实施项目后评价，另一方面费用也比较低。所谓"外部"，就是项目后评价执行机构以外的独立咨询专家。聘请外部专家的优点是，外部专家一般更为客观公正。因此，应聘请熟悉被评项目专业的真正行家，一方面可以提高评价质量，另一方面还可以弥补执行机构内部的人手不足。

5. 项目后评价的执行

(1) 资料的收集。项目后评价的基本资料应包括项目自身的资料、项目所在地区的资料、评价方法的有关规定和指导原则等。项目自身的资料一般应包括：①项目自我评价报告、项目完工报告、项目竣工验收报告；②项目决算审计报告、项目概算调整报告及其批复文件；③项目开工报告及其批复文件、项目初步设计及其批复文件；④项目评估报告、项目可行性研究报告及其批复文件等。

项目所在地区资料包括：国家和地区的统计资料、物价信息等。项目后评价方法规定的资料则应根据委托者的要求进行收集。目前已经颁布项目后评价方法指导原则或手册的国内外主要机构有：联合国开发署、世界银行、亚洲开发银行、经济和合作发展组织、英国海外开发署、日本海外协力基金、中国国家计委、中国国际工程咨询公司、国家开发银行等。

(2) 后评价现场调查。项目后评价现场调查应事先做好充分准备，明确调查任务，制定调查提纲。调查任务一般应回答以下问题：①项目基本情况；②目标实现程度；③作用和影响。

(3) 分析和结论。对后评价项目进行现场调查后，应对资料进行全面认真的分析，回答以下主要问题：①总体结果；②可持续性；③方案比选；④经验教训。

6. 项目后评价报告的编写

项目后评价报告是评价结果的汇总，是反馈经验教训的重要文件。后评价报告必须反映真实情况，报告的文字要准确、简练，尽可能不用过分生疏的专业化词汇；报告内容的结论、建议要和问题分析相对应，并把评价结果与将来规划和政策的制定、修改相联系。

二、项目后评价报告

1. 项目后评价报告的编写要求

项目后评价报告一方面是评价结果的汇总，应真实反映情况，客观分析问题，认真总结经验。另一方面，后评价报告是反馈经验教训的主要文件形式，必须满足信息反馈的需要。因此，后评价报告要有相对固定的内容编写要求如下。

(1) 报告文字准确清晰，尽可能不用过分专业化的词汇。报告应包括：摘要、项目概况、评价内容、主要变化和问题、原因分析、经验教训、结论和建议、评价方法说明等。这些内容既可以形成一份报告，也可以单独成文上报。

(2) 报告的发现和结论要与问题和分析相对应，经验教训和建议要把评价的结果与将来规划和政策的制定、修改联系起来。

2. 项目后评价报告的内容

一般项目后评价报告的内容包括摘要、项目背景、项目实施评价、效果评价、结论和经验教训等几个部分，具体如下所述。

1) 项目背景

项目背景主要应说明以下几点。

(1) 项目的目标和目的。简单描述立项时社会和发展对本项目的需求情况和立项的必要性，项目的宏观目标，与国家、部门或地方产业政策布局规划和发展策略的相关性，建设项目的具体目标和目的，市场前景预测等。

(2) 项目建设内容。项目可行性研究报告和评估提出主要产品、运营或服务的规模、品种、内容，项目的主要投入和产出，投资总额，效益测算情况，风险分析等。

(3) 项目工期。项目原计划工期，实际发生的科研批准、开工、完工、投产、竣工验收、达到设计能力以及后评价时间。

(4) 资金来源与安排。项目批复时所安排的主要资金来源、贷款条件、资本金比例以及项目全投资加权综合贷款利率等。

(5) 项目后评价。项目后评价的任务来源和要求，项目自我评价报告完成的时间，后评价的时间与程序，后评价执行者，后评价的依据、方法和评价时点。

2) 项目实施评价

项目实施评价应简单说明项目实施的基本特点，对照可行性研究评估找出主要变化，分析变化对项目效益影响的原因，讨论和评价这些因素及影响。世界银行、亚洲开发银行项目还要就变化所引起的对其主要政策可能产生的影响进行分析，如环保、扶贫等。

(1) 设计。评价设计的水平、项目选用的技术装备水平，特别是规模的合理性。对照可行性研究和评估，找出并分析项目涉及重大变更的原因及其影响，提出如何在可行性研究阶段预防这些变更的措施。

(2) 合同。评价项目的招投标、合同签约、合同执行和合同管理方面的实施情况，包括工程承包商、设备材料供货商、工程咨询专家和监理工程师等。对照合同承诺条款，分析和评价实施中的变化和违约及其对项目的影响。

(3) 组织管理。组织管理的评价包括对项目执行机构、借款单位和投资者三方在项目实施过程中的表现和作用的评价。如果项目执行得不好，评价要认真分析相关的组织机构、运作机制、管理信息系统、决策程序、管理人员能力、监督检查机制等因素。

(4) 投资和融资。分析项目总投资的变化，找出变化的原因，分清内部原因还是外部原因，如是汇率变化、通货膨胀等政策性因素，还是项目管理的问题，以及投资变化对项目效益的影响程度。认真分析项目主要资金来源和融资成本的变化，讨论原因及影响，重新测算项目的全投资加权综合利率，作为项目实际财务效益的对比指标，如果政策性因素占主导，应对这些政策的变化提出意见、对策及建议。

(5) 项目进度。对比项目计划工期与实际进度的差别，包括项目准备期、施工建设期和投产达产期。分析工期延误的主要原因，及其对项目总投资、财务效益、借款偿还和产品市场占有率的影响。同时还要提出今后避免进度延误的措施建议。

(6) 其他。包括银行资金的到位和使用，世界银行、亚洲开发银行安排的技术援助，贷款协议的承诺和违约，借款人和担保者的资信等。

3) 效果评价

效果评价应分析项目所达到和实现的实际结果，根据项目运营和未来发展以及可能实现的效益、作用和影响，评价项目的成果和作用，但在内容和文字上不要与上一节重复。

(1) 项目运营和管理评价。根据项目评价时的运营情况，预测出未来项目的发展，包括产量、运营量等。对照可行性研究的目标，找出差别，分析原因。分析评价项目内部和外部条件的变化及制约条件，如市场变化、体制变化、政策变化、设备设施的维护保养、管理制度、管理者水平、技术人员和熟练工的短缺、原材料供应、产品运输等。

(2) 财务状况分析。根据上述项目运营及预测情况，按照财务程序和财务分析标准，分析项目的财务状况。主要应评价项目债务的偿还能力和维持日常运营的财务能力。在可能的情况下，要分析项目的资本构成、债务比例；需要投资者、政府和其他方面提供的政策和资金，如资本重组、税收优惠、增加流动资金等。

(3) 财务和经济效益的重新评价。一般的项目在后评价阶段都必须对项目的财务效益和经济效益进行重新测算。要用重新测算得出的数据与项目可行性研究评估时的指标进行对比分析，找出差别和原因。还要与后评价计算的项目全投资加权综合利率相比，确定其财务清偿能力。同时，评价根据未来市场、价格等条件，进行风险分析和敏感性分析。

(4) 环境和社会效果评价。环境和社会效果及影响评价的内容、指标和方法已在前面的小节中作过介绍。这部分评价的关键是项目受益者，即项目对受益者产生了什么样的影响。一般应评价项目的社会经济、文化、环境影响和污染防治等，如人均收入、就业机会、移民安置、社区发展、妇女地位、卫生与健康、扶贫作用、自然资源利用、环境质量、生态平衡、污染治理等。

(5) 可持续发展状况。项目可持续性主要是指项目固定资产、人力资源和组织机构在外部投入结束之后持续发展的可能性。评价应考虑以下几个方面：技术装备与当地条件的适用性；项目与当地受益者及社会文化环境的一致性；项目组织机构、管理水平、受益者参与的充分性；维持项目正常运营、资产折旧等方面的资金来源；政府为实现项目目标所承诺提供的政策措施是否得力；防止环境质量下降的管理措施和控制手段的可靠性；对项目外部地质、经济及其他不利因素防范的对策措施。

4) 结论和经验教训

项目后评价报告的最后一部分内容包括：项目的综合评价、评价结论、经验教训、建议和措施等。

(1) 项目的综合评价和评价结论。综合评价应汇总以上的报告内容，以便得出项目实施和成果的定性结论。综合评价要做出项目的逻辑框架图，以评定项目目标的合理性、实现程度及其外部条件。同时，评价还要列出项目主要效益指标，评定项目的投入产出结果。在此评定的基础上，综合评价采取分项打分的办法，即成功度评价。

一般项目后评价的定性结论分为成功的、部分成功的和不成功的三个等级。

(2) 经验教训。经验教训主要是两个方面的：一是项目具有本身特点的重要的收获和教训；另一方面是可供其他项目借鉴的经验教训，特别是可供项目决策者、投资者、借款者和执行者在项目决策、管理和实施中借鉴的经验教训，目的是为决策和新项目服务。

(3) 建议和措施。根据项目的问题、评价结论和经验教训，提出相对应的建议和措施。

3. 项目后评价报告的格式

根据项目后评价报告的主要内容及其附件，一般项目后评价报告的格式如下。

(1) 报告封面(包括编号、密级、后评价者名称、日期等)。

(2) 封面内页(世界银行、亚洲开发银行要求说明汇率、英文缩写、权重指标及其他说明)。

(3) 项目基础数据。

(4) 地图。

(5) 报告摘要。项目后评价的报告摘要一般包括以下几部分内容：①项目目标和范围；②项目投资和融资；③项目的实施；④项目的运营和财务状况；⑤项目的机构和管理；⑥环境和社会影响；⑦项目的财务和经济评价；⑧项目的可持续性；⑨评价结论；⑩反馈信息。

(6) 报告正文，包括：①项目背景，主要有项目的目标和目的、项目建设内容、项目工期、资金来源与安排、项目后评价；②项目实施评价，评价方面主要有设计与技术、合同、组织管理、投资和融资、项目进度、其他；③效果评价，主要有项目的运营和管理、财务状况分析、财务和经济效益评价、环境和社会效果评价、可持续发展状况；④结论和经验教训，主要有综合评价和结论、主要经验教训、建议和措施。

(7) 附件，包括项目自我评价报告、项目后评价专家组意见、其他附件。项目自我评价报告和后评价专家组意见是项目后评价报告的主要附件。自评报告已在前面作过介绍，专家组意见则是按后评价的要求由组长编写的报告。

(8) 附表(图)。项目后评价报告通常包括项目主要效益指标对比表、项目财务现金流量表和项目经济效益费用流量表、项目效益指标有无对比表、项目后评价逻辑框架图和项目成功度综合评价表。

第五节　项目监测评价

一、项目监测评价的概念

项目后评价是以项目实施过程中不断监测和评价的数据和资料为依据和基础的。从后评价的角度来看，项目的监测评价按项目周期管理可分为：①项目前期的监测评价，从可行性研究到项目开工；②项目实施阶段的监测评价，从开工建设到竣工验收；③项目运营阶段的监测评价，从投产到正常运营或以后。

项目的监测信息是由大量的数据和资料组成的，并按性质和特点分类，其核心是监测指标体系，它是监测和评价的基础。

项目监测指标体系与项目周期的关系如图 14-3 所示。

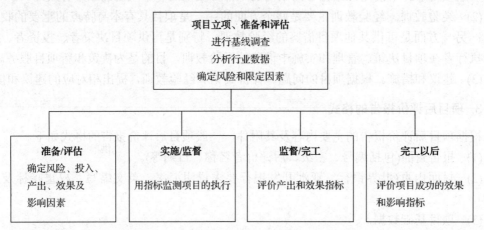

图 14-3　项目监测指标体系和项目周期的关系

二、项目监测指标及其内容

1. 成果指标

(1) 投入指标：包括测定项目所需资源投入的定量指标，如资金来源、保证金、人力资源项目执行单位、培训、设备材料供应或经常成本。

(2) 产出指标：包括测定通过投入所得到的产品或服务的定量指标。

(3) 作用和影响评价指标：包括测定项目在效果作用和影响方面的定性和定量指标。

(4) 相关性指标：包括在更广泛的范围内测定项目可能产生的影响。

2. 风险指标

风险指标包括用于测量项目风险和敏感性外部因素的指标。

3. 效应指标

效应指标主要用来测定项目所实现目标的效应而不仅仅是项目的成果。效应指标包括：

①效益指标，通常用项目单位产出的所需投入来表示，一般项目的财务指标只是效益指标的一部分，效应指标可以扩大到测定资源的可用性和适用性；②效果指标，通常用项目所产生作用或影响的单位产出来表示，或者用项目产出对其作用和影响所作的贡献来表示；③持续性指标，表示项目的资金投入全部完成之后，项目的既定目标是否还能继续，项目是否可以持续地发展下去。

三、项目监测指标体系的结构

不同的项目，其特性和目的是不同的，其监测指标也是不同的。但是，任何一个项目的执行指标体系都应该建立在一个逻辑框架的基础上，并且能把项目的目标与项目各不同阶段的内容即投入、活动和产出有机地联系起来。逻辑框架是监测指标体系的主体结构，项目监测指标层次如图 14-4 所示。

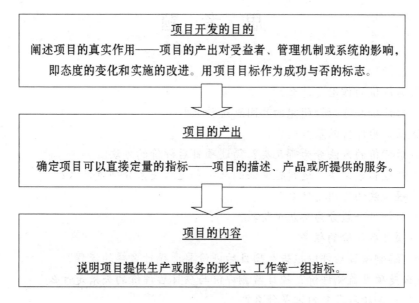

图 14-4 指标层次的逻辑框架

本 章 小 结

本章包括以下主要内容。

（1）项目后评价的定义、特点和内容。项目后评价是指在项目已经完成并运行一段时间后，对项目的目的、执行过程、效益、作用和影响进行系统的、客观的分析和总结的技术经济活动，具有现实性、全面性、反馈性、合作性、公正性和透明性。项目后评价分为项目自评阶段、行业或地方初审阶段、正式后评价阶段和成果反馈阶段，具体内容包括项目目标后评价、项目实施过程后评价、项目效益后评价和项目管理后评价。其中，项目效益后评价又可以分为项目经济效益评价、项目环境影响评价、项目可持续性评价和项目综合效益评价。项目后评价是在与前评估比较分析的基础上，总结经验教训，发现存在的问题并提出对策措施，促使项目更快更好地发挥效益和健康地发展。

(2) 项目后评价的方法和程序。项目后评价方法包括一般评价法(包括资料收集法、统计预测法、有无对比法、效益评价法、影响评价法和过程评价法)和逻辑框架法，前者侧重于总结项目实施过程，找出问题，分析原因；后者侧重于从效率、效果、影响和持续性等方面进行评价。项目后评价的程序一般包括选定后评价项目、制订后评价计划、确定后评价范围、选择执行项目后评价的咨询专家、执行项目后评价和编写项目后评价报告等。

(3) 项目监测评价的定义、指标和结构。项目监测评价包括项目前期、项目实施阶段和项目运营阶段的监测评价。项目监测指标是监测和评价的基础，包括成果指标、风险指标和效应指标。任何一个项目的执行指标体系都应该建立在一个逻辑框架的基础上，并且能把项目的目标与项目各不同阶段的内容即投入、活动和产出有机地联系起来。逻辑框架是监测指标体系的主体结构。

思 考 题

1. 项目后评价的概念和特点是什么？
2. 项目后评价的作用是什么？
3. 项目后评价和可行性研究的异同点是什么？
4. 简述项目后评价的基本内容。
5. 项目后评价的方法分为哪几类？简述项目后评价的方法。
6. 什么是逻辑框架法？逻辑框架法的层次和逻辑关系分别是什么？
7. 逻辑框架法的作用是什么？
8. 项目后评价一般分为哪几个阶段？
9. 简述项目后评价的程序。
10. 如何编制项目后评价报告？项目后评价要遵循什么样的流程？
11. 什么是项目监测评价？项目监测评价与项目后评价的关系是什么？
12. 项目监测指标及其内容是什么？

项目案例

武汉钢铁(集团)公司港务
公司 3#、4#码头改造工程

参 考 文 献

[1] 邱菀华，等. 项目管理学[M]. 3 版. 北京：科学出版社，2013.

[2] 骆珣. 项目管理[M]. 2 版. 北京：机械工业出版社，2016.

[3] 白思俊. 现代项目管理概论[M]. 2 版. 北京：电子工业出版社，2013.

[4] 戚安邦. 项目管理学[M]. 2 版. 北京：科学出版社，2016.

[5] 毕星，瞿丽. 项目管理[M]. 上海：复旦大学出版社，2000.

[6] 邱菀华，等. 现代项目风险管理方法与实践[M]. 2 版. 北京：中国电力出版社，2017.

[7] 冯之楹，何永春，廖仁兴. 项目采购管理[M]. 北京：清华大学出版社，2000.

[8] 沈建明，等. 项目风险管理[M]. 2 版. 北京：机械工业出版社，2010.

[9] 卢向南. 项目计划与控制[M]. 2 版. 北京：机械工业出版社，2009.

[10] 张三力. 项目后评价[M]. 北京：清华大学出版社，1998.

[11] 姜伟新，张三力. 投资项目后评价[M]. 北京：中国石化出版社，2001.

[12] 王子宗. 工程项目管理模式及其发展趋势[J]. 中国工程咨询，2003(2)：4-9.

[13] 王基铭. 中国石化石油化工重大工程项目管理模式的创新[J]. 中国石化，2007(7)：45-49.

[14] 李涵，谭章禄. 建设项目管理模式的变迁[J]. 煤炭经济研究，2007(7)：51-52.

[15] 周冰，陆彦. 国际工程项目管理模式比较[J]. 建筑管理，2003(3)：65-66.

[16] 陈柳钦. 国际工程大型投资项目管理模式探讨(一)[J]. 工程承包，2005(2)：57-60.

[17] 陈柳钦. 国际工程大型投资项目管理模式探讨(二)[J]. 工程承包，2005(3)：57-62.

[18] 陈柳钦. 国际工程大型投资项目管理模式探讨(三)[J]. 工程承包，2005(4)：60-62.

[19] 陈勇强，孙春风. PMC＋EPC 模式在工程建设项目中的应用[J]. 石油工程建设，2007，33(5)：55-57.

[20] 聂忆华，毛昆立，张起森. CM 模式在中国公路工程项目管理中的应用研究[J]. 中外公路，2007(2)：199-202.

[21] 高宏波. 基于层次分析法的 Partnering 模式应用研究[J]. 管理纵横，2009(5)：4-6.

[22] 梁春阁，房庆方，郭建华. 我国应用 Partnering 模式创新研究[J]. 四川建筑科学研究，2006(6)：181-184.

[23] 胡文亮，霍卫世. 建设工程项目管理模式的比较和研究[J]. 西部探矿工程，2007(7)：230-233.

[24] 林中. 工程项目管理模式的比较研究[J]. 中国水运，2007，7(11)：150-151.

[25] 宫孟飞，冯婧，王永军. 国际工程项目管理模式的比较及发展趋势研究[J]. 建筑设计管理，2008(5)：17-20.

[26] 张素娇. 工程项目管理模式的特征分析与选择[J]. 中国工程咨询，2010(3)：38-40.

[27] 万玲，余晓钟. 基于 EPC 的石油工程项目伙伴关系管理模式研究[J]. 石油工业技术监督，2010，26(5)：9-13.

[28] 李小宁，罗军，陈勇华. 国外大型石油工程建设项目管理模式研究[J]. 国际经济合作，2009(9)：66-69.

[29] 史清录. 浅谈石化项目工程建设管理模式选择的考虑因素[J]. 石油化工建，2008(3)：25-27.

[30] 李志生. 建筑工程招投标实务与案例分析[M]. 2 版. 北京：机械工业出版社，2014.

[31] 姜晨光. 建筑工程招投标文件编写方法与范例[M]. 北京：化学工业出版社，2008.

[32] 王秀燕，等. 工程招投标与合同管理[M]. 2 版. 北京：机械工业出版社，2014.

[33] 本丛书编审委员会统编. 建筑工程施工项目招投标与合同管理(招标投标分册)[M]. 2 版. 北京：机械工业出版社，2007.

[34] 本丛书编审委员会统编. 建筑工程施项目招投标与合同管理(合同管理分册)[M]. 2 版. 北京：机械工业出版社，2007.

[35] 成虎，虞华. 工程合同管理[M]. 2 版. 北京：中国建筑工业出版社，2011.

[36] 王艳艳等. 工程招投标与合同管理[M]. 2 版. 北京：中国建筑工业出版社，2014.

[37] 董巍. 建设工程合同管理[M]. 北京：中国电力出版社，2014.

[38] 胡文发. 工程招投标与案例[M]. 北京：化学工业出版社，2008.

[39] 何佰洲，刘禹. 工程建设合同与合同管理[M]. 4 版. 大连：东北财经大学出版社，2014.

[40] 吴芳，冯宁. 工程招投标与合同管理[M]. 2 版. 北京：北京大学出版社，2014.

[41] 韦海民. 建设工程合同管理[M]. 西安：西安交通大学出版社，2010.

[42] 王瑞玲，吴耀兴. 工程招投标与合同管理[M]. 北京：中国电力出版社，2011.

[43] 胡文发. 工程合同管理[M]. 北京：化学工业出版社，2008.

[44] 马义飞，翁文先. 管理学[M]. 北京：石油工业出版社，2009.

[45] 张卓. 项目管理[M]. 2 版. 北京：科学出版社，2017.

[46] 哈罗德·科兹纳(Harold Kerzner). 项目管理——计划、控制的系统方法[M]. 11 版. 杨爱华，等，译. 北京. 电子工业出版社，2014.

[47] R. J. 格雷厄姆. 项目管理与组织行为[M]. 王亚禧，罗东坤，译. 北京：石油大学出版社，1988.

[48] 杰弗·K. 宾图. 项目管理[M]. 2 版. 鲁耀斌，赵玲，译. 北京：机械工业出版社，2012.

[49] 项目管理协会. 项目管理知识体系指南：PMBOK 指南[M]. 5 版. 许江林，等译. 北京：电子工业出版社，2017.

[50] 张坚，黄琨. 中国石油企业工程项目合同管理[M]. 北京：石油工业出版社，2014.

[51] 黄琨，张坚. 工程项目招投标与合同管理[M]. 北京：华东理工大学出版社，2016.

[52] 中国(双法)项目管理研究委员会. 中国项目管理知识体系(修订版)[M]. 北京：电子工业出版社，2008.

[53] 中国建筑业协会工程项目管理委员会. 中国工程项目管理知识体系[M]. 2 版. 北京：中国建筑出版社，2011.

[54] 李正风，丛杭青，王前，等. 工程伦理学[M]. 北京：清华大学出版社，2016.